近世日本の形成とキリシタン

清水有子著

吉川弘文館

目　次

第二部　キリシタンとの初期交流

第四部　統一国家の形成

凡　例

・史料中の（　）と傍線部および傍線部に付随する番号等は断りのない限り、翻訳者ないし筆者清水が付加したものである。〔　〕は引用著者ないし原史料の執筆者による補注である。

・旧字は常用漢字に改めた。

・年月日は和暦の場合、一〇ではなく十を使用した（例：寛永十（一六三三）年）。

・日本イエズス会士の氏名のカタカナ表記は、出身国にかかわらず、ポルトガル語の読み方で統一した。

〈欧文略称一覧〉

AFP, F. A.: Archivo Franciscano Provincia Inmaculada, Fondo AFIO.

AGI: Archivo General de Indias.

APTSI, L.: Archivum Provinciae Toletanae Societatis Iesus. Legajo.

ARSI: Archivum Romanum Societatis Iesu.

BNL: Biblioteca Nacional de Lisboa.

BRAH: Biblioteca de la Real Academia de la Historia

序章　キリシタン禁制史への着目

本書は、一六～一七世紀における日本のキリシタン問題とりわけ、キリシタンを禁止するために統一政権が設けた諸法令・制度、すなわちキリシタン禁制に焦点をあわせて、近世日本国家が形成される過程とその要因を、日欧の諸史料を用いて解明することを目的としている(1)。

近年、急激に進展するグローバル化の現象を受け、近世日本の形成の背後にある世界史の動向との関連があらためて注目され、国内秩序や対外関係の再編との関係が明らかにされている(2)。しかしながらその説明は、倭寇の跳梁や銀の流通といった人・モノ・カネの動きの変化――換言すれば物質的側面が中心であり、日本の近世国家の形成に決定的な役割を果たしたといわれるキリシタン禁制の問題は――宗教的・思想的側面の影響に関しては、各書に言及されているとはいえ、これまでの研究史をふまえた形で決して十分に検討されてはいない。

またこのことと連動するのであろうか、近年の中近世移行期論においても、統一政権の宗教政策などはほぼ検討の対象外となっている状況が見られる。その要因は、宗教史と政治史間の対話が乏しい縦割りの学界の現状や、とりわけキリシタン史料の記述は基本的に信用に値しないとする、やや過剰な不信感が一部に存在するためと考える。さらにそうした状況の根本的要因としては、現代の日本社会に生きる私たち日本人が一般に持つところの、一神教との距離感があげられるように思われる。しかし本書でもおいおい述べていくように、中世～近世の人びとはそのキリスト教を自らの信仰世界に想像以上に受け入れていたのであり、織豊期以降かかる状態を前提とした、あるいは問題とした統治が為政者により執り行われた。とりわけ徳川秀忠期以降は海外からのキリスト教流入を徹底的に禁止する法体

制が整備され、その末に統一国家としてのいわゆる「鎖国」の完成を見ている。(3)

そこで本書では、近世統一国家と表裏一体的にキリシタン禁制が成立した右の事実にあらためて着目し、キリシタン禁制史研究の成果を踏まえて近世統一国家の形成期の様相を――すなわちキリスト教化という新たな「グローバル化」の波に遭遇した中世末期の日本で、いわゆる三人の天下人（織田信長・豊臣秀吉・徳川家康）がキリスト教を遮断する近世国家の原型を形成した諸過程と要因の解明を課題に据えるとともに、かかる経緯で成立した国家の特徴・意義とは何かを考えてみたい。

以下では研究史を整理し、本書で取り組む個別具体的な課題を設定する。キリシタン禁制史は明治期以来の蓄積があるが、近世国家の形成との関連で大きく研究が進展した一九六〇年代から二〇一〇年代までに区切り、この間の主要な学術研究書と論文を中心に整理・検討してみたい。(4)

第一節　先行研究の整理

1　海老沢有道の問題提起（一九六〇年代後半〜七〇年代前半）

キリシタン史を牽引した海老沢有道は多数の論著を残したが、(5)総括的研究となる『日本キリシタン史』（塙書房、一九六六年）で、「キリスト教の布教に伴う日本の社会や伝統思想との接触面の分析・把握という歴史的課題において未熟」であるとの問題を指摘し、キリシタン史研究は「内的闘いの精神史的把握の集積と、外的諸条件の史的分析、そしてまた、その内外の、個と社会との相互間の接触・対決・克服、ないし高次元における触発の過程の分析と綜合」を目指すべきとした。またかかる視点に立つ海老沢自身は、キリシタン伝来の意義を「日本の近世的因子が刺激を受けたこと、またそれを拒否することにおいて封建体制の樹立と維持が、少なくとも強化されたこと」とした。キリシタン禁制史は世界史的課題としてだけではなく、日本史的課題として追究されるべきだとの問題提起がなされたことになる。

キリシタン史を大きく前進させた松田毅一もまた、「キリシタンの衰退と消滅」（『キリシタン研究　第二部　論攷篇』風間書房、一九七五年）で、キリシタンは「日本史の観点から」五期に区分しうるとし、キリシタン信仰は一七世紀中期にひとまず消滅しており、二五〇年間不変であったわけではないとした。宣教師ではなくキリシタン信徒に焦点を移し、日本史の枠組みでキリシタン史を内的に捉え直そうという視点の転換が意識されている。キリシタン禁制史に関していえば、幕藩制国家の不可欠な構成要素としてだけではなく、日本人の信仰との関わりにおいて研究の意義が示されたといえる。

一方幕藩制国家論に大きな関心を寄せたこの時期の日本近世史の分野では、山口啓二「日本の鎖国」（『岩波講座世界歴史 16』岩波書店、一九七〇年）、朝尾直弘「鎖国制の成立」（『講座日本史 四』東京大学出版会、一九七〇年）、深谷克己「殉教の論理と蜂起の論理」（『思想』五六五、一九七一年）、中村質「島原の乱と鎖国」（『岩波講座日本歴史 9 近世1』岩波書店、一九七五年）が、鎖国を完成させた島原・天草一揆の歴史的意義を重く見、幕藩制国家のキリシタン禁制が大名・農民統制に重要な役割を果たしたと指摘した。いずれも前述の海老沢の「（キリシタンを）拒否することにおいて（日本の）封建体制の樹立と維持が、少なくとも強化された」との見解と、大枠で一致を見たといえる。

このようにキリシタン禁制の機能・役割が注目される中、清水紘一は「慶長十七年キリシタン禁止令の一考察―家康政権とキリシタン宗門―」（『キリシタン文化研究会』一五―一、一九七二年）で、慶長十七年禁止令を直轄領向け禁令とする通説を否定し、統一政権が段階的に発した個別の禁令にはなお解釈に検証の余地があることを示した。

しかし当該時期のキリシタン研究は史料環境に問題があり、とくに教会関係文書の大部分は、後年に編纂・刊行された二次的史料に依拠せざるをえない状況があった。[6] この史料的制約がネックとなり、キリシタン禁制は日本近世史上の重要問題とされながらも議論を支える実証面での基礎的研究に乏しく、「キリスト教の布教に伴う日本の社会や伝統思想との接触面の分析・把握という歴史的課題」は、次代に持ち越されることになった。[7]

2　史料問題の克服と日本近世史研究との接続（一九七〇年代後半〜八〇年代）

上記の史料問題を克服し、キリシタン史が他分野でも注目される画期をなした研究は、高瀬弘一郎『キリシタン時代の研究』（岩波書店、一九七七年）である。高瀬は一次史料であるイエズス会の原文書に立脚してイエズス会の貿易活動等の世俗的側面を解明し、それまで文学ないし宗教学的関心が主流であったキリシタン史のイメージを大きく変えるにいたった。キリシタン禁制に関しては、統一政権の貿易政策と不可分であることや、イベリア両国の海外征服事業（領土拡張運動）への対抗的措置であるとし、加藤榮一の禁教理解にも影響を与えた。[8] 後者をめぐる近年の議論については後述したい。

五野井隆史『徳川初期キリシタン史研究』（吉川弘文館、一九八七年、補訂版一九九二年）もまた、豊富なイエズス会原文書を活用して徳川初期禁教令の発令過程の詳細を明らかにし、あわせて禁教下のイエズス会士の動向、日本イエズス会内部の人的構成[9]や宣教上の役割を解明した。

高瀬と五野井の研究は、イエズス会文書を社会経済史や政治史的観点で活用した新規性とともに、その日本語訳文を多量に紹介したことにも大きな意義があったといえる。また、禁制の問題を直接取り上げてはいないが、岸野久『西欧人の日本発見―ザビエル来日前日本情報の研究―』（吉川弘文館、一九八九年）もまた、未刊文書から初期の日本情報を初めて全訳し、キリシタン研究の水準を高めた労作であった。

このほかイエズス会文書の翻訳に関しては、良質な写本を底本とした松田毅一・川崎桃太訳『フロイス　日本史』

全一二冊（中央公論社、一九七七～八〇年）の刊行が特記される。[10] 以降もイエズス会文書の史料集の刊行が続き、[11] これらの成果がキリシタン史だけではなく、織豊期～近世初頭の政治史や対外研究史分野に大きく貢献したことは言うまでもない。

キリシタン禁制史の個別論考も多数発表された。清水紘一は宗門改め役、寺請制度、豊臣秀吉・徳川家康・秀忠の禁令、訴人褒賞制度に関する単行論文を発表し、基礎的事実の解明を進めたが、[12] 一九八一年刊行の同『キリシタン禁制史』（教育社）では、「キリシタン禁制史については、研究の蓄積が少なく鎖国の諸問題や伝統宗教・近世封建制とのかかわりのなかでなお十分解明されているとはいえない」（一五頁）と指摘している。

しかしこの前後、前述した史料環境の改善も手伝い、日本近世史研究側からキリシタン禁令に関する論考が発表されるようになった。とくに豊臣秀吉の伴天連追放令に関しては、前日の六月十八日付法令文書に慎重な史料的検討が必要であるとした三鬼清一郎「キリシタン禁令をめぐって」（『日本歴史』三〇八、一九七四年）を契機に、煎本増夫「キリシタン禁制研究ノート」（『日本歴史』三三八、一九七六年）、岩澤愿彦「豊臣秀吉の伴天連成敗朱印状について―天正十五年六月十八日付朱印状の批判―」（『国学院雑誌』八〇―一一、一九七九年）、三鬼清一郎「キリシタン禁令の再検討」（『キリシタン研究』二三、一九八三年）、平井誠二「『御朱印師職古格』と山田三方」（『古文書研究』二五、一九八六年）、安野眞幸『バテレン追放令―一六世紀の日欧対決―』（日本エディタースクール出版部、一九八九年）と議論が続いた。この過程で六月十八日令の別写本の発見もあり、その実在は認められたが、伴天連追放令を含めた法令解釈の点では一致を見なかった。

一方、キリシタン民衆の信仰実践に関しては、片岡弥吉『浦上四番崩れ』（筑摩書房、一九六三年）、同『日本キリシタン殉教史』（時事通信社、一九七九年）[13] で詳細が解明された。托鉢修道会系の殉教報告書も相次いで邦訳が発表され、[14] 海老沢有道『キリシタンの弾圧と抵抗』（雄山閣出版、一九八一年）は、絶対者デウスへの信仰により封建的隷属からの脱却を志向したキリシタン民衆の抵抗（殉教）を描き、封建支配者との対決は避けられなかったと論じた。このためにキリシタンは、邪宗門＝反国家的宗門として、すなわち「国是」として弾圧されることになったのであり、秀吉・家康は「神国」の治者として自らの統治を正当化し、これにより全民衆を思想的・政治的に吸収・統制したとする。キリシタン禁制の国家的機能や役割はこの海老沢説でほぼ説明されたと考えられるものの、後年の研究と比較すると、〈支配者―民衆〉の二項対立で描かれるその民衆像は、部分的であるようにも見える。後述するように民衆は、禁制を支えた封建社会の構成員でもあるのだが、その論理はなお検討される段階ではなかった。

次に注目すべきは、村井早苗『幕藩制成立とキリシタン禁制』（文献出版、一九八七年）である。村井は外国語史料が不足する寛永期（一六二四～四四年）以降のキリシタン禁制を、「幕藩制国家史の中に正当に位置づけなければならない」と問題提起し、豊後臼杵藩の藩政史料を用いて禁制の展開を跡付けた。キリシタン禁制の意義については、近代日本の民衆の宗教意識に影響を残したことにあったとする。同著は日本側の一次史料を活用し、キリシタン禁制を中央集権化の「梃子」とした朝尾説（後述）を積極的に取り入れるなど、いわば近世史研究の手法でキリシタン禁制史を論じた点が画期的であった。従来は個別的であった日本近世史とキリシタン史双方の成果を有機的に連携させ、両者の議論の土台を構築した意義は大きい。

以上を小括すると、当該時期はキリシタン研究の史料環境が大幅に改善され、キリシタン問題については、イエズス会の世俗的側面や内部の人的構成や背後にある大航海時代の国際環境が、一方で日本近世史との接触面では、伴天連追放令を中心に禁教令の解明がそれぞれ進んだ。かかる研究状況のもと、キリシタン禁制は幕藩制国家の「国是」と評価され、その国家的機能の骨格が解明された。しかし個別の禁令に関する研究は、史料の発見や読み直しが続き、なお蓄積の途上にあったといえる。

3　「鎖国」研究とキリシタン禁制（一九八〇年代後半〜九〇年代）

当該の時期には、江戸幕府の禁教令に関して、新出の日本側史料を紹介した藤井讓治「慶長十一年のキリシタン禁制の一史料」（『福井県史研究』一五、一九九七年）が発表された。また、日本近世史分野での「鎖国」をめぐる議論のなかでキリシタン禁制が取り上げられ、大きな進展が見られた。朝尾直弘は『将軍権力の創出』（岩波書店、一九九四年）を刊行し、その一章に前掲「鎖国制の成立」（一九七〇年）を入れ、キリシタン禁制は「国内統一を第一義とする統一権力が、国内の矛盾・対立を解決していく手段」であったとの考えを再説した。すなわち将軍権力は、東アジア世界の秩序再編――明帝国の解体とヨーロッパ勢力の編入で混とんとしていた――に対応し、貿易統制策とキリシタン禁制から成る鎖国政策を布いたが、キリシタン禁制はキリシタン対策というよりも、将軍権力が一向一揆（「百姓の運動」）を克服するための超越的権力となるべく、西国大名統制や貿易独占強化を目的として打ち出した、とする。ヨーロッパ植民の危機については現実的ではなく、将軍の国家主権としての自覚を促すにとどまったと指摘した。[15]

如上の朝尾説は長年にわたり近世史分野で多大な影響を与え、荒野泰典は、朝尾の学説を一部取り入れる形で、鎖国にかわる「海禁・日本型華夷秩序」説を提唱した（『近世日本と東アジア』東京大学出版会、一九八八年）。荒野もまた、鎖国形成期の東アジア国際関係に登場したヨーロッパ勢力は変動の一要素であったとしながらも、「この段階では東アジア諸国・諸民族が相互に形成した国際関係や、それぞれの国家・民族の存在形態（身分制などの社会関係や政治的状況）に依拠・抵抗するかたちでしか定着できなかった」とし、「この点は一九世紀以降のヨーロッパ勢力が、東アジアの国際秩序を解体・再編しつつ定着したのと根本的に異なる」と指摘した。

荒野の議論の中で注目されるのは、キリシタン禁制を日本固有の政策としてではなく、「海禁」ゆえの、要するに東アジアに共通する反応としてとらえた点である。すなわち明や朝鮮の海禁は秩序を乱す倭寇の摘発・排除を目的としたが、日本の場合はキリシタン排除であり、外国船の長崎集中は、キリシタン禁制を「梃子」として実現したのだとする。(16)

このように朝尾以来、キリシタン禁制は本来のキリシタン対策としてではなく、他の政治目的で利用されたという側面が重視されてきた。しかし山本博文は『鎖国と海禁の時代』(校倉書房、一九九五年)で、キリシタン禁制は貿易統制に優先した重要政策であるとした。すなわち、幕府はキリシタン問題をめぐるポルトガル、スペインへの軍事的対処として沿海防備体制(17)を構築し、鎖国・海禁はそうしたキリシタン対策の積み重ねで生まれた国家体制であったとする。山本は同説についてオランダ商館長の日記などを用いて動態的に論じ、従来のやや機能論的に理解されてきたキリシタン禁制に、大きな修正を迫ったといえる。キリシタン禁制の本質を対大名政策とした点には疑問が残るが、朝尾以来のキリシタン禁制＝「梃子」説を見直し、幕藩制国家の根本政策・体制であることを示した点は画期的であった。

それでは、なぜキリシタン禁制はかくも幕藩の支配者にとって重要であったか。この問題については、次代の諸研究が解明を進めることになる。

4　織豊期のキリシタン禁制とキリシタン民衆・地域・信仰への着目(二〇〇〇年代)

二〇〇〇年代は織豊期の政治状況とキリシタン民衆が新たに注目され、キリシタン禁制史の研究対象が拡大した時期である。村井早苗は『天皇とキリシタン禁制』(雄山閣出版、二〇〇〇年)で、研究史上はじめて天皇との関わりを正面から取り上げ、正親町天皇のキリシタン追放令を、天皇自身の政治的動向として論じた。同書は戦国期の天皇権威を再評価した今谷明の学説を援用し、日本中近世史分野からも大きな注目を集めた。正親町天皇の追放令は、天皇を権威の源泉とする関白秀吉、征夷大将軍家康の禁教令との継承関係上極めて重要であるが、村井以降、研究はあまり進んでいない。

清水紘一『織豊政権とキリシタン―日欧交渉の起源と展開―』(岩田書院、二〇〇一年)は、既出の高瀬説ではイベリア両国の侵略的性格が近世日本(幕藩体制)へ与えた規定性は不明であるとして、織豊政権のキリシタン保護令や禁教令の発令状況を詳細に検討した。そのうえで近世日本と「きりしたん国」(イベリア初期絶対王政)に共通する歴史的原則は、「領主の宗教・領民の宗教」原則にあるとして、「それぞれの君主が奉じた宗教上の真理(ないし原理)を、支配下の民(または「支配外の民」)に及ぼそうとする権力意思が、鮮明に看て取れる」と指摘した。キリシタン禁制は近世という時代に特有の、政治運動の一環であったこととなる。

一方高木昭作『将軍権力と天皇―秀吉・家康の神国観―』(青木書店、二〇〇三年)は、キリシタン禁令をうたった豊臣秀吉国書の神国観を分析し、対外関係・国内統治を包摂する将軍権力は、神国イデオロギーで武威による統治を補う必要があったと指摘した。これまでもキリシタン禁制のイデオロギー的側面と、それが将軍権力の統治に不可分であったことは論理的に指摘されてきたが、高木は法令文書の分析を通してこの点を実証した。

キリシタン史の分野では、大橋幸泰『キリシタン民衆史の研究』(東京堂出版、二〇〇一年)がキリシタン民衆に焦点をあわせて、一六三〇年代～六〇年代にかけて民衆政策としての宗門改め制度が展開された過程を描き出した。キリシタン禁制は島原・天草一揆以降、「伴天連」対策からキリシタン民衆対策へと転換したこと、豊後崩れを幕府の梃子的政策とみる村井の「演出された露見」説を否定し、崩れはキリシタン民衆に対する幕府の現実的な危機意識に裏付けられたものであること等が明らかにされた。前項の山本説は補強されたかたちとなる。

さらに、川村信三『キリシタン信徒組織の誕生と変容―「コンフラリヤ」から「こんふらりや」へ―』(教文館、二〇〇三年)が発表され、ヨーロッパと日本をつなぐ接続因子としてキリシタンの信徒信心組織(コンフラリヤ)に光が当てられ、その日本的な変容の様相が真宗との比較で明らかにされた。大橋の論著とあわせて、日本では教会ではなく民衆主体の「キリスト教界」が発達した様相が明らかにされ、キリシタンが民衆宗教であるとのイメージは、さらに深まったといえる。

一方村井早苗は『キリシタン禁制の地域的展開』（岩田書院、二〇〇七年）を発表し、キリシタン禁制の成立を「近世社会に生きる人びとにとっていかなる意味をもったか」という観点で地域毎に詳細に論じた。[18] 同著でも禁制は日本人の宗教意識を希薄にしたとの意義やキリシタン禁制＝「梃子」説は再説された。すなわち、寛永期以降にキリシタンはほぼ一掃されたにもかかわらず、禁制の地域的偏差が解消され足並みをそろえた理由は、諸藩の「自分仕置権」が禁制を理由に否定され、幕府が「公儀」として諸藩に対して権力の集中を図ったためとする。山本・大橋批判に対しては、寛文期にキリスト教だけではなく宗教全般について民衆の宗教意識を抑圧する政策が打ち出されているので、キリシタンへの脅威は「減少・変質」したとみるべきだと反論した。キリシタン対策を幕府の民衆統制策の一環として、他宗教の動向を視野に見直すべきことを提起したのであり、この点は極めて重要である。[19]

論文集として刊行された五野井隆史『日本キリシタン史の研究』（吉川弘文館、二〇〇二年）所収の「キリシタン迫害の展開と本質」は、宣教師史料を中心に迫害の展開を跡付け、封建制の成立・維持のため利用された「禁教」の歴史的意義は、①外国人宣教師たちの日本（異文化）への適応を促し、②九州地方のキリシタンの信仰を深め長期にわたる潜伏を可能にした、の二点にあると独自の見解を示した。同論文で注目されるのは、宣教師による寺社破壊が、最初に庶民や武士の「神国」思想を刺激し、伴天連追放令に継承されたのではないか、という主張である。禁教の背景に国内の社会的要請の視点を取り入れた、最初の論文ではないだろうか。また同著所収「統一権力とキリシタン」では、イエズス会宣教師が日本の禁教・迫害の本音を幕府のキリスト教＝奪国観による「国是」とし、「神国」は禁教の口実と捉えたこと等を明らかにしたが、この点については次節で触れたい。

キリシタン民衆と禁教令に新たな解釈を提示したのは、神田千里『島原の乱—キリシタン信仰と武装蜂起—』（中央公論新社、二〇〇五年）である。神田は島原・天草一揆の際にキリシタン民衆が武力で改宗を強制したことなどを指摘し、一揆の本質は経済闘争や宗教闘争ではなく「日本宗」とキリシタン間の宗教戦争にあったとした。この対立構図を為政者の禁教令にも見ることについては疑問が残るが、先の五野井論文と同様に、禁制の社会的背景が指摘されている。[20][21]なお同書以降、島原・天草一揆に関する普及書が多数刊行されており、神田の著書の影響の大きさがうかがえる。[22]

浅見雅一『キリシタン時代の偶像崇拝』（東京大学出版会、二〇〇九年）は、宣教師らがキリスト教では本来大罪である偶像崇拝の教えを、摩擦を回避するべく、日本社会に「適応」させていたと指摘した。本書は日本人の信仰受容の背後にある、いわゆる「適応政策」を具体的に解明した意義がある。

当該時期を小括すると、一〇年という短期間に織豊期の禁令およびキリスト教界を形成したキリシタン民衆の信仰の具体的様相までもが究明され、大きな前進が見られた。前代までのキリシタン禁制の二項対立的な構図〈為政者―民衆〉は相対化され、より多角的にキリシタン禁制は検討される段階に入ったといえる。

5　東アジアのイベリア勢力とイベリア・インパクト論（二〇一〇年代）

続く二〇一〇年代は、一転して対外関係史からのアプローチが増えた。論点は①東アジア世界におけるイベリア勢力（両国）との交流・外交関係、②イベリア勢力が豊臣政権へ与えた影響、③「近世化」論を念頭に置いたヨーロッパ、東アジア諸国との比較史、の三点に整理される。

まず①では、岡美穂子『商人と宣教師―南蛮貿易の世界―』（東京大学出版会、二〇一〇年）が、一六世紀後半〜一七世紀前半の東アジア海域におけるポルトガルとスペインは存在形態が異なると指摘し、前者の日本貿易（南蛮貿易）の実態を明らかにした。本書はマカオを拠点としたポルトガル商人の約半数は改宗ユダヤ人であり、国家から一定程度自立した存在であったこと、このためにポルトガル本国や日本との調停者としてイエズス会とは密接不可分な関係が構築されたが、幕府は一六三四年の「パウロ・ドス・サントス事件」でその関係に気づいたため、最終的に一六三九年のポルトガル船渡航禁止令の発出にいたったとする。拙著『近世日本とルソン—「鎖国」形成史再考—』(東京堂出版、二〇一二年)は、一六世紀後半から一七世紀前半のフィリピン・ルソン島のスペイン勢力と日本との交流関係を取り上げ、禁教令に抵抗しルソンから密入国した宣教師や、彼らを補助した日本のキリシタン商人の自律的な行動が、「鎖国」の形成に影響を与えたと論じた。以上の二研究はともに、教会史料だけではなくマカオやマニラで実際に日本と接触した世俗のポルトガル、スペイン両国人の手による一次史料を検討し、東アジア世界・海域が両国に与えた歴史的規定性を示した共通の特徴がある。高瀬説を代表とするキリシタン禁制の対立構図〈幕府—イベリア両国〉に対して疑問を呈した形になる。

しかし一方②で、高瀬説を支持する研究が次々に発表された。平川新「前近代の外交と国家—国家の役割を考える—」(『近世史サマーフォーラムの記録(二〇〇九)帝国の技法—個から迫る歴史世界—』近世史サマーフォーラム二〇〇九実行委員会、二〇一〇年)[23]は、上掲高瀬の著作を根拠にイベリア両国が東アジア世界の征服を意図したとの理解に立ち、豊臣政権はそれへの強い対抗意識を抱いたために伴天連追放令を発令し、東アジア世界を征服しようとしたとの見取り図を描いた。

この平川説を全面的に取り入れたのが深谷克己『東アジア法文明圏の中の日本史』(岩波書店、二〇一二年)であり、豊臣政権がイベリア両国の軍事的圧力を感知して「中華皇帝化」願望を急速に膨らませ、朝鮮侵略戦争にいたったと論じた。そしてイベリア両国が近世日本に加えた政治的・社会的圧力の「衝撃」を近代のウエスタン・インパクトになぞらえ、「イベリア・インパクト」とよんだが、同説に関しては次節で取り上げたい。

③は清水光明、吉村雅美の論考により新たに切り拓かれた、注目すべき論点である(いずれも清水光明編『「近世化」論と日本—「東アジア」の捉え方をめぐって—』勉誠出版、二〇一五年)。日本のキリシタン禁制が東アジアやヨーロッパを

含めた近世を理解するための切り口として分析されており、今後の進展が期待される。

またこの間の信仰面での研究では、折井善果『キリシタン文学における日欧文化比較』（教文館、二〇一〇年）、川村信三『戦国宗教社会＝思想史―キリシタン事例からの考察―』（知泉書館、二〇一一年）が発表され、いずれも真宗との比較で日本人のキリシタン信仰の受容状況を論じた点に注目しておきたい。また教会の適応政策については安廷苑『キリシタン時代の婚姻問題』（教文館、二〇一二年）が発表され、カトリック教会で定める婚姻の単一性・不解消性が日本社会で摩擦を生じるため、宣教師たちが解決策を模索し、神学者に諮問して例外を認めさせたことを明らかにした。

以上のように、海老沢の問題提起以来、キリシタン禁制は①近世日本の国家体制（幕藩体制）を形成・維持した主要政策・法体制であること、②幕藩制国家の「国是」としてイベリア両国の侵略性に対抗する言説・体制が布かれたこと、③民衆統制策としてあらわれ、このため日本人一般の宗教意識に大きな変化を与えたこと、④その前提となる民衆のキリスト教受容にはイエズス会の適応政策が寄与したと考えられること、⑤近世社会にはキリシタン禁制を支えた側面・原理も見出せること、等々が解明・指摘されてきた。

第二節　課題設定

前節の成果を前にした本書が現段階で取り組むべき課題とは何であろうか。まず注目されるのが、近年のイベリア・インパクト論の提起であり、これを契機に、現在までその是非をめぐる議論が展開している。(24) 筆者がもっとも疑問に思うのは、キリシタン禁制の事実自体が、統一政権のイベリア両国の侵略的動向への対抗の一環として、あたかも同説を裏付ける証拠のように叙述されている点である。しかしキリシタン禁制の研究史的理解に照らせば、かかる叙述は侵略云々を理由に禁制を布いた統一政権の「言説」に研究者自身が取り込まれているということになり、客観性に欠け問題と思われる。そこで本書ではこの疑問を出発点に近世国家の形成とキリシタン禁制との関係を再考するが、以下では取り組むべき具体的な課題三つを提示したい。

1　イベリア勢力上位者の日本政策

第一に、イベリア・インパクト論では、武力侵略を是とする個々のフィリピン総督や宣教師の言動を根拠に、イベリア勢力の日本侵略計画がさも存在したかのように述べているが、これは事実なのであろうか。

そもそもスペイン史研究において、一六世紀後半に武力征服論はスペイン人の間でその是非が議論され、対外政策に影響したとされている。すなわち一五五〇年から翌年にかけスペイン国王カルロス一世の命で行われたバリャドリード論争において、アメリカ大陸の先住民族インディオへの征服者による虐待を疑問視したドミニコ会宣教師のバルトロメ・デ・ラス・カサスが、国王に武力征服の残虐性と違法性を強く訴えるということがあった。最終的にはこれによりスペイン王室が植民地政策を放棄することはなかったが、カルロス一世は論争以前からラス・カサスの報告を聞き征服の一時中止を命じて対インディアス政策の修正に着手し、一五四二年にインディオの奴隷化を全面的に禁止する「インディアス新法」を発したなど、その影響が明らかに見て取れる(25)。後継のフェリペ二世もまた、一五七三年七月一三日に従来の征服関係の様々な規定に取って代わる「基本法」を制定し、そこでは「征服《コンキスタ》」の語に代わる「平定《パシフィカシオン》」の使用を命じた。この条項が象徴するように、同法は以降の武力征服に規制をかけたといわれる(26)。インディアス問題を取り上げた松森奈津子は、これらの法令が発令される間に、スペイン人の関心は領土拡大よりも既存の植民地社会の維持に向けられ、「領土拡張の時代が終わり、本格的な植民の時代が始まった」と述べる(27)。しかしイベリア・インパクト論でかかる先行研究は無視され、イベリア勢力の武力征服論が一貫しあたかもその植民地拡大政策を支え続けたかのように叙述している。

さらに疑問に思うのは、同論では武力征服を訴えた個々の宣教師や総督の言説のみが取り上げられ、肝心の決定権を有する上層部の意思が検討されていない点である。例えば日本征服計画を総会長に上申したことで有名なペドロ・デ・ラ・クルス神父の所属するイエズス会の場合、日本宣教について具体的な政策を策定するのは日本巡察師であり、巡察師自身は上長への絶対的服従という軍隊的規律を有する修道会の一員として、総会長の最終決定に従わなければならない。[28]よって、天下人に警戒を抱かせるような影響力が武力征服論にあったというからには、日本にいる宣教師たちの行動を規定した、右のイエズス会の最高意思もまた当然検討されなければならないと考える。

これとは別に、布教保護権を権原として教会統治に干渉し、軍事力を実際に行使しえたイベリア両国王（一五八〇年以降はスペイン国王フェリペ二世がポルトガル王位を継承し同君連合となる）の方針が問われるべきであるが、[29]これについても未だ明らかにされていない。

イベリア・インパクト論では言説の持つ影響力を重視している。そうであるならばなおさら、個々の宣教師の行動を規定することになる彼ら上位者、究極にはイエズス会総会長とスペイン国王が一六世紀後半から一七世紀前半にかけて対日政策として何を語ったのかが検討されなければならない。まずはこれらの大方針を確認したうえで、当該時期の日本における（宣教）活動の実態を確認し、総体として評価するといった手順を踏むべきであろう。そうでなければこの問題に関しては、例えばヴァリニャーノ個人のみに焦点があわせられ、彼に侵略を是とする思想があったか否かといった水掛け論に陥り、永遠に決着を見ないと思われる。

2　キリシタン禁制の再検討

第二の論点は、その先の段階としてキリシタン禁制がイベリア両国の植民地化の脅威への対抗的措置として打ち出されたとの観点で研究すること自体に、筆者は有効性を見出すことができない。なぜなら荒野説をはじめ先学は、近世の東アジア世界について、中国を中心に完結する貿易体制にならった東アジア諸国・諸民族間の国際関係がすでに構築され、他世界とは一定の距離を保ちうる自立性を確立していた点を明らかにしてきたからである。かかる成果を継承し、イベリア両国の植民地化などほぼ実現性のない状況で、なぜ日本がキリシタン禁制を布くことになったかを議論するほうが、建設的といえるのではないだろうか。(30)

キリシタン禁制については、日本の為政者が民衆思想統制策の一環として「国是」としての禁教の言説を強化した、と海老沢が指摘し、これが現在まで定説化している。(31)さらに近年の五野井隆史、清水紘一によれば、秀吉政権が禁教を強調しその理由としてイベリア両国の侵略云々を表明するのは、サン・フェリペ号の漂着事件以降であり、その意図は同船の積荷没収を正当化し、朝鮮侵略戦争に対する諸大名以下の不満を回避することにあった。(32)

これらの研究史を踏まえるならば、キリシタン禁制をイベリア両国の侵略脅威への対抗的措置とする見方は成立しないと考えるのが自然であろう。しかしイベリア・インパクト論では無視されている。その原因は、①イベリア両国の世界進出動向とアフリカ、中南米、インド等での植民地化の全貌を――つまり現代の研究者が持っている知識を、当時の天下人も当然有していたはずだとの前提（思い込み）があり、②それに引きずられる形で、為政者がキリシタン禁制を打ち出す前後に対峙した国内事情が十分に視野に入っていないからではないだろうか。

①については、例えば天下人の「伴天連」の使用例を分析した大橋幸泰によると、当該時期は宣教師だけではなく、武士身分のキリシタンをも含んでいたとする。(33)つまり「伴天連門徒」はシンプルな「キリシタン民衆」ではなく、少なくとも天下人は「宣教師と武士身分のキリシタンに率いられた門徒」というイメージでとらえたことがわかる。よって「南蛮」についても、現代の研究者は「（世界規模で植民地を開拓した）ポルトガル・スペイン」とただちに理解するのであるが、その常識をいったん棄て、当時の天下人自身の認識をとらえ直す必要があるのではないだろうか。幸いにこの点は天下人の発給文書だけではなく、宣教師の報告書や地図といった諸資料に恵まれており、検討は可能で

ある。

②について、天下統一期にあった日本の為政者の関心は、対外情勢よりも足下の国内情勢に向けられていたはずである。織田政権自体が下剋上により滅亡し、後継の豊臣政権も天下統一を遂げたとはいえ、晩年は朝鮮侵略戦争に勝利することができず、厭戦気分の高まる国内の不満に関心を向けざるをえなかった[34]。周知のようにかかる不安定な内政情況は徳川政権初期も継続し、統一国家の形成・成立にいたるまで、関ヶ原戦、大坂の陣、島原・天草一揆といった内乱を経ている。とするならば、キリシタン禁制の成立についても宣教師史料のみに頼るのではなく、かかる国内の政治社会情勢を注視し、近年進展の著しい戦国・織豊期を中心とする国内研究の諸成果と日本側史料を十分に取り入れ、研究されねばなるまい[35]。

その上で、いかなる視点で国内事情を踏まえるべきかが次の問題となる。本書では近年の宗教史分野の「戦国期宗教勢力」論に注目したい。安藤弥は「教えを信仰し、組織的に結集する人びとの集合体（社会集団）」を「宗教勢力」と定義し、戦国期は「宗教勢力」が「国家と民衆の双方向からの作用」を受け「自律的に」変化を遂げた、秩序変革の時期であったとした[36]。最終的には、〈中心・正統〉にかつての異端であった一向宗・法華宗をも含む「新儀の八宗」[37]が定まり、新たな〈周縁・異端〉として、キリシタンや法華宗不受不施派が位置づけられたとする[38]。

この学説を援用すれば、信徒組織やキリシタン大名領国を形成したキリシタンもまた、「国家と民衆の双方向からの作用」を受け、一時期は一向宗と同様に「戦国期宗教勢力」として成長したが、ある時点で方向を違え、日本社会の中で「異端」化し、統一権力に「邪法」とみなされたことになる。その時期と要因を精査することが、キリシタン禁制成立の根源的な解明に結び付くと考える。

なお安藤はキリシタンが「まったく異質な外来宗教」であったゆえに異端に位置づけられたとするが、イエズス会の日本適応政策を一因として一七世紀初頭の知識層にさえキリシタンは仏教の一派と誤解されており[39]、教義面では真宗との類似性が指摘されている。よって初期のキリシタンの「異端」化は、新規な外国宗教であったからではないと考えられる。そうではなく、同じく政権の弾圧対象となった国内宗教勢力の一向宗や法華宗不受不施派にも通じる、その社会的特性に求められるのではないか。そもそも外国宗教としての異質性が問題とされたなら、それは「異端」ではなく「異教」というべきである。

しかし結局キリシタンは伴天連追放令で「邪法」とされ、「異教」化を遂げ、禁制は「国是」となった。すなわちキリスト教については〈異端化→異教化〉の段階をたどったと想定され、各段階がいかなる理由によってもたらされたのかが問題となる。具体的には最初の禁教令といわれる正親町天皇の追放令と豊臣秀吉の伴天連追放令の発令要因が検討課題としてあげられる。そして最終的には、そもそもなぜ「戦国期宗教勢力」の再編に天下人ないし国家が関わらなければならなかったか、が問われなければならないと考える。

3　貿易政策の推移との関係

現時点で検討の余地があると思われるもう一つの論点は、為政者の貿易政策との関係である。東アジア世界におけるイベリア両国勢力の、貿易と宣教活動とを不可分とした商教一体的な対日姿勢を前に、日本の為政者が両国との貿易をどのように推進しようとしたかは、キリシタン禁制とともに「鎖国」の成立に関わる重要テーマであり、冒頭でも述べたようにその解明は進んではいるが、なお完全であるとはいえない。

例えば南蛮渡来の品々が間接的に取引されていたであろう織田信長の堺貿易や、豊臣政権のルソン貿易、博多基地化構想を含めた南蛮貿易政策については、いまだに不明な点が多い。本書ではこれらのうち、朝尾直弘が論じた徳川家康の浦賀貿易構想に着目する。朝尾によれば、全国的禁教令の発令と「鎖国」の形成に密接に関わる、重要問題である。(40)

家光政権のいわゆる「寛永鎖国令」が打ち出された寛永十年（一六三三）前後も、諸外国との貿易体制を再編する幕府の動向が見られる。既述したように、荒野はキリシタン禁制を「梃子」として、「長崎口」が形成されたとみなした。事実として幕府は寛永十一年、西日本各地で自由に取引していた唐船をキリシタン禁制を理由に強制的に長崎に渡航させたが、一方でその目的は別にあり、島津氏など個別藩主が関わっていた唐船貿易の統制権を一元的に掌握することにあった、とも言われている。近年は山本博文ほかの反論も見られるが、朝尾直弘、村井早苗もまたキリシタン禁制を「梃子」と表現しており、本来の対キリシタン対策としてよりも幕藩制国家に利用された側面を評価するのか、議論が分かれる状況が見られる。このため本書では、唐船長崎集中令が成立する経緯をより詳細に跡付け、この問題に決着をつけたい。

以上のように、近世国家を形成したといわれるキリシタン禁制は、現段階で諸先学により論じ尽くされたように見えてその成立に関してはなお数多の問題を抱えており、とくに海老沢が問題提起した、日本史の研究成果を十分に取り入れた状況になっているとは言い難い。

筆者が考えるにこの研究状況をもたらした要因のひとつに、冒頭で述べた史料問題があげられる。宣教師の手による文書・記録類は一次史料としての価値があるにもかかわらず、原文を翻刻・翻訳し十分な校注を施した良質な史料集の刊行数はまだ少なく、多数の研究者が史料として活用しうる環境が現状では確立していない。これまで日本語訳されたものの多くは、ヨーロッパで刊行された「イエズス会日本年報」などのいわば二次史料であり、このような現状が冒頭で述べたキリシタン史料への不信感につながっていると考える。(41)

第三節　本書の構成と内容

本書では以上の諸課題を念頭に、先学が残した良質な日欧双方の翻刻・翻訳史料に導かれながら、入手しえたものについては可能なかぎり原史料に基づき、キリシタン禁制の諸問題と近世国家成立の経緯を解明することを試みる。(42)

第一部では、イベリア勢力の上位者が日本にどのような関心を向け、いかなる方針を持ったかを明らかにする。第一章はイベリア・インパクト論が主張するところの、「イエズス会の軍事的性格」は成立しない旨を論じる。日本巡察師ヴァリニャーノの日本宣教方針は適応主義と局外中立原則にあり、総会長もそれを支持していた。続く第二章では、スペイン国王フェリペ二世の東アジア政策を取り上げる。国王の関心は日本ではなく中国にあったが、一五七〇年のフィリピン総督府設置後、中国を武力征服する事業計画を進言した同総督府に対し、一貫して反対した経緯を明らかにする。

第二部では、キリシタンとの初期交流を取り上げる。第一章では、永禄八年（一五六五）に正親町天皇がキリシタン宣教師を京都から追放するよう命じた一件に注目した。この日本ではじめての公権力による禁教令は、複雑な発令経緯をはらんでおり、単純に禁裏（天皇）の意志によるものだったとはいえない。宣教師の書簡やフロイス著『日本史』と日本側史料をあわせて検討すると、戦国末期の社会状況が反映された、この時期ならではの追放令であり、キリスト教は「異端」的存在であったことがわかる。第二章は織田信長と、自らを「南蛮」（インド）から来たと紹介したイエズス会士との交流の実態を、イエズス会史料をもとに分析した。宣教師との対話を通して信長は世界観を変え、その政治構想に影響を与えたと思われ、私見によれば、これこそが「イベリア・インパクト」とよぶにふさわしい。

第三部では近世国家形成のターニング・ポイントとして、豊臣政権の伴天連追放令の発令と、その後の周辺諸国に向けた威嚇外交の様相に着目した。第一章は、先行研究で議論が分かれている天正十五年六月十八日付豊臣秀吉朱印状と、翌日付の伴天連追放令との関係を考察する。私見では、両者には豊臣政権の宣教統制令から宣教禁止令への変化が示されている。第二章は、神田千里説に反論を加える形で、伴天連追放令の発令経緯と発令時の「神国」宣言の意味をやや微細に再考した。同令を秀吉の宗教政策の一環に位置づけ直すことも意識している。第三章では、豊臣政権がインド副王、フィリピン総督、高山国に宛てた「黄金色国書」に着目し、文書の料紙と封式の特徴、およびその機能を解明することを目指した。秀吉は一見南蛮人のいる南方諸国への侵略膨張を目指したが、「黄金色国書」は外交の強硬的側面を緩和する機能があったと考えられる。

第四部では統一国家すなわち「鎖国」の形成とキリシタン禁制の関係を検討した。第一章は、徳川家康のスペイン船貿易交渉の顚末が「鎖国」の形成に関わると述べ、スペイン勢力来日の歴史的意義を確認した。第二章では、徳川家光の唐船長崎集中令の発令が宣教師の密入国事件への対処であったことを明らかにした。これにより、キリシタン禁制は幕藩制国家の「梃子」であったとは評価しえないと結論づけている。最後に補論として、研究史上の金字塔である朝尾直弘『鎖国』について、現在から見た問題点を述べたうえで、個別のキリシタン禁令の再検討を踏まえつつ「鎖国」の形成過程を跡付けた。私見によれば、秀吉の伴天連追放令は、「鎖国」の出発点である。

終章は本書の結論部分にあたる。これまで顧みられてこなかった近世国家形成の思想史的・宗教史的な意義を再検討するにあたり、大桑斉の近世国家モデルに依拠した。現状のイベリア・インパクト論については、秀吉の南蛮認識を確認する限り通用しないことが明らかであるが、それではポルトガル人とスペイン人の日本到達が近世日本に及ぼした影響とは結局、いかなる点に見出せるのか、結論部分にまとめた。

なお教会史料の問題点とその克服方法については、各論において取り上げた具体的な史料をもとに、その都度述べていくことにする。

注

（1）キリシタンの定義については、海老沢有道の「日本史的術語であり、厳密には一六世紀以来、一八七三年（明治六）二月の、いわゆる『切支丹禁制高札』撤去までの間における日本カトリック」（海老沢有道『日本キリシタン史』塙書房、一九六六年、一七頁）が有名であり、本書も基本的にはその理解に従う。ただし原語のポルトガル語 Cristão の意味を厳密に踏まえるのならば、「一六世紀以来、禁教高札撤去までの日本のカトリックないしカトリック教徒」とするのが正確であると思う。

（2）近年では牧原成征『日本近世の秩序形成―村落・都市・身分―』（東京大学出版会、二〇二二年）。松井洋子「近世日本の対外関係と世界観」（『岩波講座世界歴史12　東アジアと東南アジアの近世　一五～一八世紀』岩波書店、二〇二二年）。概説に、『日本近世史を見通す1　列島の平和と統合―近世前期―』（牧原成征・村和明編、吉川弘文館、二〇二三年）。

（3）拙著『近世日本とルソン―「鎖国」形成史再考―』（東京堂出版、二〇一二年）。

（4）概説書、普及書は必要に応じて取り上げた。戦前を含めた研究史に関しては、加藤榮一『幕藩制国家の形成と外国関係』（校倉書房、一九九三年）二六三頁～、清水紘一『織豊政権とキリシタン―日欧交渉の起源と展開―』（岩田書院、二〇〇一年）七頁～、村井早苗『キリシタン禁制の地域的展開』（岩田書院、二〇〇七年）九頁～、を参照していただきたい。

（5）立教大学史学会「海老沢有道先生追悼　海老沢有道先生略歴・著作目録（抄）」（『史苑』五三―二、一九九三年）。

（6）五野井隆史「キリシタン史研究の現状―欧文史料による研究を中心に―」（同『日本キリシタン史の研究』吉川弘文館、二〇〇二年）。

（7）例外として松田毅一『近世初期日本関係　南蛮史料の研究』（風間書房、一九六七年）、H・チースリク『芸備キリシタン史料』（吉川弘文館、一九六八年）がある。当該時期としては驚異的な研究水準を示している。

（8）加藤は高瀬説を引用し、イベリア両国間の抗争が修道会の宣教を通じて日本の禁教政策へ影響を与えたとした。加藤榮一編著『鎖国』（有斐閣、一九八一年）。近年も高橋裕史『戦国日本のキリシタン布教論争』（勉誠社、二〇一九年）が加藤説を支持している。

（9）この問題に関して、H・チースリク『キリシタン時代の邦人司祭』（キリシタン文化研究会、一九八一年）は重要な情報を提供しているが、学注を欠く。

(10) 従来はドイツ語訳本の重訳本（東洋文庫版）に依拠せざるをえない状況であった。
(11) 高瀬弘一郎・岸野久訳『イエズス会と日本』全二冊（大航海時代叢書第Ⅱ期、岩波書店、一九八一・八八年）はイエズス会の内部文書八九点を翻訳・紹介した。一九八七年以降は松田毅一監訳『一六・七世紀イエズス会日本報告集』全一五冊（同朋舎出版）が出版され、欧州諸国で刊行された「イエズス会日本年報」や書簡集の現代語訳文をまとめて読むことができるようになった。さらに一九九一年には東京大学史料編纂所が『日本関係海外史料　イエズス会日本書翰集』（訳文編・原文編）の刊行を開始し、最初期の日本イエズス会文書に関しては原文書を含む最良の底本を用いた日本語訳文を利用できる（ただし現在は出版方針に変更が認められる）。
(12) 清水紘一「宗門改役ノート」（『キリスト教史学』三〇、一九七六年）。同「寺請制度について―特に安永享和年間の寺檀関係を中心として―」（『キリシタン文化研究会会報』一八年―一〜二合併号、一九七六年）。同「禁教政策の展開」（中田易直編『近世対外関係史論』有信堂、一九七七年）。同「元和二年土佐漂着スペイン船の処遇について―外国船平戸長崎集中令発令前後の一状況・附関係史料―」（『京都外大研究論叢』一七、一九七七年）。同「キリシタン訴人褒賞制について」（『キリシタン研究』一九、一九七九年）。
(13) 『片岡弥吉全集　1』（智書房、二〇一〇年）として復刊されている。
(14) 『モレホン日本殉教録』（佐久間正訳、キリシタン文化研究会、一九七三年）。『オルファネール日本キリシタン教会史』（井手勝美訳、雄松堂、一九七七年）。『コリャド日本キリシタン教会史補遺1621－1622年』（井手勝美訳、雄松堂、一九八〇年）など。
(15) 朝尾直弘『鎖国』（小学館、一九七五年）。
(16) 同書一二六頁。
(17) 山本博文『寛永時代』（吉川弘文館、一九八九年）。
(18) 村井は同著で①「迫害と殉教」の物語から脱却し、②キリシタンの問題を日本近世国家史研究のなかに正当に位置づけ、キリシタン史それ自体で自己完結させるのではなく、キリシタン研究を日本近世史研究者の共有財産として提出することを同著で提言している（一二頁）。蛇足ではあるが、①については村井ほかの貢献によって、ほぼ克服された段階にあると考える。しかし迫害当初から宣教師間で流布したこの「迫害と殉教」の物語自体に歴史的な意義が認められるのではないだろうか。この問題に関して、山本博文『殉教―日本人は何を信仰したか―』（光文社、二〇〇九年）、小俣ラポー日登美『殉教の日本―近世ヨーロッパにおける宣教のレトリック―』（名古屋大学出版会、二〇二三年）。
(19) ただし寛文期にキリシタンは、諸宗教のなかでも最も警戒すべき勢力であったのではないかと思われる。
(20) 本書では「島原の乱」ではなく、学術用語として定着した「島原・天草一揆」の名称で統一する。
(21) 本書第三部第二章。
(22) 大橋幸泰『検証　島原天草一揆』（吉川弘文館、二〇〇八年）、煎本増夫『島原・天草の乱』（新人物往来社、二〇一〇年）、五野井隆史『島原の乱とキリシタン』（吉川弘文館、二〇一四年）。
(23) のち『日本史学のフロンティアⅠ　歴史の時空を問い直す』（荒武賢一朗・太田光俊・木下光生編法政大学出版局、二〇一五年）に改稿文を収録。
(24) 平川新「スペインとポルトガルの日本征服論をめぐって」（『歴史評論』八一五、二〇一八年）。朴慶洙「イエズス会の日本「武力征服論」について―高瀬・平川研究の批判的検討―」（『歴史』一三三、二〇一九年）。松方冬子「世界の中の近世日本史をどう描くか―平川新『戦国日本と大航海時代』に寄せて―」（『洋学』二七、二〇二一年）。平川新「松方冬子さんの「新しい世界史」とはどのようなものか―拙著『戦国日本と大航海時代』の書評に応えて―」（『洋学』二八、二〇二一年）。朴慶洙「平川新「帝国論」について」（東北史学会編『歴史』、二〇二二年）ほか。
(25) ルイス・ハンケ『スペインの新大陸征服』（染田秀藤訳、平凡社、一九七九年）一四五頁以降。チャールス・ギブソン『イスパノアメリカ―植民地時代―』（染田秀藤訳、平凡社、一九八一年）四五頁。
(26) ルイス・ハンケ前掲書、二〇四～二〇五頁。染田秀藤『大航海時代における異文化理解と他者認識―スペイン語文書を読む―』（渓水社、一九九五年）三〇～三一頁では「基本法」に残るビトリア理論の側面を指摘するが、本書ではルイス・ハンケが述べるようにラス・カサスの影響のほうを評価したい。
(27) 松森奈津子『野蛮から秩序へ―インディアス問題とサラマンカ学派―』（名古屋大学出版会、二〇〇九年）五頁。
(28) 高橋裕史『イエズス会の世界戦略』（講談社、一九九四年）。
(29) 高瀬弘一郎前掲書『キリシタン時代の研究』第一章。この布教保護権ゆえに、日本という海外宣教地への影響力は、ローマ教皇よりもイベリア両国王の意思がより重視される。ローマ教皇庁が海外宣教の管理・運営に関わるようになるのは、一六二二年の布教聖省成立以降である。木﨑孝嘉「布教聖省設立と日本」（川村信三・清水有子編、キリシタン文化研究会監修『キリシタン１６２２―殉教・列聖・布教聖省　４００年目の省察―』教文館、二〇二四年）。

(30) 同時代人の認識を確認しても、日本の軍事征服は現実的ではないとするものは多い。例えば一五八二年一二月一四日付、マカオ発、ヴァリニャーノのフィリピン総督宛て書簡（AGI, PATRONATO, 24, Ramo 57）。一六一〇年五月三日付、臼杵発、ロドリゴ・デ・ビベロのスペイン国王宛て書簡（AGI, FILIPINAS, 193, N. 3）ほか。
(31) 海老沢有道前掲書『キリシタンの弾圧と抵抗』。
(32) 清水紘一前掲書『織豊政権とキリシタン』第六章。五野井隆史前掲書『日本キリシタン史の研究』第三章。本書終章。
(33) 大橋幸泰前掲書『キリシタン民衆史の研究』。
(34) 文禄年間の政情不安等、秀吉政権の負の側面については、河内将芳『落日の豊臣政権―秀吉の憂鬱、不穏な京都―』（吉川弘文館、二〇一六年）に詳しい。
(35) 最近年の研究成果を知るには戦国史研究会の編著作物および機関誌『戦国史研究』ほか、「特集／戦国史研究入門」の収載論文（『歴史評論』八五二、二〇二一年）、谷徹也「織豊政権論」（『日本近世史入門』勉誠社、二〇二四年）が便利である。なお宣教師史料から直接禁教理由を探ることはできないと考える。例えばイエズス会日本管区長マテウス・デ・コウロスの、日本の禁教＝「国是」論、すなわちスペインの日本征服を阻止する目的があったという主張には、スペイン勢力が日本へ進出することへの批判が込められており（五野井隆史前掲書『日本キリシタン史の研究』第四章）、実相を反映しているといえない。
(36) 安藤弥『戦国期宗教勢力史論』（法藏館、二〇一九年）。同「戦国期宗教勢力論」（中世後期研究会編『室町・戦国期研究を読みなおす』思文閣出版、二〇〇七年）。
(37) 河内将芳『中世京都の都市と宗教』（思文閣出版、二〇〇六年）。
(38) このように、元来日本の宗教勢力の一角としてキリシタンは位置づけられるゆえに、村井が指摘したように、寛文期の禁教令と並行して他宗教の対策が打ち出される現象もまた、しかるべく生じたといえる。
(39) 朝尾直弘「東アジアにおける幕藩体制」（『日本の近世1　世界史のなかの近世』（中央公論社、一九九一年）六七頁。岡美穂子「キリシタンと統一政権」（『岩波講座日本歴史10　近世1』岩波書店、二〇一四年）。米谷均「キリシタン宗門に対する非キリシタンの認識―キリシタン宗門は「仏法」の一部か否か―」（WASEDA RILAS JOURNAL No. 10, 二〇二二年）。
(40) 朝尾直弘前掲書『鎖国』。
(41) 拙稿「イエズス会日本年報の活用をめぐって」（『歴史評論』八三四、二〇一九年）では、日本史研究における教会史料の活用方法を考察した。逆に日本語を母語としない研究者が多いキリシタン史研究の場合、日本近世史料の活用は一般的に困難である。この史料問題については、キリシタン史と日本史の双方で、他分野に配慮した良質な史料集を刊行する地道な努力を続けていくしかないと考える。

（42）　とくに教会関係史料は、収蔵する修道会の方針により閲覧・複写が著しく制限されている場合がある。今後の公開状況の改善を期待したい。

第一部　イベリア・インパクト論再考

第一章　イエズス会の軍事的性格をめぐって

はじめに

本章は、日本イエズス会の宣教体質を解明し、深谷克己のイベリア・インパクト論[1]について、再考を加えることを目的としている。

まず深谷の議論をまとめると、イベリア・インパクトとは、日本の「近世化」に際してイベリア勢力（ポルトガル、スペイン）が加えた政治的・社会的圧力の「衝撃」を意味する。イベリア勢力は東アジア世界の征服を意図したが、その軍事的威圧を感知した日本は、東アジア法文明圏[2]の中枢に対する欲求すなわち、「中華皇帝化」願望を急速に膨らませた。豊臣政権の朝鮮侵攻はこれにより引き起こされたのであって、同事件はイベリア・インパクトの「後遺症的形象」と位置づけられる。

このように深谷は、朝鮮侵攻を西洋法文明圏との接触により生じた、東アジア法文明圏内の秩序変革の一端として構造的に捉えようとしている。たしかに、日本の政治環境がそれまでに経験したことのない西洋法文明圏との接触は、キリシタン禁制の反応を見ても無視しえない影響力を日本の統治者に及ぼしたと考えられるのであり、彼らの東アジア法文明圏の中枢への願望を駆り立てたとみなすイベリア・インパクト論の枠組みそれ自体は首肯できる。しかしながら、インパクトそのものの理解について、日本に対するイベリア勢力の軍事的威圧の衝撃であったと説明されている点に関しては、次の二つの問題があり、現状では受け入れ難い。

第一に、高瀬弘一郎が提唱するイエズス会の軍事的性格説を援用している点である。[3]高瀬は宣教師の日本征服計画を、当該時期における日本イエズス会の宣教の「本質」であったと指摘したが、そうした評価が、深谷に限らず、イベリア勢力のアジアにおける侵略性を前提とした議論を生み出していると思われる。

けれども一方で当該時期の日本イエズス会に関しては、巡察師アレッサンドロ・ヴァリニャーノが教会史上画期的といわれる「適応主義」を導入し、イエズス会は日本語学習や禅僧の礼法導入など、日本文化を尊重した宣教体制を布いていたとも言われている。[4]このような適応主義と武力を背景とした宣教方針は原理的に相容れないはずであるが、矛盾は解消されていない。そうした現状で同会の軍事的性格のみが取り上げられ、当該時期のイベリア勢力の侵略性の根拠のようにみなされている点は明らかに問題があろう。したがって、イエズス会の日本宣教の「本質」を今一度見極め、その上で、同会宣教師等の東アジア征服論がどこまで現地に影響力を持ちうるものであったかを検討しなければならないと考える。

第二の問題として、イベリア勢力の東アジア征服構想と豊臣秀吉の朝鮮侵攻を積極的に結びつけた平川新の説が援[5]用されている。しかしながら平川説では、右の問題が残る高瀬説を土台としており、さらに豊臣政権がイベリア勢力の日本軍事征服計画を察知し、それゆえに大陸進出の意欲を固めたという見通しを推論的に述べており、これを論拠として採用してよいのか、疑問が残る。平川説の推論的展開については、現存の史料の状況からやむをえないものであることは無論理解ができる。しかしながら、イエズス会の軍事的行動と朝鮮侵攻との「接点」に関わる先学の史料研究は僅かながら残されており、それらを使って平川説の妥当性を検証しうる余地はあると考える。

よって以下本文では、イベリア・インパクト論の論拠となっている日本イエズス会の宣教方針を見定め、また同会の軍事的行動と朝鮮侵攻との「接点」を検証して、インパクトの中身が深谷の理解の通りでよいのか、再考することとしたい。

第一節　ヴァリニャーノの武力征服反対論と適応主義

一六世紀末の日本イエズス会の宣教方針について実質的な決定権を掌握したのは、同会巡察師として東インド管区を統轄していたアレッサンドロ・ヴァリニャーノである。高瀬は、そのヴァリニャーノが宣教のための武力行使を認めていたと指摘した(6)。そこで以下では、その根拠とされた史料を取り上げ、検証してみたい。

【史料1】一五八二年一二月一四日付、マカオ発、ヴァリニャーノのフィリピン総督宛て書簡(7)（部分）

（a）これら東洋に於ける征服事業により、現在いろいろな地域に於いて、陛下に対し、多くのそして大きな門戸が開かれており、主への奉仕及び多数の人々の改宗に役立つところ大である。これら征服事業は、霊的な面ばかりでなく、それに劣らず陛下の王国の世俗的な進展にとって益する。そしてそれらの征服事業の内、最大のものの一つは、閣下のすぐ近くの（このシナを征服すること）である。尤もそれは着手すべき時宜と条件に適えばのことである。というのは、さもないとその企ては非常に危険且つ有害で、陛下のこれらの領国にとって大変な損害を招くかも知れないからである。それ故、まず必要な準備をするためには、多くの勧告と正確な情報を必要とする。そしてこれは主や陛下への奉仕にとって非常に重要な事柄であるにも拘らず、その事業に関して持つべき真の計画なり、情報なりを授けることの出来るような者は殆どいないので、私がこの地でえた経験を基に、その件のために判るいくつかの重要な事柄について、閣下と相談することが出来れば大変嬉しく思う。そして当を得た計画が立てられることを希望する。何故なら妥当な計画を立てずにそれを実行すると、シナ人との貿易を失い、しかも莫大な経費を要するにも拘らず、何ら益するところがないわけで、陛下の財産にとって甚大な損害となるのは疑いないからである。しかしながら、これは手紙で明らかにしたり、理解してもらったりすることが出来るような事柄ではないので、（b）私は今インドに戻り、そしてインドからローマに行って私の巡察の結果を報告しなければならない任務を帯びている故、その機会に陛下に謁見して、このこと凡てについて相談することが出来ればと願っている。そしてそれが陛下がこの征服事業を企てる決意をする以前であればよいがと思っている。何故なら、私は多くの人がそれについて語り、いろいろ多くの計画を立てているのを耳にしているが、その計画が当を得たものではないことは疑いなく、真実の情報を欠く許りに、ゆくゆくは甚大な被害を招くようなことを、陛下が続行することを私は恐れる。（中略）日本のキリスト教界については、閣下に書送るべきことが沢山有る。何故なら私は日本に三年近く滞在して、今年当地に戻って来たからである。私は閣下に対し、霊魂の改宗に関しては、日本布教は、神の教会の中で最も重要な事業の一つである旨、断言することが出来る。何故なら、国民は非常に高貴且つ有能にして、理性によく従うからである。（c）尤も、日本は何らかの征服事業を企てる対象としては不向きである。何故なら、日本は、私がこれまで見て来た中で、最も国土が不毛且つ貧しい故に、求めるべきものは何もなく、また国民は非常に勇敢で、しかも絶えず軍事訓練をつんでいるので、征服が可能な国土ではないからである。しかしながら、シナに於いて陛下が行いたいと思っていることのために、日本は時とともに、非常に益することになるであろう。それゆえ日本の地を極めて重視する必要がある。

一五八二年段階でヴァリニャーノがアジア宣教に対していかなる考えを持っていたか知ることのできる史料である。高瀬はこの史料から、ヴァリニャーノは日本征服を否定した（傍線部c）が、中国征服の有益性を認めており（傍線部a）、その証拠に、綿密な計画が必要なので自分がこの地で得た経験を基に国王の諮問にあずかっても良いと述べている（傍線部b）、したがって「布教事業を成就するための手段としての武力行使そのものについて、一切これを否定する態度をとったわけではなかったことは明らかで、日本についても、条件次第では、布教のための武力を認める立場に立つこともありうる」とした。[8]

しかし第一に、この史料が作成された一五八二年の時点で、教会関係者やフィリピンの総督府の間で中国征服論が盛んに唱えられていたことを考慮に入れるならば、[9]傍線部（b）の部分でヴァリニャーノがそうした状況に迎合せず慎重論を唱え、（c）部分で日本については明らかに征服反対論を提示している点に注目するべきではないのだろうか。彼はアジア征服事業の実現可能性が低く、むしろ中国征服などは危険な行為であるという考えを持ち、フィリピン総督とスペイン国王に対して、性急で未熟な東アジア征服論を指摘し、諫止しようとしていた。傍線部（b）は、そうした彼の懸念や緊迫感が表現されている部分である。

史料中には高瀬の注目する通り、異教の地を征服対象とみなす表現が確かに出てくる。それはこの史料1を作成したヴァリニャーノの真意が、武力征服事業そのものを否定することに向けられていないからであり、この点は、インディオ保護の観点から征服事業そのものを批判するにいたったバルトロメ・デ・ラス・カサスと比べ、当該時期イベリア両国人の「常識」を打破するにいたらなかった彼の「限界」を示していよう。しかしだからと言って、この史料をもってして、「（ヴァリニャーノが）日本についても、条件次第では、布教のための武力を認める立場に立つこともありうる」と言いうるのであろうか。

ヴァリニャーノは日本征服反対論を、一五七九年から一五八二年までの第一次日本巡察後に脱稿した彼自身の報告書において「日本は、はなはだ遠隔の地であるから、教皇聖下が御意のままに教皇大使や特使を派遣することができる地ではないし、国王陛下も、決していかなる力もそこに持つことはできないであろう。なぜなら日本は住民の性格、堅固さ、及び土地の貧困さの故に、難攻不落である」[10]と、明確に述べている。その後も一五八五年一二月一七日付、ゴア発、イエズス会総会長宛て書簡では中国征服論者のアロンソ・サンチェスを批判し、[11]一五九八年文書では、中国・日本征服論者のマルティン・デ・ラ・アセンシオンに対する反論を展開した。[12]ヴァリニャーノは中国・日本征服論を非現実的とみなして、一貫して否定する姿勢を貫いているのである。

それでは、日本宣教の戦略上も武力征服の意志を持ちえなかったという、積極的な根拠は見出せるのであろうか。次の史料を検討してみよう。

【史料2】ヴァリニャーノ「日本諸事要録」[13]（部分）

（日本におけるこの布教事業が、これまで発見されたあらゆる地方において最も重要・有益である）第二の理由は、東洋のあらゆる人々の中で、日本人のみは道理を納得し、自らの意志で（霊魂の）救済を希望し、キリスト教徒になろうとするのであるが、東洋の他の人々は、すべてむなしい人間的な考慮や利益の為に我等の信仰を受け入れようとするのが常であることは、従来吾人が見て来たところである。日本人は我等の教義を他国人よりもはるかに良く受け入れ、教義や秘蹟を受ける能力を短期間に備え、改宗した時は、その偶像崇拝の非を完全に悟るが、東洋の他の人々はみなこれと反対である。第三の理由は、日本では東洋の他の地方とは異なり、身分の低い下層の人達がキリスト教徒になるのみならず、武士や身分の高い領主並びに国王さえも同じように我等の聖なる信仰を進んで受け入れる。したがって、日本における成果は比較するものがないほど、大きく容易で価値がある。

一五八三年一〇月二八日付の日本巡察報告書である。ここでヴァリニャーノは日本宣教に大きな成果が見込まれる理由として、日本人が東アジア諸国中でもっとも、また身分の上下を問わず、キリスト教を進んで受容する点を指摘している。

この点は、中国征服論を提唱したイエズス会士アロンソ・サンチェスが「何故なら、私自身シナ国内に何か月か滞在し、更にルソンでシナ人と何年も交わって来た経験からして、説教によって彼等を改宗させることは不可能だと断言することができる」[14]と述べるのと好対照をなしている。サンチェスはキリスト教の非受容的な状況から中国を武力征服する名分を引き出しているのであるが、ならば史料2の日本の受容状況は、少なくともそのように観察したヴァリニャーノの中に、日本を武力征服する必然性を生じせしめなかったと言ってよいであろう。

一方ヴァリニャーノは史料2の別の箇所で「日本においては、その性格、習慣、諸事、取引き、および私たちの生活方法、その他すべてのことが、インドやヨーロッパにおけると異なり、反対で[15]」あると述べている。これは宣教不可能な状況を訴えるためではなく、日本では適応主義を必要とするゆえんを示しているからにほかならない。

すなわち、ヴァリニャーノが日本の武力征服に反対した理由は、その非現実性のみならず、武力によらない適応主義で宣教に臨む方針を持っていたからであるといえる。[16]

第二節　局外中立原則の提示

ヴァリニャーノに日本武力征服の意図ありとする高瀬は、次の彼の来日中の行動や指針もまた問題にあげている。第一に、初来日した一五七九年、竜造寺氏の攻撃で窮状に陥っていたキリシタン大名有馬晴信を支援し、軍事品（食糧、金銭、鉛、硝石）を調達した。第二に、一五八〇年に作成した「日本の上長のための規則」で、長崎・茂木の要塞化を指示し、第三に、翌一五八一年作成の「日本イエズス会士礼法指針」において、窮地に立ったキリシタン領主への軍事介入、武器調達を認めうると指示した点である。[17]

本節ではまず、第三点目の文書を検討してみよう。

【史料3】一五八一年一〇月付、豊後発、ヴァリニャーノ「日本イエズス会士礼法指針[18]」（部分）

平和を守るか、戦いに出るかについて領主に助言を与える場合や、その領主が戦争をやっている相手の領主に対して、パードレが自分はあなたの敵であると宣言し、言明するというやり方で、その領主に味方してあげようと助言する場合には、大いにこのこと（領主の意志を汲み取ることのできるキリシタンに相談すること）が守られなくてはならない。なぜならばこれはわれわれの宗教の主張するところに大いに反しているからである。できる限りすべてのものを友達にもつよう努めなくてはならない。なぜならば、反対のことをやれば多くの醜聞をひき起こし、評判を落とすからである。(a)しかしキリスト教の興隆のために必要である場合には、パードレは相手の敵であるということを表明することも、また戦争の助力者となるのだと宣言することもやらないで、キリシタンの領主に援助し、かれらを救ってよろしい。しかし、相手が感情を害したならば、むしろかれらに満足を与えるよう努めなさい。

同じように、たとえその領主がキリシタンであったとしても、いかなる領主にも大砲やその他の武器を手に入れさせてはならない。なぜならばこの種のことはいつもわれわれに対して損害を与え、決して利益を与えることはないからである。(b)しかしながら、時には付き合っている領主の性格や、必要に迫られて、別のことをやるのを余儀なくされることがあるから、こういったことが起こったら、ひとから最上の助言を求め、これらすべてのことはできるだけ避けるよう努力する必要がある。

ヴァリニャーノは宣教師が戦争介入することに対して注意を喚起し、原則としてこれを禁止しているのであるが、問題となるのは傍線部(a)(b)の例外を認めた部分である。

まず(a)は、二重傍線部が訳者によって日本語の表現が大分異なるので、当該部分の原語を確認すると、①mas antes procurem de dar satisfação aos outros se se agravarem. ②anzi piu tosto procurino di dar satisfatione agl' altri se si aggravano. とある。(19) ①は史料3で使用されたポルトガル語、②は後年ヴァリニャーノが書簡中で自ら引用したイタリア語訳であり、①②の間には異同のないことがわかる。

前掲史料3の二重線部は、①を翻訳した矢沢・筒井両氏の共同訳である。②を底本に翻訳した岡本良知訳を見ると、「寧ろ〔事情が〕悪変するならば、他の諸侯になるべく速やかに満足を与へるように努力せよ」(20)となっている。表現に若干の違いは見られるものの、いずれも「直訳」に近い訳文で、その文意は、例外的にキリシタン領主に対する支援を認めるが、状況次第で直ちに中止すべきである、となる。つまり二重線部からは、あくまでも原則は局外中立であるとするヴァリニャーノの指令を読み取ることができる。

しかしながら、岡本訳と同じく②を底本とした高瀬訳は、「しかし他の人々がこのような措置を理解しない場合には、これに対して満足のゆくように説明しなければならない(21)」となっている。このような訳文になったのは、翻訳技術上の問題ではなく、高瀬のヴァリニャーノの方針に対する理解が反映されているためであろう。しかしこうした表現にすることによって、先の原則方針を読み取ることができないばかりか、むしろ「キリシタン領主への支援をいったん始めたならば、反対意見があってもこれを推し進めるように」という指示にも読みとれる。筆者は、当該部分は直訳に近い矢沢・筒井訳ないし岡本訳の訳文が妥当であり、したがって、ヴァリニャーノの局外中立原則が示されている部分であると考える。

傍線部（b）は、領主への武器供与に関して、強制された場合は人から助言を求めるようにと述べていて、当該部分を見てもやはり、たとえ困難な状況にあっても最大限の努力をして局外中立原則を守るべきだとするヴァリニャーノの指示を看取することができる。既述のように、彼が一五七九年に有馬晴信の戦いに食糧や鉛などの支援を送った第一点目の問題の際にも武器のみは見られないのであり、宣教師の軍事介入の明らかな証拠となりうる武器供与に関して、ヴァリニャーノは慎重であったことがわかる。

このようにヴァリニャーノは、局外中立原則を部下に指示していたのであるが、既出史料3によればその理由は、軍事介入が原因で領主間におけるイエズス会の信用と評判を落すのではないかという懸念を彼が持っていたためであった。ではそれは、いかなる点での信用と評判であったのか。次の史料を検討しよう。

【史料4】一五八三年一〇月二八日付、ヴァリニャーノ「日本諸事要録(22)」（部分）

従来、多くの日本の諸領主は、我等が日本でなんらかの悪事を企てているのではないか、もし自分達の国々をキリスト教化することを許せば、我等は後に、我等を日本で維持している国王の為に彼等（キリスト教徒）と共に叛起するのではないか、という強い疑念を抱いており、（ヨーロッパの）諸国王が何故にこれほどの費用を布教の為に支出するかを彼等に納得させることができない。ただあとで彼等の土地を奪い、（その費用を）取り返そうと企てているということ以外は考えられない。これは仏僧達が我等を攻撃する時に言うことの一つであって、数多の領主がたびたび明白にこれを語ったのである。

右によると、仏僧等の讒言があり、日本の諸領主が宣教師やキリシタンに対して反乱、征服の疑惑を抱いているという。すると宣教師に対する信用と評判とは、そうした類の疑惑に関わるものであったということになる。とすれば、かような状況下で領主層の信用を勝ち取り宣教を拡大していくためには、局外中立原則はむしろ不可欠な指示であったと言うことができよう。

以上のように、ヴァリニャーノは日本の宣教方針としては適応主義と局外中立の原則を在日宣教師に命じていた。彼は当該時期の日本の宣教状況を分析し、そのほうが武力に依拠するよりかえって効果的であることを、冷徹に見据えていたのである。

第三節　長崎要塞化の問題

次に、ヴァリニャーノが長崎の要塞化を命じた前説第二点目の問題を考えてみたい。まず史料を見よう。

【史料5】一五八〇年六月二四日付、ヴァリニャーノ「日本の上長のための規則」[23]（部分）

キリスト教界とパードレ達の裨益と維持のために、通常ポルトガル人たちのナウ船が来航する長崎を十分堅固にし、弾薬、武器、大砲その他の必要な諸物資を供給することが非常に重要である。同じく茂木の要塞も、同地のキリスト教徒の主勢力が置かれている大村と高来の間の通路なので、安全にしてよく調えることが大切である。したがって、この二つは我々が管理する重要な地であるので、上長たちはそれらの両地がじゅうぶんに供給を受けるよう、大いに配慮し尽力することが適切である。そのため、第一年目の今年は、それらの地を奪い取ろうとする敵たちからの、いかなる激しい攻撃にも堅固であるよう、要塞化するために必要な経費を全額費やすこと。それ以後は、それらの地を一層強化し、大砲その他必要な諸物資を、より多く供給するために、ポルトガル人たちのナウ船が支払うもののなかから毎年一五〇ドゥカドを費やすこと。長崎をより安全で堅固にするために、そこで生活できる妻帯したポルトガル人がさらに大勢居住するよう努めること。また城壁を有したならば、彼らをそのなかの要塞に配置するのがよいであろう。このようにしてあらゆる危険に対し、長崎をより堅固で安全なものにするためである。また住人と兵士でもって長崎を強大にし、大きくするよう努めること。さらに彼らの資質と能力に応じて全員に武器を持たせ、生じ得るあらゆる事態に備えること。

このように、ヴァリニャーノは正式にイエズス会領となったばかりの長崎を堅固な要塞とし、とくに初年はそのための経費を全額費やして、武器を装備し兵士を駐在させよと命じた。この事実は高瀬以外にも、最近では高橋裕史が、イエズス会の軍事的性格を顕著に表すものとして注目している。(24)

しかし、イエズス会の長崎要塞化には、同会の領主的側面という別の意味合いを見出すべきである。そもそも長崎は、厳密には長崎港に突出した岬の一角にあった「六丁町」を指し、(25)ヴァリニャーノは同地を「我々の巧知によって、異教徒の領主に迫害されたキリスト教徒の四〇〇軒の家屋から成る海浜の町が造られた(26)」と説明していた。イエズス会側では、長崎を自らが形成したキリシタンの町と認識していたのである。

こうした彼の認識は、イエズス会が長崎の住民を外敵の侵入から保護してきたという自負によって裏付けられるものであろう。長崎はポルトガル船入港前後の一五七〇年より外敵侵入の脅威に繰り返し晒され[27]、一五七二年には深堀純賢の侵攻を受けた。フロイスは、その際領主（大村純忠家臣長崎純景）の庇護を得ることができなかったために、イエズス会士が木の柵を建て、岬を切り拓くよう住民に指示したと記録しており、また、濠を整備した「砦」fotte は、今日の長崎の町になったとしている[28]。一五八〇年、大村氏はイエズス会に長崎と茂木の所有権と裁判権をポルトガル船の停船税をつけて譲渡したが、これにより長崎は、名実ともにイエズス会の町になったと言える。

このように長崎がイエズス会の町であったことを考えあわせるならば、領主たるイエズス会が長崎を要塞化した意味は、武力を背景とした宣教とは別のところにあったとみなすべきであろう。なぜなら、戦時に領民が領主の城に籠り避難することは、戦国日本の至るところでほとんど習俗になっていたのであるから[29]、領主には避難所である城を領民に提供し、保護することが一般に期待されていたと考えられるからである。ヴァリニャーノが外敵の侵入の絶えない長崎の要塞化を命じたのは、そうした日本の習俗に基づく領主としてのありかたにそれこそ「適応」した意味合いがあり、武力を背景にした宣教を意図したからではない。だからこそ彼は、局外中立原則と並行して、長崎の要塞化を命じえたと考えられる。そもそも日本事情に精通し、史料4で見た通り、領主層の疑惑を警戒して局外中立原則を打ち立てたヴァリニャーノが、それを自ら無にするような政策を命じるはずがない。

なお外山幹夫は、長崎という住民の都市を城塞化し防備する発想はそれまでの日本にはなく、宣教師がヨーロッパの防衛都市のありかたから着想したものであったと指摘した[30]。すると、そうした特殊性がヴァリニャーノの想定外のところで、領主層の警戒を招いた可能性があったのかが問題になるだろう。しかし、当該時期に堺の住民もまた織田信長の侵攻に対抗して環濠を造成し、自衛都市を形成したことを考えあわせるならば[31]、長崎の要塞化が特段周囲の警視を招くような、特殊な現象であったとも思えない。

以上に述べてきたことから、ヴァリニャーノの長崎要塞化命令は、彼の適応主義と局外中立原則に矛盾せず、したがって、これをもってイエズス会の軍事的性格を立証することはできないと考える。

第四節　日本準管区長コエリョの行動と征明計画の接点

本節では先学の史料研究に学びながら、豊臣政権の朝鮮侵攻に最も関わりが深いと考えられる日本準管区長ガスパル・コエリョの行動に着目し、両者の「接点」が成立するのか、その可能性を検討してみたい。

コエリョが武力を背景に日本宣教を推し進めようとした宣教師であることは複数の史料から類推されてきたが、高瀬はその点で決定的と言いうるコエリョの一五八五年三月三日付書簡を翻訳、紹介し、彼がフィリピンのイエズス会布教長と総督に日本へ軍隊の派遣を要請した事実を明らかにした。[32] この書簡でコエリョは、軍隊派遣要請の目的を「他の異教徒に大いに悩まされている何人かのキリスト教徒の領主を支援できるようにするため」「当地のキリスト教徒の領主の支援をえて、この海岸全体を支配し、服従しようとしない敵に脅威を与えることが出来る」などと述べており、彼が明らかに武力に依拠した宣教方針を持っていたことがわかる。

こうしたコエリョの行動について高瀬は、「ヴァリニャーノの第一回日本巡察によって確立した、長崎を中心に防備を固め、それを背景に布教をすすめてゆくという方針に則ったもの[33]」と指摘したが、既述のように長崎防衛は、領主の責務としての領民保護以上の意味を持たなかった。またヴァリニャーノは、在日宣教師に局外中立原則を命じていたのであるから、コエリョの行動は、その方針に背反した逸脱行為と言うべきものである。

しかるに、一五八二年二月二〇日のヴァリニャーノの離日以降、コエリョを宣教長としたイエズス会の宣教動向は、軍事色を帯びるようになっていったと考えられる。一五八四年にイエズス会が有馬氏に大砲を供与した点はその例証と言いうるが[34]、これはオルガンティーノ神父の内部告発文書により明らかになる事実であって、「イエズス会日本年報」などの公的文書には当然記載がない。一五八七年の伴天連追放令発令以降、コエリョの行動がさらにエスカレートし、有馬晴信ほかキリシタン大名に豊臣秀吉への反乱を呼びかけ、多数の火縄銃、火薬、硝石、その他の軍需品を購入したこと、一五八九年に中国のヴァリニャーノに援軍（スペイン兵二〇〇名）の派遣を要請しようとしたことは、高瀬が指摘した通りである。[35]

それでは、こうしたコエリョの行動は、朝鮮侵攻の原因になりえたのであろうか。一五八六年五月四日、コエリョは大坂城の秀吉を訪問し、その際大陸侵攻計画が話題になっている。関連史料には次の二点があり、[36]各史料の要点を整理すると次のようになる。

①一五八六年一〇月一七日付、下関発、ルイス・フロイスのヴァリニャーノ宛て書簡[37]

豊臣秀吉はコエリョに中国・朝鮮征服のため二〇〇〇艘の船を造り出征する予定であることを告げ、艤装した二艘の大帆船と優秀な航海士の斡旋を依頼した。

②一五八九年三月一〇日付、長崎発、オルガンティーノの書簡[38]

コエリョは秀吉に中国征服のため九州に渡るなら、一、二艘の大型帆船と操縦士を世話すると申し出た。

①では、秀吉からコエリョに大陸進出の意図を告げ、その協力を求めたと伝えている。これはフロイス著『日本史』（第二部三一章）にも引用されたため、よく知られている内容である。しかしイエズス会の内部告発文書である②を見ると、逆にコエリョの方から中国征服への協力を申し出たとある。前年のコエリョの要請行動を考えれば、後者②の記録がおそらく真実を伝えていて、ヴァリニャーノ宛ての①文書では事実が糊塗され、このような内容になったと考えられる。それではコエリョの右の積極的な言動が秀吉の警戒心を煽り、朝鮮侵攻を招いたのであろうか。

しかしながら、秀吉はコエリョとの会見の前年にあたる天正十三年（一五八五）九月、征明の意図をすでに重臣層に表明しており、[39]コエリョの秀吉に対する中国、九州遠征と軍事援助の働きかけは、これを受けてなされたものと見受けられる。さらに一五八二年度の「イエズス会日本年報」追信には織田信長の征明計画表明の記事があり、[40]秀吉はこの信長の遺志を継承したと考えられる。つまり、イベリア・インパクト論によるならば、九州でコエリョが逸脱行為をなしうるようになったその同年に、まだ統一戦争に明け暮れている信長が早くもその動向を察知して、大陸侵攻の意志を表明したと理解せねばならないが、そう考えるには時期的に不可能と言えないまでも無理がある。また信長自身は、イベリア両国の日本征服の可能性を明確に否定している。[41]

以上のように、コエリョの一連の逸脱行為を朝鮮侵攻の原因に結びつけることは、極めて困難と言わざるをえない。

第五節　フスタ船の問題

次に、宣教師の保持したフスタ船の問題を取り上げておきたい。一五八七年（天正十五）七月一五日、博多湾上でコエリョが乗船した軍船のフスタ船を豊臣秀吉が視察するという一件があった。コエリョは、心配した高山右近らから船の献上を勧められるも応じなかったため、当時のイエズス会文書にも、このフスタ船問題のために秀吉が伴天連追放令を発令したという議論が見られる。深谷もまた、秀吉の「戦国争乱を泳ぎ切って頂点へ駆け上がった日本の覇権者（天下人）という経歴を考えれば、九州制圧戦の直後でもあり、南からやってきた異国の軍船や武器の威力を警戒しないはずがない」[42]と述べ、イベリア・インパクトの一論拠としている。

コエリョがヴァリニャーノ不在の間に独断で一艘のフスタ船を作らせ、数門の大砲を買い入れたことは、後年一五九〇年一〇月一四日付のヴァリニャーノの書簡[43]から明らかになる事実である。このフスタ船は深堀氏の長崎攻撃に対して使用され、大砲を積載し威力を発したことが知られている。[44]ところがイエズス会側の記録によると、一五八三年には深堀氏に奪取され、コエリョの一五八五年の大坂訪問時には傭船が利用されている。[45]したがって、対深堀氏の防衛戦で使用されたフスタ船の実働期間は、ごく短いものであった。しかし既述のように一五八七年に豊臣秀吉が視察しているから、大坂会見以後の二年間に、コエリョが再びフスタ船を建造させたことがわかる。

フスタ船は、もともと中世末期に地中海で用いられた櫓漕の船であり、アジアで作られた狭長な、底の浅い船で、帆と櫓と両様の航走具を有し、一本ないし二本の檣に三角帆を具え、二〇〇〜三〇〇トンの容量で、大砲を装備していたと言われる。(46) 軽量で機動性の高いフスタ船は探検航海でも活躍していた。

かかるフスタ船は、日本人に威圧感を与えうる軍船であったのだろうか。この点について、次の史料を見てみよう。

【史料6】一五七八年付、都発、オルガンティーノの書簡(47)（部分）

昨日、日本の主要な祭礼の日、信長が伊勢国において造らせた七隻の船が堺に到着した。それらの船は日本でもっとも美しく、かつ大型のものであり、一見（ポルトガル）国王の定航船《ナウ》に匹敵するかと思われるほどである。私はそれらを見に行き、日本においてこのようなものが造られたことに驚嘆した。（中略）（信長の船は）大砲三門を備えているが、これがどこからもたらされたのか私には想像もつかない。何となれば、豊後国主（大友宗麟）が鋳造させた数門の小型の砲を除けば、日本の何処にも他に砲がないことを我らは把握しているからである。私は右の大砲とその器具を見に行った。船は大型で精巧な鉄砲を無数に積んでおり、（中略）毛利側からは四月でなければ（援軍は）来れないが、それまでに大坂は滅んでしまうように思われる。

一五七八年に織田信長が三門の大砲と無数の大鉄砲を装備した大船七隻を堺で披露し、オルガンティーノ神父らを驚愕させたとある。信長は宣教師を介さず、直轄港堺を通じて、大砲等の武器、大船建造の技術を輸入したと推定されるが、その大船は「（ポルトガル）王国の定航船《ナウ》」に匹敵するほどであったという。ナウ船の容量は通常四〇〇〜五〇〇トン、八〇〇〜一〇〇〇トンも珍しくなく、二〇〇〇トンのナウも建造されていた。(48) すなわち、一五七〇年代末の日本では既に、かかる大船の造船技術を、宣教師を仲介せず獲得していたことがわかる。したがって、フスタ船自体は目新しい船であったかもしれないが、一五八〇年代初頭の日本人に危機感を抱かせるほどの「インパクト」が果たしてあったのか、疑問とせざるをえない。フスタ船のインパクト論は、イエズス会の動向と統一政権の大陸侵攻を結びつける「接点」とはなり難いと考える。

第六節　総意としての方針

ここでは、イエズス会の総意としての日本の宣教方針を確認しておきたい。

一五八七年に伴天連追放令が発令されると、在日の宣教師の間ではヴァリニャーノの局外中立原則を支持することで結束を固め、追放令に対処しようとする動きが見られるようになる。一五九〇年八月一三日から二五日にかけて加津佐で第二回全体協議会が開催され、宣教師たちは対策を協議するが、イエズス会の戦争介入問題が第三諮問で取り上げられている。まずその議事録を確認してみよう。

【史料7】「諮問第三　日本人領主の間で絶えず行われている戦争問題に介入せず、しかもなおキリスト教界の利益と保持に対する我々の義務を遂行するために取らねばならぬ方法について」(49)（部分）

第一項、経験が示してきたように、我々が戦争問題に介入することは、たとえキリスト教界の利益と保持という強い熱意と希望に基づくものであっても、日本に現存する最大の危険の一つであり、且つイエズス会に対してより重大な損失を与え得る、と全員一致した。なぜなら、日本では戦争が絶えず行われ、その結果はきわめて不確実であり、戦争で我々を敵対者と心中見なす者が勝利を収めるという事態が生ずると、我々を敵と見なして多数のパードレを殺害しキリスト教界とイエズス会に甚大な破滅をもたらす可能性があるからである。そこで全員は、巡察師に対し、諸上長も他の者もこのような戦争に介入してはならぬと我々に命令し、且つ効果的に禁止すること、また全管区が、この結果、大きな危険にさらされるので、たとえ敵対行為を取りたいと思ってもできぬ旨を諸上長に義務づけることを要請した。日本のイエズス会とキリスト教界にとって取りかえしのつかぬ破滅を生ずるので、これを一上長の意志と自由裁量に委ねることは正しくないと思われたからである。本問題に関しては、従順の誓願の義務に基づき多くの問題を全面的に禁止すべきであると思われた。

在日イエズス会士が全員一致してヴァリニャーノの局外中立原則を日本教界維持のための方法として認め、諸上長に対する命令を要請したことがわかる。「一上長の意志と自由裁量に委ねることは正しくない」云々の文章表現は、コエリョの逸脱行為を踏まえた決定であったことを推測させる。

次にこれに対するヴァリニャーノの裁決を見ると、要塞の建設、武器弾薬と軍事品の所持を厳禁とし、戦争の不介入によって躓きが生じる場合は、例外としてキリシタン領主に秘密裏の金銭援助、食糧補給を認めてもよいとしている(50)。この例外措置の設定は、ヴァリニャーノ自身が総会長に訴えていることからもわかるように、局外中立の徹底が時として宣教師の身に危険をもたらすものであり、なお戦争の継続が予想される日本では、弾力的な運用を要すると考えたためであろう。こうした彼の緩やかな原則の適用方針は、史料3の日本巡察の当初から不変であったといえる。

しかしながら、日本での右の決定に接したイエズス会の本部では、一五九七年四月一〇日付文書で、在日イエズス会宣教師の軍事介入を一切厳禁とする指令をヴァリニャーノに交付した(51)。局外中立方針は、ヴァリニャーノが考えた以上に厳格な形で、最終的にイエズス会の「総意」として表明されたのである。

本節の最後に、イエズス会の日本宣教方針を、大航海時代の意識変遷の過程に位置づけてみたい。

ヴァリニャーノの適応主義や局外中立原則は、日本を観察した結果、宣教成果を獲得するために最も効果的と判断され採用された方策と言える。彼の日本観察は既述のように、進んでキリスト教を受容するがヨーロッパとは全く正反対の文化、習俗、習慣がある、というものであった。このような細やかな他者観察は、ヴァリニャーノの突出した才覚ゆえに可能であったというものではなく、イベリア両勢力が一五世紀末に世界に進出して以来、彼らとキリスト教文明圏以外の「他者」との間で蓄積された歴史的な交流の過程を経て初めて、獲得されたものと考えられる。

染田秀藤は、一五一一年のインディアス論争や、一五三〇年代末のドミニコ会宣教師ラス・カサスの登場を通して、スペイン国王の征服戦争の正当性が議論され、ポルトガル人、スペイン人の間で多様な「他者」認識の形成と自己の相対化が進行していったことを明らかにしている(52)。とすれば日本観察の結果、最も適合的な方策として武力征服以外の宣教方法を主張したヴァリニャーノの政策は、彼の個性により突如として出現したのではなく、すでに始まっていたイベリア両国人の「他者」認識の変容――観察しなければ正確な認識を得ることはできず、また想定以上に豊かな「他者」像を前に、武力征服一辺倒の対応は必ずしも正しくないという気づき――過程の一端に位置づけられよう。

他方、日本観察の結果として、武力征服が妥当であると主張した宣教師もまた同時に存在したことは、高瀬が明らかにした事実である。しかしながら、イエズス会が会全体として選択した宣教方針は、武力征服ではなく適応主義であり、局外中立を旨とするものであった。武力征服論は時代的趨勢としてもはや成立しえなかったのであり、東アジアで言説に終わった本質的な理由も、ここにあると考える。

おわりに

イエズス会の日本宣教方針は、武力に依拠しない「適応主義」であった。当該時期は、教会関係者の間での「他者」に対する観察が、より慎重できめ細やかなものとなっていた。そのために対中国、日本の征服戦争は国益上も宣教上もかえって不利になるという観測が働き、結果として征服戦争が回避されたと考える。日本で宣教がある程度成功した理由の一端も、こうしたイベリア勢力側の姿勢の変化に求めることができよう。高瀬の指摘したイエズス会宣教師の日本征服計画はたしかに事実の一面であるけれども、同会の総意となりうるほどの説得力をもはや当該時期には持ちえなかったのであり、したがって軍事征服論は、東アジア宣教の「本質」ではなかったし、イベリア勢力の侵略性を証明する根拠にもならないと考える。

一五八二年以降の一時期は、準管区長コェリョの逸脱行為により軍事色濃厚な宣教が展開するが、関連史料を検討しても、統一政権の征明計画との「接点」を論証することはできなかった。イベリア・インパクト論の、朝鮮侵攻をイベリア勢力の圧力に抗した結果の「後遺症的形象」とする点については見直しが必要であり、西洋法文明圏との接触と日本の朝鮮侵攻の両者は別の論理で結び付けられねばならない。紙数も尽きたが最後にこの点に関する現段階での筆者の見通しを簡単に述べて、本章の結びとしたい。

そのヒントは、深谷がイベリア・インパクトのいまひとつの「後遺症的形象」とした、日本のキリシタン禁制にあるように思われる。キリスト教に対する日本の統治者の拒絶反応は極めて強く、それ自体重要な問題なのであるが、その前提にあった、積極的かつ広範囲にわたる日本人側のキリスト教受容に注目したい。当該時期のキリスト教宣教は、好奇心旺盛で論争好きな日本人を相手にヨーロッパの諸学問を駆使・援用して伝えられ、禁教下においても、実学に関しては知識層の間に普及している(53)。筆者は、そうしたキリスト教を媒介とした新知識や思想の受容・普及が、東アジア法文明圏下の人びとの行動に、変革を与える意味を持ったのではないかと考えている。

増田義郎が指摘したように、「地球的世界」を史上初めて人類に認識させる契機をつくったのは、イベリア勢力であった(54)。彼らの「大航海」がそれまで自己完結的であった諸地域間のルートを開通させ、地球規模の情報共有を可能にしたのであり、そのことは、例えば日本の「本朝・唐・天竺」のような各地域の伝統的な世界観を、新たな地球的世界観の前に相対化させていったであろう。そして拡大する世界観の対極には、いわゆる日本型華夷意識のような、自国優越意識が生起したと考えられる。織田信長や豊臣秀吉の「中華皇帝化」欲求もまた、右の意識変化の所産ではなかったか。端的に言えば、日本が経験したイベリア・インパクトとは、西洋の武力や侵略性ではなく、キリスト教宣教を媒介とした世界観の転換が日本人に与えた衝撃であったと考えられるのである。

注

（1）深谷克己『東アジア法文明圏の中の日本史』（岩波書店、二〇一二年）。

（2）深谷前掲書参照。深谷は新たな歴史概念として「法文明圏」を提唱している。地球上には古代からいくつかの、相似した「政治文化」を持つ「法文明圏」が存在するが、日本の場合は「東アジア法文明圏」に包摂されるとする。

（3）高瀬弘一郎『キリシタン時代の研究』（岩波書店、一九七七年）。

（4）Josef Franz Schütte, *Valignano's mission principles for Japan*, Vol. 1, Part 1, Trans. John J. Coyne, S. J., The Institute of Jesuit Sources, St. Louis, 1980. 松田毅一「解題」（ヴァリニャーノ『日本巡察記』松田毅一他訳、平凡社、一九七三年）二三七～三六五頁。井手勝美『キリシタン思想史研究序説　日本人のキリスト教受容』（ぺりかん社、一九九五年）。高瀬弘一郎『キリシタン時代の文化と諸相』（八木書店、二〇〇一年）。狭間芳樹「日本及び中国におけるイエズス会の布教方策―ヴァリニャーノの「適応主義」をめぐって―」（『アジア・キリスト教・多元性』三、二〇〇五年）。日本の偶像崇拝、婚姻に関するイエズス会の適応主義をそれぞれ明確にした研究に、浅見雅一『キリシタン時代の偶像崇拝』（東京大学出版会、二〇〇九年）、安廷苑『キリシタン時代の婚姻問題』（教文館、二〇一二年）。

（5）平川新「前近代の外交と国家―国家の役割を考える―」（『近世史サマーフォーラム二〇〇九の記録（二〇〇九）帝国の技法―個から迫る歴史世界―』近世史サマーフォーラム二〇〇九実行委員会、二〇一〇年）。同『戦国日本と大航海時代―秀吉・家康・政宗の外交戦略―』（中央公論新社、二〇一八年）。

（6）高瀬弘一郎前掲書（注（3））。

（7）原文を確認した上で高瀬訳を引用させていただいた。訳文中「このシナを征服すること」は原文になかったが、補足説明として正しいと考えたため、括弧部分を清水が付け足した。高瀬弘一郎前掲書（注（3））、八一～八三頁。AGI, PATRONATO 24, Ramo 57. Francisco Colin & Pablo Pastells, S. J., *Labor Evangélica*, tomo 1, Barcelona, 1900, pp. 297–298.

（8）高瀬弘一郎前掲書（注（3））、八四頁。

（9）一五七六年以降マニラで、ついでマカオでイベリア両国の政府関係者が中国征服論を主張した事実について、高瀬弘一郎前掲書（注（3））、七七～八一頁。本書第一部第二章。

（10）拙訳。底本は Alejandro Valignano, *Sumario de las cosas de Japón* (*1583*), *Adiciones del sumario de Japón* (*1592*), ed. José Luis Alvarez-Taladriz, Tomo I, Sophia University, Tokyo, 1954, p. 180. 前掲『日本巡察記』八四頁の訳文は意訳部分が多いため採用しなかった。

（11）*Documenta Indica XIV*, ed. Joseph Wicki, Monumenta Historica Societatis Iesu, vol. 118, Roma, 1979, p. 101.「私には彼の言うこと、意見は極めて常軌を逸しているように思われた」「慎重さに欠く」等と批判している。サンチェスの中国征服論については次章を参照のこと。

（12）若桑みどり『クアトロ・ラガッツィ―天正少年使節と世界帝国―上』（集英社、二〇〇八年）五一五～五一六頁。Alejandro Valignano, *Apología de la Compañía de Jesus de Japón y China* (*1598*), ed. José Luis Alvarez-Taladriz, Osaka, 1998.

（13）Valignano, *Sumario de las cosas de Japón* (*1583*), op. cit., p. 132. 前掲『日本巡察記』四六頁の訳文を引用させていただいた。

（14）一五八四年七月五日付、マカオ発。ARSI, Jap. Sin. 9 II, f. 268. 高瀬弘一郎前掲書（注（3））、一〇〇頁の訳文を引用させていただいた。

（15）前掲『日本巡察記』三頁。Valignano, *Sumario de las cosas de Japón* (*1583*), op. cit., p. 2.

（16）神田千里『宗教で読む戦国時代』（講談社、二〇一〇年）などで指摘されているように、日本イエズス会は神社仏閣、仏像神像等の破壊をキリシタンに指示しており、そうした日本の在来文化（宗教）に敵対的な姿勢は、「適応主義」とは相入れないイメージがある。浅見雅一によれば、イエズス会は日本宣教に関しては適応主義により偶像崇拝禁止の原則を修正した（注(4)前掲書）のであるから、それでは適応主義とは有名無実だったのかという議論になろう。たしかに異文化との摩擦を回避するための適応主義は、ヨーロッパの原則を貫きやすい状況、例えばキリシタン大名が領国全体の改宗を望んでいる場合には後退しよう。有名な高山右近領での神社仏閣破壊はその好例である。さらに進んで改宗が全国規模化した場合は、偶像崇拝などへの一部の適応は必要がなくなり、消滅すると考えられる。しかしながら、今ここで問題にしているのは、そうした状態とはほど遠い段階の異文化の国日本において、有無を言わせぬ武力征服によってではなく、日本人との相互理解を通して、すなわちそのために必要な適応主義によって宣教を拡大していくと決断した、それこそがイエズス会の日本宣教方針であり体制であった、ということである。

なお平川新は、右部分について清水が「大友宗麟、有馬晴信、高山右近らのキリシタン大名領内における神社仏閣の破壊は、イエズス会の方針ではなく、個々のキリシタン大名の個性によるものである」との意見を持っているとして批判したが（「スペインとポルトガルの日本征服論をめぐって」『歴史評論』八一五、二〇一八年）、全くの誤解である。神社仏閣破壊が偶像崇拝を禁止するカトリックの教義に基づいた信仰実践の一つであり、とくに初期のイエズス会が改宗した信徒に教示し実施させたことは、諸書に見える通り紛れもない事実であり、「キリシタン大名の個性」によるものなどとは考えていない。同論文であげられているその他の批判点（七七頁）も、様々な意見がイエズス会内部にはあるが、「局外中立原則」という上層の方針にこそ意味があったという拙論の趣旨が理解されておらず、反論になっていないと考える。

（17）高瀬弘一郎前掲書（注（3））、一二一～一二二頁。

（18）ヴァリニャーノ『日本イエズス会士礼法指針』（矢沢利彦・筒井砂訳、キリシタン文化研究会、一九七〇年）六四～六五頁。

（19）① *Il cerimoniale per i missionari del Giappone: "Advertimentos e avisos acerca dos costumes e catangues de Jappão" di Alexandro Valignano*; ed. Giuseppe Fr. Schütte, Roma: Edizioni di Storia e letteratura, 1946, p. 150. ② ARSI, Jap. Sin. 11 II, f. 234v.

（20）岡本良知『桃山時代のキリスト教文化』（東洋堂、一九四八年）一二二頁。

（21）高瀬弘一郎前掲書（注（3））、一一〇頁。

（22）Valignano, *Sumario de las cosas de Japón* (*1583*), op. cit., p. 147. 前掲『日本巡察記』六三頁の訳を一部参照させていただいた。

（23）ARSI, Jap. Sin. 8 I, ff. 262-262v. 原文を確認の上、高橋裕史『イエズス会の世界戦略』（講談社、二〇〇六年）二二二頁掲載の訳文を引用させていただいた。

（24）高橋裕史『武器・十字架と戦国日本―イエズス会宣教師と「対日武力征服計画」の真相―』（洋泉社、二〇一二年）一六四～一八八頁。同『戦国日本のキリシタン布教論争』（勉誠出版、二〇一九年）二六六頁。

（25）外山幹夫『中世長崎の基礎的研究』（思文閣出版、二〇一一年）三二一頁以下。

（26）拙訳。Valignano, *Sumario de las cosas de Japón* (*1583*), op. cit., p. 78. 前掲『日本巡察記』三四頁参照。

（27）岡本良知『十六世紀日欧交通史の研究』（原書房、一九七四年）五六一頁。

（28）Luís Fróis, *Historia de Japam II*, ed. Joseph Wicki, Lisoba: Presidência do Conselho de Ministros, ..., 1981, pp. 389-392. ルイス・フロイス『日本史9　西九州編Ⅰ』（松田毅一・川崎桃太訳、中央公論社、一九七九年）三八四～三八七頁。

(29) 藤木久志『雑兵たちの戦場—中世の傭兵と奴隷狩り—』（朝日新聞社、一九九五年）一五四頁。
(30) 外山幹夫前掲書、三三三〜三三四頁。
(31) 朝尾直弘、栄原永遠男、仁木宏、小路田泰直『堺の歴史—都市自治の源流—』（角川書店、一九九九年）。
(32) 高瀬弘一郎前掲書（注（3））、一〇〇〜一〇一頁。フィリピン側はこの要請を謝絶した。
(33) 高瀬弘一郎前掲書（注（3））、一〇七頁。
(34) 高橋裕史前掲書『イエズス会の世界戦略』、二二三頁。
(35) ヴァリニャーノの一五九〇年一〇月一四日付書簡から、この件は問題として表面化しなかったことがわかる。高瀬弘一郎前掲書（注（3））、一一二〜一一三頁。
(36) 松田毅一『秀吉の南蛮外交—サン・フェリーペ号事件—』（新人物往来社、一九七二年）六一〜六四頁。五野井隆史『日本キリシタン史の研究』（吉川弘文館、二〇〇二年）一九四〜一九七頁。
(37) *Segunda Parte das Cartas de Iapão que escreverão os Padres, e Irmãos da Companhia de Iesus*, Evora, 1598, f. 176v. 邦訳に五野井隆史前掲書、一九四〜一九五頁のほか、松田毅一監訳『十六・七世紀イエズス会日本報告集 第Ⅲ期第七巻』（同朋舎出版、一九九四年）一二七頁（有水博訳）。以下本シリーズは、『日本報告集Ⅲ７』のように省略する。
(38) ARSI, Jap. Sin. 11 I, f. 70. 翻刻に J. L. Alvarez-Taladriz, "El Padre Viceprovincial Gaspar Coelho ¿"Capitan de armas o pastor de almas"?, *SAPIENTIA* 6 (Feb. 1972), pp. 41-79. 邦訳に五野井隆史前掲書、一九六〜一九七頁。
(39) 岩沢愿彦「秀吉の唐入りに関する文書」（三鬼清一郎編『豊臣政権の研究』吉川弘文館、一九八四年、初出一九六二年）。

なお近年鴨川達夫は、天正十三年（一五八五）に秀吉が唐入りに決意をはじめて述べたとの岩沢氏の解釈に対し、論拠である「一柳文書」を深く読み直して、「（清水注—加藤光泰の）わがままの背後にある思い上がり、それを強調するための技巧として、「唐国」のくだりは持ち出されているのである。「大陸出兵の意志が宣言されている」のだとは思えない」、と批判した。さらには翌年八月の秀吉朱印状「唐国までなりとも仰せ付けらるべきと思し召され」（黒田家文書）部分について、「これもまた、自分が意気軒高であることを強調するための、技巧であると読めるだろう」と指摘し、「秀吉が「唐入り」をはっきり決意したのはいつか、簡単には結論を出さない方がよい」、と結論づけている（「秀吉は「唐入り」を言明したか」『日本史の森をゆく』中央公論新社、二〇一四年、三六〜三七頁）。

秀吉文書のレトリックを丁寧に見分けるべきだという鴨川の提言は重要である。ただし最終的に唐入りを発動した事実経過を考慮するならば、大陸侵攻計画は関白就任直後から秀吉の意識にのぼっており、そのために宣言とはいえないまでも、文書上のはしはしに登場するのだと考えられる。そして史料上構想の具体化が確認できるのは、翌天正十四年三月のコエリョとの会談の頃ということになるのであろう。

（40）一五八二年一一月五日付、口之津発、ルイス・フロイスのイエズス会総長宛て書簡（一五八二年度日本年報追伸）。ARSI, Jap. Sin. 9 I, f. 97v. *Segunda Parte das Cartas de Iapão*, op. cit., f. 63v. 邦訳に『日本報告集Ⅲ6』一二四頁（東光博英訳）。

（41）高橋裕史前掲書『武器・十字架と戦国日本』二四五頁。一五八七年一〇月四日付、フランシスコ・パシオのイエズス会総長宛て書簡。

（42）深谷克己前掲書、九八頁。

（43）高瀬弘一郎前掲書（注（3））、一一一頁。

（44）岡本良知前掲書（注（20））、九四頁。

（45）一五八六年一〇月一七日付、下関発、ルイス・フロイスのヴァリニャーノ宛て書簡。*Segunda Parte das Cartas de Iapão*, op. cit., f. 172. 邦訳に『日本報告集Ⅲ7』一一七頁（有水博訳）。

（46）岡本良知前掲書（注（20））、一〇五頁。

（47）ARSI, Jap. Sin. 45 II, ff. 13v-14.『日本報告集Ⅲ5』七六頁。東光博英訳を参照させていただいた。

（48）高瀬弘一郎訳註『モンスーン文書と日本―十七世紀ポルトガル公文書集―』（八木書店、二〇〇六年）四一〇頁。

（49）井手勝美前掲書、四八四〜四八五頁。Valignano, *Sumario de las cosas de Japón* (*1583*), op. cit., p. 599.

（50）一五九〇年一一月五日付。井手勝美前掲書、五四二〜五四六頁。Valignano, *Sumario de las cosas de Japón* (*1583*), op. cit., pp. 648–653.

（51）高橋裕史前掲書『イエズス会の世界戦略』二三一〜二三二頁に指令内容の訳文がある。

（52）染田秀藤『大航海時代における異文化理解と他者認識―スペイン語文書を読む―』（渓水社、一九九五年）。

（53）最近では、平岡隆二『南蛮系宇宙論の原典的研究』（花書院、二〇一三年）が日本に伝来したイエズス会系科学知識の原典と流布過程を明らかにしている。

（54）増田義郎『大航海時代』（講談社、一九八四年）八頁。

第二章　フェリペ二世の東アジア政策

はじめに

本章では、一六世紀末におけるスペイン国王フェリペ二世の東アジア政策を、その政策形成に寄与したスペイン帝国の情報収集の実態および情報分析の特性をふまえつつ、解明することを目的としている。

なお本章で使用する「スペイン帝国」は先行研究にならい、スペイン本国とその属領、植民地を総称した一般的な意味として使用している。また、「東アジア」については便宜上、東シナ海・南シナ海周辺に根拠地を置く諸王国・諸勢力を指している。すなわち、明帝国、朝鮮、日本、琉球王国といった東アジア諸国と周辺諸国、スペイン帝国が総督府を置いたフィリピン諸島ルソン島と諸島周辺の東南アジア諸王国・勢力である。この場合「東・東南アジア」とするべきかもしれないが、当該時期のスペイン人にそのように区分する地理認識があったかは疑わしい。平山篤子の指摘にもあるように、スペイン人にとってフィリピンはあくまで中国への橋頭保であり(1)、上記した諸地域は、一衣帯水と認識されていたように思う。

1　問題の所在

スペイン帝国は一五世紀末から世界進出を開始し、各地に広大な版図を獲得した。東アジアでは結果としてフィリピン・ルソン島のマニラに建設した総督府を維持するにとどまったが、先行研究では中国や日本へ侵略する可能性はあったとされている。例えば、フィリピン総督は「中国事業」（明国のカトリック化を目的として、明入国と宣教を容易にするため、軍事侵攻・征服・統治・宣教を複合的に企図した事業計画）[2]を国王に上申しており、平川新、深谷克己は、このようなスペイン帝国の東アジアにおける拡張的動向の脅威が、日本の豊臣秀吉政権の政治的動向に多大な影響を与え、朝鮮侵攻の原因になったと指摘する[3]。

とはいえ管見の限り、スペイン帝国中枢部で政策の最終決定権を握る国王自身に東アジアとりわけ中国を征服する意志があったか否かは、これまで意外にも解明されていない。その理由として、スペイン帝国の版図拡大という事実を前提に国王の征服拡大志向をアプリオリに認め、あえて研究する必要性がないという、とりわけ日本史研究者側の動機の問題があると考えられる。しかしながら、序章でも述べたようにカルロス一世（在位一五一六～五六年）の統治下ではバリャドリード論争において帝国の征服戦争や植民地統治の正当性が真剣に議論され、後継のフェリペ二世（在位一五五六～九八年）もまたそうした世論の形成に無関心ではなく、一五七三年七月一三日付で、以後のあらゆる発見と征服に規制を加える「基本法」を発令したことが知られているのであるから[4]、彼の東アジア政策に関しても、無批判に征服拡張路線を前提におくことはできないように思われる。

2　課題の設定と利用史料

そこで本章では基礎的作業として、フェリペ二世がいかなる方針をもって東アジア政策を打ち出したか時系列で解明することを課題とするが、同時にスペイン帝国の海外情報収集と分析の特性に留意したい。国王はインディアス諮問会議（以下諮問会議と省略することもある）とフィリピン総督府の情報を検討し、諮問会議とともに東アジア政策を形成したとされているが[5]、例えば、スペイン国王は実際にどの程度政策形成に関与し、現場の情報はどれほど考慮されていたのだろうか。このような基礎的ではあるが、重要な問題を押さえつつ論を進めることで、国王の政策を取り上げる意義が自ずと明らかになると考える(6)。

本章で使用する主な史料は、フェリペ二世とインディアス諮問会議のもとで作成された手稿文書である。多くはフィリピン総督に宛てた勅書となるが、それ以外では政策形成の過程でフィリピンから発信された書簡の中にスペイン本国で直接書き込まれたメモ等がかなりの分量で残っている(7)。これらを総合的に検討することで、スペイン帝国中枢部の「本音」を、かなりの程度まで、明らかにすることができるはずである。

第一節　フィリピンからの初期情報と中国への関心

ここでは、スペインがフィリピンを正式に統治下においた一五七一年以降、七年間の東アジアに関する情報収集と、国王の関心のありようを中心に明らかにする。

1　初期の東アジア情報とフェリペ二世の関心

フィリピン初代総督ミゲル・ロペス・デ・レガスピ（在任一五六九〜七二年）は、一五四二年フィリピン諸島に冒険航海をしたルイ・ロペス・デ・ビリャロボス艦隊に王庫の会計係として同行したが、スペインへ帰還した際、太平洋諸島、日本・琉球諸島、中国沿岸および大陸部《ティエラ・フィルメ》、ニューギニア、フィリピン諸島の航路図と報告書をもたらした(8)。これらはスペイン帝国が掌握した初期の東アジア情報となる。

上記のうち中国と日本は、交易関係のあったポルトガル人を通して富裕な国として知られていた。一五六九年六月八日付、会計係ミランダオーラの国王宛て書簡からは、中国はとりわけ豊かで強大であるといった文明国観が看取される。[9] レガスピが一五七〇年にルソン島マニラへ入植地を定めたのも、そこに中国船が入港し、中国や日本との関係を構築するうえで最良の地であることが理由であった。[10]

さて、上記の情報を受け取ったスペイン本国の中枢部では、東アジアに関していかなる指示を現場の臣下たちに与えていただろうか。次の史料は、国王フェリペ二世が第二代フィリピン総督フランシスコ・デ・サンデ（在任一五七五〜八〇年）に与えた、就任時の指令書である。

【史料1】一五七四年五月一二日付王勅[11]（以下は王勅の一部の概要）

七、（フィリピンの）住民の改宗についてなされた配慮、熱心さを詳細に知らせること。我らが聖なるカトリック信仰の事柄と、それら（事柄）についてかのすべての諸島周辺の住民がその（信仰の）知識に達するために持たれうる秩序がいかにして入手されたかについても同様に（知らせること）。もし彼ら住民に対して何らかの損害を与えたら、それについて彼らに謝罪し、彼らがよく扱われ、教育されるように、あらゆる努力をすること。

九、かの地域で発見され我々の支配、服属下にあるすべての島々を記録すること。周辺のそうでない島々については位置、物産交易、我々の財産となりうるものを記録し送ること。詳細な報告をインディアス諮問会議とメキシコ副王に送ること。

一〇、新たな発見、植民、平定の際守られるべき命令について与えられている指令書を携帯すること。

一一、中国と通信交易を持つよう、あの王国の人々の性質を理解し、交易やその他すべてについて知ったことをインディアス諮問会議に報告すること。

以上は総督サンデに対し、インディアス諮問機関とフィリピン総督府の上部機関であるメキシコ副王庁への報告を義務づけた事項を摘記したものである。その内容は、フィリピン諸島民の改宗状況（七）、諸島周辺の発見・植民・平定事業（九、一〇）、通交関係確立を目的とした中国情報（一一）、となる。これらからこの段階の帝国の関心は、①

フィリピン諸島の改宗、②諸島周辺の平定事業、③中国との関係確立、の三点にあったとまとめることができる。

③について若干補足しよう。中国については日本と同様に、先に交易関係を成立させていたポルトガル人がスペイン国王の領有権を認めていなかった。そうした状況でフェリペ二世はスペイン―中国間通交に着手したこととなるが、その目的については、史料1とほぼ同時期に書かれた推定フェリペ二世のサンデ宛て指令に、中国人を丁寧に処遇し、その友好と商業を獲得するように、彼らと取引し、彼らに福音を伝えることができるようにすること、とあり[12]、交易と宣教にあったことがわかる。またフェリペ二世自身がいかに中国に関心を持っていたかは、次の史料からうかがい知ることができる。

【史料2】一五七七年三月一五日付、インディアス諮問会議の国王宛て書簡[13]

現在、諮問会議では封書の開封と閲覧が終わりつつある。それらはメキシコから到着した通報艇が運搬したものである。（メキシコ）副王の書簡を通して判断されるように、あの地域の諸問題はよき状態にある。また船団はみな無事に到着したが、これは非常に良い知らせであった。（中略）

また同様にフィリピン諸島総督のサンデ博士が送った報告書を通して、あちらのことはよき状態にあり、うまく進行しているように思われる。また報告書には何人かの中国の地方総督が書いた数通の書簡について書いてあるが、それらは添付してある。同様に彼が書いた別のものには、あの王国（中国）についての記述がある。国王陛下が確かめるようお命じになるためであり、知ることを望まれていた知らせである。（中略、キューバ島の総督の書簡などについて）

（メキシコ）副王領で閲覧された書簡はこちらに来ている。マニラ市が彼に書いた一通の書簡の写しと一緒である。その他の封書はこれから閲覧されるだろう。もし陛下に知らせるべきその他のことがあれば、ただちにそうする。マドリードにて、一五七七年三月一五日。

（余白の書き込み）「これをすべて私に知らせたのは大変良いことであった。既述の件については、こちらの私の手元にある。これからできる限り見る。」

以上のように、諮問会議はフェリペ二世に対して、メキシコ副王庁とフィリピン総督府から同時に封書を受け取り、開封し閲覧していること、総督サンデの報告書には、対中国外交が進行しフェリペ二世が入手を望んだ中国情報も記されていたことがわかる。これに対するフェリペ二世の反応は、史料1の指示が遵守されたからであろう、余白の書き込みに見られる通り、上々の評価を与えるものであった。

2　総督サンデへの指令書

上記したサンデの報告書とは、おそらく一五七六年六月七日付の国王宛て書簡(14)であり、そこには一五七五年にマニラで海賊林鳳《リマホン》を捕縛したこと(15)、その引き渡しのため宣教師マルティン・デ・ラーダらアウグスチノ会士が泉州・福州に入国したこととともに、中国情報が記されていた。これらの情報の中で、彼が現地の人びとをどう評価したかは、インディアス論争がそうであったように、軍事征服の正当化と関わってくるために重要である。この点サンデは、中国人は偶像崇拝やソドムの悪に染まる罪人であるなど、負の評価に基づく中国人観を披露し、軍事征服は妥当であると主張していた(16)。事実として彼は、一五七六年ラーダを送り返すためマニラに来航した司令官王望高《オモンコン》に居丈高な態度で接し、これに憤慨した王望高は、再入国を希望して艦隊に同乗していたラーダを近くの島に置き去りにして帰国するという事件が起きていた(17)。

それでは、このサンデの主張に対するフェリペ二世の反応はどのようなものであっただろうか。以下は既述の一五七六年六月七日付、マニラ発、総督サンデ書簡の「要約」の余白部分に書き込まれた、推定フェリペ二世の自筆文書である(18)。

【史料3】推定一五七七年三月付、フェリペ二世の指令[19]（一部）

彼の言う中国征服に関して、今のところそれについて協議することは適切ではない。むしろ彼らとよき友情をとりむすぶよう努力し、海賊（林鳳）たちとともに中国人の敵とならないようにすること。また中国人たちが我々に対して憤る原因となるまでのきっかけを与えないように、そしてすべての出来事について（一語不明）であるように。今後あの件のすべてを十分に考慮し何らかの変更をした方がよいと思われたときは、命令を与えるだろう。その間は、神と国王陛下が汝の職務としてくださった統治に励むように。また征服と新発見に関する指令を正確に守りかつ守らせること。こちらからは毎年、兵士、武器、弾薬、そして（その他の）支援できるものでもって、援助がなされるよう努めるだろう。

以上のように国王自身の回答は、サンデの態度をたしなめ、中国との当面の友好関係と諸島周辺の征服発見事業を継続せよと命じるものであった。

3　初期フィリピン総督府の中国情報

国王がこのような判断を下したよりどころとしては第一に、サンデの前任者ギド・デ・ラベサリス臨時総督（在任一五七二〜七五年）が、中国との友好外交の意向を上申していたことがあげられる。

ラベサリスは、総督に就任する以前の推定一五七〇年付、パナイ発のメキシコ副王宛て書簡[20]で、スペイン人艦隊が商品を積載した中国ジャンク船二艘と中国人四名を載せた商船を捕獲し略奪した、と報告していた。そこで彼が述べたことは、彼ら中国人はのちに祖国に帰ったが、自分としてはそのことを大変遺憾に思っている。なぜなら無抵抗の中国人を理由もなく略奪したからであり、最も懸念されるのは、我々スペイン人のそうした所業の情報がかの地にもたらされることである、中国での我々の信用に関わるから、というものであった。さらに史料3以後のものではあるが、推定一五七八年の国王宛て書簡からも同様の考えが看取され、そこでは中国、中国人に対する正の評価を明記している。[21] 彼は、サンデとは全く逆の考え方であったことがわかる。

第二に、在フィリピンのアウグスチノ修道会もまた、ラベサリスと同意見であったことがあげられる。一五七三年、同会のマニラ管区長ディエゴ・デ・エレーラは、「(陛下に隷属する) フィリピナス諸島を保有するためには、隣接する中国と友好をむすぶ必要があり、その結果きわめて大きな利益が得られるであろう[22]」ことを直接国王に説明するため、ラベサリスの同意を得、マニラを出航した。エレーラは一五七四年九月一五日から翌年一月までマドリードに滞在し、フェリペ二世とインディアス諮問会議の総裁に会い、使節派遣を請願した。しかしその返答は、「これはもっとも重大な問題であって、さらに時日をかけ、さらに慎重に検討することが必要であるため、また別の好機が現われるまで延期」するというものであった。[23] 既述したように中国との通交関係を望んでいた国王が使節の派遣に慎重であった理由は、一五七四年五月に新総督サンデに中国情報収集を命じたものの (史料1)、エレーラへ回答を与える時点でまだその回答を入手していなかったからであろう。さらには、中国通交の独占権を主張していたポルトガル人の手前、公的な使節の派遣には踏み切れなかったことが考えられる。とはいえ、のちに使節派遣計画を採用したこと (後述) からすると、フェリペ二世は留保とはしたものの、エレーラの請願を前向きに受け止めていたといえそうである。

以上のように初期のフィリピン総督府は、聖俗ともに征服ではなく友好的外交によって宣教を拡大するべきだと国王に進言していた。フェリペ二世はサンデの征服論ではなくこの初期総督府の意見を採用したが、それは冒頭で述べた、「基本法」の法精神に則した選択であったといえるだろう。

以上の一五七七年までの動向をまとめると、フェリペ二世はフィリピン総督府に諸島周辺の征服・発見事業の継続を指示する一方、日本、琉球への言及はないが、中国に関しては高い関心を持って情報収集を命じ、現場から上った初期情報を踏まえてサンデの征服論に反対したことが明らかである。

第二節　中国使節派遣計画

1　アウグスチノ会士の意見

さて、中国使節派遣計画をいったん保留した国王であったが、一五八〇年には実施に踏み切った。次の史料は、第三代フィリピン総督ゴンサロ・ロンキリョ・デ・ペニャローサ（在任一五八〇～八三年）に宛てた王勅である。

【史料4】一五八〇年四月二四日付、総督ペニャローサ宛て王勅[24]（一部）

聖アウグスチノ会の修道士であり、あの（フィリピン）諸島の同会士たちの代表者であるフランシスコ・デ・オルテガ修道士は、我がインディアス諮問会議の者たちに、ひとつの覚書を提出した。その中の条項の間に次のようなものがあった。それはとても重要なことであった。「国王陛下は（以下を）お命じになりますように。（スペイン人が）あらゆる熟慮をもって友好をとりむすぶため中国の王国へ行き、そこへ自由に安全に通交のために往来できるように、かの地の中国人と交易すること。またスペイン人に、その交易と安全のための町を形成するのに好適な場所や区域を与え示すこと。またあの国の住民と付き合い話をするため、既述のスペイン人には少なくとも一二名の修道士が同行しますように。このようにして我らの聖なる信仰のことどもを彼らに教育し聖なる福音を伝えることができるように、彼らの言語を学ぶのです。この方法で神の知識に到るようになることができましょう。また陛下には天上で大きな褒賞を得られ、みなが望む聖なる目的が達せられましょう。そのために私は尽力しますので、陛下は中国の王に書簡を認め、あちらにない贈り物を送るのがよいでしょう。彼ら（中国人）は欲張りであるから、贈り物は歓迎されると考えるからです。それを運ぶ人物を陛下は指名なさいますように」

と。（中略）以上は我がインディアス諮問会議のメンバーにより検討され、以下の合意がなされた。我が王勅は汝がため発行されるべきであり、それにより、前記の条項に含まれる、準備するのにふさわしいと述べられているものを汝が検討するよう我らは命じる。汝はそれを我らが送付するのに最適なものを準備すること。またその結果を私らに知らせること。

以上によれば、アウグスチノ会士で同会フィリピン管区のオルテガが諮問会議に請願書を提出し、使節派遣の契機となったように読める。しかし次の諮問会議の議決書から、同会士のファン・ゴンサレス・デ・メンドーサの意見もまた、決定に際し重要な役割を果たしたことがわかる。その経緯がわかる史料を次に引用しよう。

【史料5】一五八〇年三月五日付、インディアス諮問会議の国王宛て議決書[25]（一部）

彼（メンドーサ）は諮問会議で次のように言及した。前述のディエゴ・デ・エレーラ修道士と会っていたとき、彼と彼が連れて行った一中国人（の情報）から、また見せてもらった報告書や文書から自分が理解したことによれば、中国の住人は霊魂の不滅を否定せず、因果応報があると信じている。また（中国には）三位一体の神がいて、人々に崇拝されていると言うが、絵によればそれはひとつの胴体に三つの頭があり、人間の顔を持っている。かの（フィリピン）諸島の総督は、前記（アウグスチノ）修道会のたいへん権威ある故マルティン・デ・ラーダ修道士を、仲間ひとりとスペイン人数名と一緒に、かの地の総督のもとに、平和と友好の大使の資格で、信任状とかの地からの贈呈品を持たせて派遣したが、そのとき彼らを大歓迎し、彼らの言うことを自ら望んで聞いた。それは我らが聖なるカトリック信仰に関する多くの説教であった。彼らは「パーテル・ノステル」の祈りと十戒を書いてくれと彼らに頼んだ。それを見聞きするとたいへん賞賛し、（中国人は）自らの意志でそう（キリスト教徒に）なると（修道士らに）理解させた。

それ以来中国人はスペイン人を尊重したので、中国人は修道士が宣教に行けば我が聖なるカトリック信仰を受け入れると信じられた。また彼らはかの地の多くの品をスペイン人とフィリピン総督に与えたので、これを見て彼ら（アウグスチノ会士）は前進し、（中国）皇帝に会い話す努力をしてきた。

かの地の副王（劉堯誨）（一語不明）は、皇帝は偉大であり、（それにもかかわらず）彼らスペイン人は国王陛下の書簡を持参しなかったと言って、彼らを滞在させなかった。そこでそこへ戻り、その地域で略奪し戦争しているリマホンという海賊を連れて来るか、あるいは陛下の信任状を携えて（来るように）、そうなれば彼らを喜んで兄弟とみなし、彼らの言葉を学び福音を宣教する場所を与えよう、もし気に入られればそれ（福音）を受け入れ、そうでなくとも貿易は彼らの間に残るだろう、と述べた。

それ以来ずっと、この修道士は（一語不明）そこへ行くという、神と国王へのこの奉仕を望んでいる。陛下が皇帝宛ての信任状と、陛下から彼に与えるためこちらから行く覚書に含まれている贈呈品を彼に与えるよう命じて下さるなら、彼らは貪欲な人々であるから、より歓迎されるにはこの贈り物をし、このことに注意を払う必要があると思う。

諮問会議では同様の報告を以前にうけたが、かの地方は非常に大きく多数の住民がいるということであり、彼らがみな悪魔に隷属していることは苦痛であるから、もしもそのあたりに改宗の扉が開けば、神への大いなる奉仕となり、偉業となろう。またあの地方はすべてデマルカシオンの中にあるゆえ、陛下は義務を負っているのであるから、適切である。これにかかる諸経費は六、七千ドゥカードほどであり、たとえ達成されなくとも（損失は）わずかであろう。

この（使節派遣の）主な目的は、彼ら（中国人）との平和友好を確立しスペイン人がかの地で交易する契機を得て実際にかの地で交易し、フィリピンにいる人々の安全を確保するためにほかならない。それはたいへん適切なことであり、また王室財政のためにも良いと思われる。

以上のようにメンドーサが諮問会議に与えた中国情報とは、かつてフェリペ二世に中国使節派遣を要請したエレーラと同行の中国人、そして実際に渡航経験のあるラーダから得た、中国の宗教状況であった。それは戦争によらずともカトリック改宗を自発的に受け入れる見込みがあるというものであり、友好外交を勧める根拠としたわけである。これを受けた諮問会議では、中国との平和・友好関係はフィリピンの安全・交易の点で王室の利益になると見込み、使節の派遣に賛同する決議をした。

2　中国使節派遣計画の中止

以上のように、一五八〇年の中国使節派遣計画はアウグスチノ会士の再三の要請により実現したが、ではフェリペ二世はかつて保留とした計画を今回はなぜ採用したのだろうか。それは、諮問会議が中国はスペインのデマルカシオン内にあると言っているように、フェリペ二世が当該時期にポルトガル王位の継承（同君連合）を目前にしていたからであろう。つまり、中国外交に関してこれまでのようにポルトガルに遠慮する必要がなくなったという状況が、使節計画の実現を後押しした最も大きな要因であったと考えられる[26]。

さて、メンドーサの後年の記録によれば、彼はオルテガ修道士とともに使節に任命され、翌年贈呈品の時計その他と国書をセビリアで入手し、メキシコへ渡航したが、最終的に「全メキシコの要人たちの会議の中に現われたある種の異議異論[27]」により、中国使節の派遣は中止されたとある。

以下ではその経緯を史料から明らかにしていこう。まず、メキシコ副王でコルーニャ伯爵のロレンソ・スアレス・デ・メンドーサ（在任一五八〇～八三年）の、一五八一年一〇月二六日付報告書[28]が諮問会議に宛て送付された。同書の趣旨は「この件に関して副王が、古参の人びとまたかの（フィリピン）諸島の問題に詳しい人びとと協議したところ、（中国皇帝への）贈呈品にはそれにふさわしい権威と必要な用心が伴うよう準備し、費用をかけるのが適切である」というものであった。

コルーニャ伯の文書にはアウグスチノ会士ヘロニモ・マリーン修道士の日付不明の報告書が添えられており、それは「豊富な知識にもとづき、この（中国への）渡航やそれに関する他の問題に生じる諸困難について詳細に論じる」ものであった。マリーン修道士は中国入国の経験があり、一五八〇年六月三日付、バダホス発、メキシコ副王宛て王勅《レアル・セドゥラ》では、メキシコでオルテガらと合流し、経験を生かして使節を助けるよう命じられていた(29)。そして以上二点の報告書は、同一の便船、すなわち「第一通報艇《プリメール・ナビオ・デ・アビソ》」の便で本国に送付されたが、いずれにせよこの段階では使節を派遣する前提であったことがわかる。

しかし一五八二年一月二五日付、コルーニャ伯のメキシコ発の書簡(30)には、「第二通報艇《セグンド・ナビオ・デ・アビソ》」が出航したあとメキシコ市にフィリピン諸島から前総督サンデが到着し、サンデとフィリピン諸島カピタンのガブリエル・デ・リベラの意見を得ることができたので同封して送るとあり、これらはいずれも中国への使節派遣に反対する内容であった。

まず、リベラの意見書(31)を見よう。同書は、コルーニャ伯がリベラに贈呈品に関して諮問した答書の形式をとっている。その中でリベラは、「何回も中国人のカピタンやその地の他の住民たちと交渉した経験を通して自分が理解した彼らの習慣や、アウグスチノ会やフランシスコ会の神父たちに対してなされた歓迎について知ったこと」からの判断であるとして、「（中国皇帝に）贈呈品を送る件に関して、回避されたほうがよいと思う。そこには沿岸の総督たちがおり警備が大勢いて、異国船が大陸部の港に入り碇泊することには同意しないはずであり、誰も上陸させないからである」と、中国沿岸での海禁政策の実施を理由に反対意見を述べた。海禁政策については、「かの国にある、総督や海岸を守る人びとに対して、死罪のもとに武器を携帯する外国人を入らせ上陸させてはならないとする厳格な法や命令」、とくにスペイン人を警戒する法であると説明している。そのような状況でアウグスチノ会士が入国できた理由は、「我々が海賊リマホンを包囲したからであり、大陸部の被害の大きさのために捕虜の彼を我々が引き渡すと考えたからである。またリマホンが海岸で略奪し我々が救った大勢の人びとを、彼ら（アウグスチノ会士）が連れて行ったから」と説明し、あくまで特殊な状況で実現した例外的事例であったとする。また、海賊が多いため入国するには武装艦隊で行かなければならないが、水際でスペイン人に対する警戒心を煽ることになるだろうから、ポルトガル人のいるマカオを経由したほうが良いであろう。そこには言語を習得したフランシスコ会士がおり、真実を伝えない通訳を使うよりも良い、とし、その場合国王陛下は（マカオの）地方総督《ゴベルナドール》に書簡と贈呈品を送る必要がある、と提案する。要するに、中国との外交に着手することには反対ではないが、既存のポルトガル人の交渉ルートに頼り、まずは地方官憲への使節派遣という代替案を勧めたのである。

次にサンデの文書の趣旨を確認しよう(32)。

中国の王《レイ》に贈呈品を送る可否について諮問を受けたが、自分としては参考となる周辺の情報を伝えるにとどめる。第一に、モーロ人（イスラム教徒）かフィリピン人を使者にし、贈呈品は中国にない高価なものであれば歓迎されよう。第二に、フィリピンのモーロ人と見せかけて、武装解除したスペイン人が交渉して港の王に贈呈品を渡し、シャムやパタニ、フィリピン商人の名目で隠れて滞在できるかもしれない。第三に、五〇年前にポルトガル人は聖ジョアンという小島にいたが、彼らが要塞や兵糧を得ることを望まないため、毎年海賊が襲撃した。その後彼らは三〇年前と言われるが、大陸の一角のマカオという地に渡り、シャムやマラッカの商人の名目でそこにいたが、武器も弾薬も裁判もなく、ただ中国の一指揮官《マンダドール》がおり、家々を巡回し彼らがこれらを持っていないか監視している。村は五〇〇弱の家で構成され、ポルトガル人の総督と司教は三年ごとに副王に貢納しなければならないが、彼らが言うには一〇万ドゥカードにも上るそうである。マカオの住民はこのかねについて、（中国の王が）王の近くにいる大身と分配すると言っている。全員が常に断言しているのは、王国はポルトガル人がその地に住んでいると知っているということである。この厳しさは一名のイエズス会士と四名の托鉢修道士になされたことからも確かであって、マカオから来たトルデシリャス修道士は、スペイン人の軍隊と一緒でなければ中国には戻らないと言っている。第四に、中国に入国したラーダ修道士やマリーン修道士、その他スペイン人をその地の住民が歓迎したとしても、それはスペイン人が包囲し引き渡すと約束した海賊リマホンの捕獲品のためにすぎなかった。これについて陛下に報告したが、持参した贈呈品は彼等がすべて盗んだものである。二度目に私が中国に修道士を送ったときは、カピタンや修道士自身が贈呈品を持参せよと指令したが、みなそうすべきではないと考えていたはずだ。私はマリーン修道士の報告書を読んだが、良い内容だと思う。到着した港から中国の王がいる場所までの旅程で、数人の中国人は、その途中の地方で我々が騙されたと言っている。北京の街まで二七日間で行けるが、海岸が長く内陸は厚みがないので、戦争をしたほうが容易であろう。

以上のように、結局はサンデもマリーン修道士と同様、使節派遣は困難を極めるから反対だと表明したことがわかる。注目すべきはサンデが海禁政策そのものではなく、そこから派生する使節の名目や貢納といった、より現実的な問題をあげている点である。その上でスペイン人は中国人に騙され不名誉や金銭的な実害を被るとの自己の中国観に基づいた予測を展開するのであるが、いずれも情報源としてポルトガル人や中国人からの話をあげており、それなりに説得力を持たせようとしている。コルーニャ伯は現場を見た者の意見としてこれらを尊重し、本国に送付したのだろう。

以上二点の報告書を受け取った諮問会議では、一五八二年四月二八日付フェリペ二世宛て文書で、「（コルーニャ伯が）そこ（手紙）で述べていることと、報告書で彼ら（サンデ、リベラ）が述べていることにかんがみ（中略）今のところこの贈呈品の送付は回避しうるものであり、こちらからそのために持参したものはすべて売却するよう勅令を与えられたほうがよい」との趣旨の結論を上申した(33)。

この上申書には国王の返事が書き込まれており、その趣旨は「メキシコから到着したオルテガ修道士からの話と持参書類を踏まえて、この件で結論を得るための諮問を再送するように」というものであった[34]。最終的には計画の中止と贈呈品の売却を命じる王勅が、一五八二年五月二七日にリスボアで発令された[35]。

以上のように中国使節派遣計画は中止されたが、その過程で、フェリペ二世は現場から情報を収集し、その判断を重視して、自らの命令を撤回する余地すら認めていたことがわかる。

第三節　中国事業の提言と結論

1　司教サラサールの武力征服論

さて、一五八三年のマニラ発報告書を見ると、総督府構成員のほぼ全員が武力征服を中核とした中国事業を国王に提言しており、友好関係を進言した初期の段階とは大きな変化を見せている。これは先行研究によれば、一五八一年九月にマニラ司教座に着任したドミンゴ・デ・サラサールと、司教の私設秘書、ブレーンとして司教座会議の実務を担ったイエズス会士——フィリピン布教区に所属し、スペイン国王の保護下にある——アロンソ・デ・サンチェスの主導によるものである。

サンチェスは一五八一年から一五八六年の間に明国本土へ二度出張した経験をもとに、自己の中国事業論を形成した[36]。第一次出張（一五八二年四月二日〜一五八三年三月二七日）は、マカオのポルトガル人にフェリペ二世のポルトガル王位継承を伝達することを名目としたが、本来の目的はポルトガルのデマルカシオン下にあった中国との通商の可能性を探ることにあり、実際にマカオのほか福建省漳州、福州、広州を巡視していた。広州では中国宣教に従事するイエズス会士ミケーレ・ルッジェーリ、マカオでイエズス会幹部のヴァリニャーノらに会い、中国情報を収集した。そのうえで中国事業を構想し、一五八三年四〜六月にフィリピン総督府の構成員に説明し、ほぼ全員の支持を得るにいたった。(37) このため同年に総督府の発信した国王宛て書簡は中国事業一色となり、マニラ司教サラサールもまた六月一八日付で、中国事業を論じる複数の国王宛て書簡を作成したのである。(38)

ビトリアとラス・カサスの理論に深く精通していたといわれるサラサールは、一五四五年ドミニコ会に入会ののちメキシコ市の宣教に従事し、租税の点でインディオを保護する神学的見解を表明していた。このためフェリペ二世の目にとまり、一五七九年にマニラの初代司教に任命されたとハンケは述べている。(39) フェリペ二世にしてみれば、バリャドリード論戦後も征服戦争の是非が問われ続ける状況で、フィリピン支配の正当性を確保するにあたり必要な人選であったのだろう。(40)

しかしサラサールは、フェリペ二世に中国征服を勧めるにいたった。その理由は、中国宣教には近隣の国々へも大きな成果が見込まれるが、中国はスペイン人との通交関係を望まず、宣教師は軍事威圧を伴わずに入国する手段がないから、というものであり、征服する場合の国王の良心、経費上の問題は克服しうるとの神学的解釈を展開した。そうした主張をする彼の中国人観に関しては、平山篤子によると、「野蛮」「傲慢」といった負の評価が看取される。(41)

サラサールの上申に対するフェリペ二世の返答を次に見よう。

【史料6】一五八五年六月八日付、フィリピン諸島司教ドミンゴ・デ・サラサール宛て王勅(42)（一部）

キリストにおいて尊敬するフィリピン諸島司教ドミンゴ・デ・サラサールよ、我が諮問会議から去る一五八三年六月一八日付の三通の尊師の書簡を受領した。そのうちの一通で中国行きについて尊師らが協議し良いと判断されたことはよいように思えた。しかし私の命令なしに、あの地に行ったりこちらに来たり、また他の用事によって司教座に空位が生じることがあってはならない。その（中国）遠征を（私と）協議するため尊師の本国帰還が同意されたというが、実行に移さなかったのは適切であった。そのために尊師が来られる必要はないのだから。

（中略）

何人かのフィリピン在住フランシスコ会修道士が布教村を捨て、中国に行くと主張する不都合について報告を受けた。これを避けるため、遣外管区長は我がフィリピン総督の命令なしに彼らがそこから出て中国に渡ることを禁止する（という内容の）別の王勅を発する。これが実施されるようにすること。

国王は言葉では中国遠征に賛意を示しているが、それ以上の具体的な指示はなく、むしろ事業実現のために本国に帰還しようとする司教を諫止し、かわりに中国に渡航するためフィリピンでの宣教を放棄する諸島内修道士を統制するよう求めている。このようにフェリペ二世は信頼あついサラサールはじめ、総督府の構成員の多くが中国事業を強く進言したにもかかわらず、慎重であった。

その直接的な理由は、当該時期になお中国皇帝への友好使節の派遣が有効であるとの意見が国王のもとに寄せられたからであろう。例えば、サンチェスの第一次出張に同行したフィリピン総督府検察官《ファクトール・レアル》フアン・バウティスタ・ロマンは、一五八四年六月二五日・同二七日付、マカオ発国王宛て書簡で、[43]中国皇帝への使節派遣計画を再開する見込みのあることを述べ、そのためには豪華な贈呈品が必要であるとし、言語や儀礼の面ではイエズス会士のルッジェーリとリッチの協力を仰ぐとよいと勧めている。彼らイエズス会士二名は同じ頃サンチェス宛てに中国の総督や王と和平が結べるかもしれないとの書簡を送っており、[44]この頃現場の中国ではたしかに外交を楽観視していたことがわかる。ただし、ロマンの書簡をいつ国王が受領したかは不明である。

しかし既出のメンドーサが、著書『シナ大王国誌』の冒頭部分で、[45]次の注目すべき記述を残している。

当一五八五年の七月一日、（中略）この日（清水注―ローマにいる）わたくしの許にエスパニャから一通の書簡が届けられました。（中略）右の書簡によれば、数日前に新大陸から一隻のカラベラ船が到着しまして、この船にはフィリピナス諸島の管区長アンドレス・デ・アギーレ師からの書簡がいくつか託されて来たことを述べていたのであります。さらにまたこれらの書簡の文面によれば、中国の王がその臣民ともどもにカトリックの信仰と福音の教義を受け入れることを希望して、修道士たちを、とりわけアウグスチノ修道会の修道士たちを派遣してくれるように懇請して来たとのことでありました。

ここで述べられているアギーレの情報はにわかには信じがたく、おそらく一五八三年九月にイエズス会士ルッジェーリとリッチが肇慶知府から同地定住を認められたことをはじめ、彼らが報じた上記の和平的状況[46]を曲解した、意図的な誤報[47]であろう。しかしいずれにせよ、中国事業とは別に使節派遣を推奨する書簡が本国にほぼ同時期に届けられたことが看取される。このような情報の錯そう状況が、フェリペ二世の判断にも影響したのであろう。

2　サンチェス神父の申請とフェリペ二世の結論

しかしながら、フィリピン総督府は再度中国事業を国王に要請した。総督府ではその少し前に征服ではなく中国沿岸にマカオと同様の拠点を中国側に申請する方針に切りかえ、予備調整のためサンチェスをマカオに派遣したが（第二次出張、一五八四年三月末〜八五年六月）、官憲の拒絶にあって失敗し、強硬論が再燃していた[48]。このためサンチェスは総督府を代表し、諸島の問題とともに中国事業を国王に直訴するため本国へ渡った。フェリペ二世には一五八八年一月に謁見することができたが、中国事業をその場で直訴しえたのかは、記録上も状況的にも微妙である。なぜなら、イエズス会総長がサンチェスに対し厳しく中国事業の進言を禁止し、謁見の三日前には無敵艦隊敗戦の報が国王のもとに届けられたからである[49]。とはいえ、サンチェスの提出した中国入国を含む数点の覚書が諮問会議の文書群に残されたことからすると、後掲の王勅の内容からも、これらがフェリペ二世のもとで審議されたことは確実である。

サンチェスの覚書の趣旨は、フィリピン諸島が不安定な状況に置かれていることを訴え、兵士の補充や要塞の建築などの対処を国王に求めるというものであるが、ここで注目されるのは、中国人や日本人を諸島の安定をゆるがす主要な不穏要素として報告している点である。[50]そして中国事業に関しては、中国の経済的豊かさと他のインディアスの人びとにはない「抜け目のなさ、白人の知能」「見事な素質、高貴さ」等をあげ、中国人婦人とスペイン人兵士、商人との結婚によるキリスト教化の可能性もあるなどと提言している。しかし、冒頭では中国遠征のために本国、メキシコ、諸島内外からどれだけの兵力を結集する必要があるかといった議論が展開されており、最初の中国入国には軍事力を伴うしかない、というのが彼の主張であったことがわかる。

サンチェスの議論の特徴は、中国征服戦争の根拠を在地の人びとの野蛮さではなく、むしろ中国の文明の高さや大国であることに見出している点にある。つまり、征服すればキリスト教宣教上の果実もそれだけ大きいのだから着手する価値があるという論理展開であり、そのために、直接間接あわせて三二にものぼる、予想される成果を書き連ねている。サンチェスによれば、中国征服によりフィリピン諸島の維持は安定し、さらには「陛下が中国の君主になるということは、ただちに沿岸周辺諸国のすべて、コチンチナ、カンボジア、シャム、パタン、マラッカにいたるまで手に入れるということであり、サマトラ、ジャワ、ブルネイ、モルッカの各諸島（領有）も非常に容易[51]」とある。

サンチェスが提出した覚書の審議には時間がかかったと言われる。[52]しかし結局国王は次の王勅にあるように、その征服論に同調しなかった。[53]

【史料7】一五八九年八月九日付、フィリピン総督ゴメス・ペレス・ダスマリニャス宛て王勅[54]（一部）

一、かの地からイエズス会修道士アロンソ・サンチェス神父が、既述した（フィリピン）諸島全顕職者の命令により、権限を伴い到着した。我が主への奉仕と既述諸島の住民および、住民の利益と維持に関する諸問題を協議するためである。到着後ただちに私は我が委員に集まり、彼から聞きとりを行うよう命じた。これはそのように行われ、彼の得ている命令に応じて提出した数通の覚書はきわめて慎重に検討され、前記覚書の要点全点とそれらに関する我が委員の意見が添付され、私に上申された。私はここで述べられる汝への指令を決定した。それをすべて守り実施するよう汝に命じる。すべてにわたり、汝の人格において私が信頼している深慮と努力を用いること。

二、我が主に尽きない感謝がなされるべきであり、私はそれらを与える。神が私に与えてくださった大きな慈悲のためである。彼の慈悲と意志により私が統治する間、神は自らの道具として私を選ばれ、遠隔のかの諸島が発見された。そこでは現在（人々が）福音の教えを享受している。その上、聖なるカトリック信仰の知識が別の（諸島）に広まるにちがいない、大変良い準備がなされている。私の理解では二五〇〇〇〇人の住民がそれ（教え）を享受している。あの偉大な諸島全体には種がまかれ入植がなされており、その規模は広さにして九〇〇レグア以上、長さにして五〇〇レグア以上である。（しかし）これは大陸の諸王国である、中国、コチナ、コチンチナ、チャンパ、カンボジア、シャム、パタン、ジョホールやその他を含んでいない。

この目的が達成されるために、私は道が開かれることを大いに望んだので、いまのところは、また我が主がそれを取り計らい導き給うまでは、大きな労力と私の資産の支出により平和な状態にあるものを維持するよう対応することが必要である。そのことは、ものごとの状態と、それらを改善して安定させるのに好都合なものを考慮しながら努力するように、私が汝に強く依頼するものである。そうこうするうちに多数の敵が存続するのみならず、日ごとに増加していく多くの根拠が存在するのである。

このようにフェリペ二世の出した結論は、サンチェスの中国征服事業を否定し、覚書で指摘されていたフィリピン諸島経営に集中することこそが神の意志である、というものであった。その後はドミニコ会が中国宣教を何回か試み、一六三二年台湾島経由で使節名義での中国上陸に成功したが(55)、結果として武力を伴う征服事業が展開されることはなかった。フェリペ二世の方針は維持されたといえる。

おわりに

以上、フェリペ二世は東アジアのなかでも中国に大きな関心を寄せ、友好関係を構築しようとはしたが、一度も征服対象にしなかったことが明らかになった。彼は現地から上る征服論に対して一貫して慎重であった。その時々の個別の理由は本文で検討した通りであるが、基本的には、東アジア政策に着手しうるようになった一五七〇年代以降、征服戦争の正当性が教会関係者の間で疑問視され、国王自身も征服をタブー視していたことが前提にあったためではないのだろうか。政治思想史上も一六世紀後半のスペイン帝国は征服拡張の時代を終え、本格的な植民の時代、すなわち植民地の人びとに対する支配権維持の正当性を問題にする段階に入ったと言われている(56)。フェリペ二世の東アジア政策もまさに、フィリピン諸島経営の維持に傾注するという結論であった(57)。それは「大航海時代」の異文化経験がスペイン人にもたらした、思想的潮流の変化と言いえる。よって筆者は、フェリペ二世の征服志向と東アジアにおける帝国の拡張動向をアプリオリに設定することはできない。

スペイン帝国の東アジア政策は、本国の中枢機関（国王、諮問会議）と現場に派遣した家臣との対話を踏まえて形成される点が特徴的である。フェリペ二世は東アジアのような遠隔の地からも総督や修道士など聖俗問わず情報を収集し、それらを総合的に検討したうえで諮問会議とともに諸政策を打ち出し、現場にフィードバックし、必要があれば現場の意見を踏まえて修正するという方法をとっていた。換言すればスペイン帝国には、多面的に収集した情報を多面的に分析して政策を練り上げることのできる政治構造があった。そこで形成される対外的インテリジェンスは日本の豊臣政権(58)に比してはるかに現実を直視したものであり、このことは、広域にわたるスペイン帝国の統治が長期にわたったゆえんのひとつと考えられる。

注

（1）平山篤子『スペイン帝国と中華帝国の邂逅―一六・一七世紀のマニラ―』（法政大学出版局、二〇一二年）。

（2）平山篤子前掲書、七三頁。平山は「チナ事業」と称するが（同書七頁）、本章では「中国事業」で統一する。平山に先行する研究として、Carlos Luis de la Vega y de Luque, Un proyecto utopico: la conquista de China por España, *Boletín de la Asociación Española de Orientalistas*, vols, 15-18, 1979-1982. Manel Ollé, *La empresa de China: De la Armada Invencible al Galeón de Manila*, Barcelona: Acantilado, 2002 等がある。中国事業の背景にあるポルトガル・スペインのデマルカシオンと布教保護権の問題については、平山前掲書七九～八七頁を参照のこと。

（3）平川新「前近代の外交と国家―国家の役割を考える―」（『近世史サマーフォーラムの記録（二〇〇九）帝国の技法―個から迫る歴史世界―』二〇一〇年）、深谷克己『東アジア法文明圏の中の日本史』（岩波書店、二〇一二年）ほか。

（4）ルイス・ハンケ『スペインの新大陸征服』（染田秀藤訳、平凡社、一九七九年）二〇四～二〇五頁ほか。

（5）J・H・エリオット『スペイン帝国の興亡一四六九―一七一六』（藤田一成訳、一九八二年）一八六～一九五頁参照。エリオットによればスペイン帝国が広大な領域の統治を維持しえた理由は、カルロス一世およびフェリペ二世期の行政組織改革と官僚制の発達にあった。すなわち、海外領土のあらゆる重要事項を掌握する一連の伝達経路〈総督―諮問会議―国王〉が形成され、これにより遠隔地において国王の代理として絶大な権限を持つ総督に対して中央の統制力が維持され、帝国の拡大に伴う統治上の問題に対処することができたとする。最も遠隔地のフィリピン諸島に関しても、国王は上記の恒常的な伝達経路を介して諸島情報を掌握することで、統治を維持することができたのである。

（6）スペイン帝国の国家構造の特性は、その政策形成のありかたにも反映されているはずである。本章ではその関連性に言及することができなかったが、「複合国家」「礫岩国家」の政治的編成に留意しておきたい。最近では以下の研究がある。*Polycentric Monarchies: How did Early Modern Spain and Portugal Achieve and Maintain a Global Hegemony?*, ed. Pedro Cardim, Tamar Herzog, José Javier Ruiz Ibáñez and Gaetano Sabatini, Eastbourne, Chicago, Tronto, Sussex academic press, 2012. 古谷大輔・近藤和彦編『礫岩のようなヨーロッパ』（山川出版社、二〇一六年）ほか。

（7）拙稿「スペイン帝国の文書ネットワーク・システムとフィリピン―インディアス総合文書館所蔵フィリピン総督文書の検討―」（吉江貴文編『近代ヒスパニック世界と文書ネットワーク』国立民族学博物館、二〇一九年）。

（8）　AGI, FILIPINAS, 29, N. 13. 後年の臨時総督ギド・デ・ラベサリス（在任一五七二～七五年）の国王宛て書簡の中にこの情報がある。

（9）　AGI, FILIPINAS, 29, N. 10.

（10）　AGI, FILIPINAS, 29, N. 12. 一五七〇年七月二五日付、パナイ川発信、王庫役人の国王宛て書簡。なお一五七二年にレガスピは漳州の「総督」に外交関係樹立を求めたとある。平山篤子前掲書七八頁。

（11）　AGI, FILIPINAS, 339, L. 1. 全文の概要は、前掲拙稿（注（7））六一頁を参照のこと。引用部分のスペイン語は以下の通り。

‘7. Informereis os muy particular del cuidado y diligencia q han tenido a la conversión de los naturales y como han sido industriados a las cosas de nuestra santa fe catholica y el orden que se podrian tener para q vengan al conocimiento della las naturales de todas aquellas islas comarcanas y si se les han hecho algunos agravios y desagraviareis los dellos y procurareis q todas maneras q sean bien tratados y doctrinados.

9. Hareis memoria de todas las islas que hay descubiertas en aquella parte y sujetas a nuestro dominio y obediencia y de las que no lo son dellas comarcanas y enviara en la descripción de las leguas qué cada una tiene así con longitud como en latitud y debajo y lo que hay de una a otra y en qué tiempo se navega de unas islas a otras y qué cosas hay en ellas y qué contrataciónes y en qué podrian ser aprovechada nuestra hacienda y conviareis nos de todo ello al nestro Consejo de las Indias muy particular relación y al nestro visorrey de la Nueva España o al que tuvierais el gobierno dellas.

10. Llevaréis la instrucción que está dada para la orden que sea de tener en hacer nuevos descubrimientos poblaciónes y pacificaciónes y procurará en que todo se cumpla.

11. Procuraréis de tener comunicación y trato con los de la China y de entender la calidad de la gente de aquel reino y el trato que tienen y de todo nos daréis aviso al nuestro Consejo de las Indias.’

（12）　一五七三年六月一九日付、マニラ発、前総督ラベサリスの国王宛て書簡に書き込まれている。AGI, FILIPINAS, 6, R. 2, N. 15. 原文の全文は以下の通り。

‘Advertase esto para la instrucción de Fran.co de Sande para que haga muy buen tratamiento a los chinos y procure su amistad y comercio de manera que se pueda tratar con ellos y se les prediquen el evangelio ya este se le responda en esta conformidad para que ayude a ello.’

フェリペ二世の筆跡と推定するにあたり、G. Parker, *The Grand Strategy of Philip II*, Yale University Press: New Haven and London, 1998, p. 24 掲載の写真を参照した。

(13) AGI, INDIFERENTE, 739, N. 14.

'Ahora se acaban de abrir y ver en el Consejo algunas pliegos de los que trajo el navio de aviso que ha llegado de la Nueva España y como parece por las cartas del virrey las cosas de aquellas provincias quedavan en buen estado, y la flota habia llegado toda en salvamento que ha sido muy buena nueva … y asimismo por las relaciones que envia el doctor Sande, governador de las islas Philippinas parece que aquello queda en buen estado y va procediendo buen y con estavan ciertas cartas que algunos governadores de provincias de la China les escribieron y la relación de lo que contienen como de otras que el escribio un descripción de aquel reino para que V. M. siendo servido lo mande ver que es nueva que se deseava saber. …

Las cartas que se han visto del virrey van aqui con el traslado de una carta que se le escribio por la ciudad de Manila, los demas pliegos se irán viendo y si hubiera otra cosa de que dar aviso a V. M. se hará luego, en Madrid a 15 de Marzo de 1577. '

'Ha sido bien avisarme de todo esto, y lo de las descripciones me queda aca para verlo en pudiendo.'

(14) AGI, FILIPINAS,6, R.3, N.26. 翻刻に *Archivo de Bibliofilo Filipino II: recopilación de documentos históricos, científicos, literarios y políticos y estudios bibliográficos por W. E. Retana*, Madrid, 1896, pp. 1–75. ただし後者の書簡の日付「七月六日」は誤りである。

(15) 最近の研究に伊川健二『大航海時代の東アジア―日欧通交の歴史的前提―』(吉川弘文館、二〇〇七年)二五四～二五六頁がある。

(16) 平山篤子前掲書、一〇二頁。

(17) Francisco Colín, *Labor evangélica: ministerios apostólicos de los obreros de la Compañía de Iesús, fundación, y progressos de su provincia en las Islas Filipinas*, ed. Pablo Pastells, Tomo I, Barcelona: Impr. y Litografía de Henrich y compañía, 1900, p. 161 および Ollé, op. cit, p. 72.

(18) 諮問会議では長文の報告書の場合、しばしば「要約」(Relación) を作成していた。

(19) AGI, FILIPINAS, 6, R. 3, N. 26.

'… en lo que toca a lo que dize de la conquista de la China por agora no conviene se trate dello antes conviene procure con ellos buena amistad y que no se haga con los cosarios enemigos de los chinos ni de ocasion para que los de la China tenga justa hasta causa de indignación con los nuestros y vaya al (　) del suceso de todo y que al delante quando se tenga hasta mas bien entendido todo lo de allá si conviene se haga alguna novedad se le dará orden que en ello sea de tener y entretanto procure de governar lo que es a su cargo de manera que Dios y Su Majestad se sirvan y guarde y haga guardar precisamente las instrucciones que tiene para las conquistas y nuevos descubrimientos y de aca se teria cuidado de que cada año se vaya socorriendo con gente, armas y municiones y lo que se pudiere socorrer ….'

なおこの内容はほぼそのまま一五七七年四月二九日付、サンデ宛て王勅に反映されている。AGI, FILIPINAS, 339, L. 1, ff. 80–82.

(20)　AGI, FILIPINAS, 34, N. 5.

(21)　AGI, FILIPINAS, 34, N. 23. ここでは、「サンデの中国人司令官に対する居丈高な態度に言及し、このために司令官とは決別し宣教師の中国再入国は失敗したが、これは自分にとって心痛以外の何物でもなかった。なぜなら、陛下の御父カルロス五世の目的であった帝国内のカトリック宣教の拡大を達成するためには、中国の偉大さ・強大さを見出すことが必要であり、優れた人格者である司令官がその目的達成のための道具となったことを大いに賞賛していたからである」といった内容を述べている。

(22)　ゴンサーレス・デ・メンドーサ『シナ大王国誌』(長南実・矢沢利彦訳、岩波書店、一九六五年)二四一頁。「チナ国」は「中国」にあらためた。

(23)　同上、二四四頁。

(24)　AGI, FILIPINAS, 339, L. 1, ff. 187–190v.

'Fray Francisco de Ortega de la orden de St Augustin y procurador general de los religiosos de la dicha orden desas islas ha presentado ante nos en el nuestro Consejo de Indias un memorial en el qual entre otros capitulos había los siguientes: hera de mucha importancia que V. M. mande que con todo cuidado vayan al reino de la China a tratar paces y que haya contratación con los chinos en su tierra en manera que puedan ir y venir allá libre y seguramente a tratar y contratar y que les den y señalen a los españoles sitio y lugar acomodado donde puedan hazer una población para su trato y seguridad y que vayan con los dichos españoles por lo menos una dozena de religiossos para que traten y conversen con los naturales de aquel reino y desta manera de prendan su lengua para poderles instruir en las cosas de nuestra santa fe y predicarles el santo evangelio que por este medio seria posible venir en conocimiento de Dios, y V. M. tendrá gran premio en el cielo y se conseguiría el santo fin que todos deseamos para lo qual haría mucho alzas que V. M. escriviesse al Rey Chino y le enviase algun presente de cosas que allá no hay que como es gente codiciosa entiendo será bien recibido el presente y el que lo llavase mandara V. M. ... habiendose visto por los del nuestro Consejo de las Indias fue acordado que deviamos mandar dar esta nuestra cédula para vos por la qual vos mandamos que veáis lo que en los dichos capitulos de suso (sic) incorporados se dize que convernía proveer y lo provéais como más convenga que nos os lo remitimos y de lo que hizieredes nos daréis aviso, ...'

(25) AGI, INDIFERENTE, 739, N. 240.

'El qual ha referido al Consejo que quando anduvo con el dicho fray Diego de Herrera entendio del y de un chino que consigo traía y por relaciones y papeles que le mostró que los naturales de la China no niegan la inmortalidad del alma y creen que hay premio del bien y castigo del mal que se haze y dizen que hay un dios ques trino y le adoran al qual pintan con un cuerpo y tres cabezas y rostros de hombre.

Y que quando el governador de aquellas yislas envío a fray Martin de Rada que fue un religioso de la dicha orden de mucha autoridad que ya es fallescido y con el un compañero y ciertos españoles al governador de aquella tierra con embajada de paz y amistad y cartas de creencia y un presente de cosas de esta tierra, los recibieron muy bien y con amor y les oyeron de voluntad muchas cosas que les dijeron de nuestra santa fe católica y pidieron les diesen la oración del pater noster y los diez mandamientos por escripto y habiendo oido y visto lo loaron mucho y dieron a entender ser aquello muy a su propósito.

Y de allí adelante estimaron en más a los españoles y que fue de manera que se creyó que recibirían nuestra santa fe católica yendo religiosos a predicarsela y dieron muchas cosas de aquella tierra a los españoles y para el governador de las Filipinas y que visto esto habian procurado pasar adelante y ver y hablar al rey.

Y que el Jassuamo (sic) que es el virrey de aquella tierra no los dejo diziendo que el rey era muy gran señor y ellos no llevavan cartas de V. M. que quando volviesen allí y llevasen un cosario llamado Limahon que andava en aquellas partes robando y haziendoles guerra o con cartas de creencia de V. M. se podría hazer y ellos se holgarían de tenerlos por hermanos y darles lugar a que aprendiesen su lengua y predicasen la doctrina evangelica y si les contentase la recibirían y sino quedaría entre ellos contratación.

Y que desde entonces este religioso ha estado y está con gran deseo de hacer este servicio a Dios y a V. M. de ir a su tender en ello, siendo V. M. servido de le mandar dar sus cartas de creencia para el rey y las cosas contenidas en el memorial que va aquí para darle departe de V. M. que por ser gente codiciosa, parece sera necesario para ser mejor recibido llevarle este presente y atento a esto.

Y que la mesma relación había antes en el Consejo y que siendo como son aquellas proviancias tan grandes y tan pobladas de naturales y lo que es de dolor todos ellos subjetos a la servidumbre del demonio y que si por aquí se abriese la puerta para sua conversión se haría muy gran servicio a Dios, obra tan heroica, y digna de V. M. ya que hay obligación por estar todo lo más de aquellas provincias dentro de la demarcación y que estas cosas costaran seis o siete mil ducados en que se aumentará poco aunque no se consiguiesen.

Este principal intento sino que se asiente la paz y amistad con ellos y que los españoles tengan entrada para tratar y así tratar en aquella tierra y seguridad los que están en las Flipinas, parece que sería muy conveniente y también para la real hacienda.'

ラーダの中国行きに関するテキスト研究に、中砂明徳「ラーダの中国行をめぐって—韮律賓諸島箚記（1）—」（『京都大学文学部研究紀要』五四、二〇一五年）があり、一一七〜一二〇頁を参照した。

（26）平山篤子前掲書、八〇〜八一頁。サラゴサ条約や交易の実績からポルトガル領とされたモルッカ諸島、日本、マカオに関して、フェリペ二世は当初からポルトガルの優先権を認め、不干渉の立場であった。拙著『近世日本とルソン—「鎖国」形成史再考—』（東京堂出版、二〇一二年）二五頁。

（27）メンドーサ前掲書、二四九頁。

（28）AGI, MEXICO, 20, N. 67. 同書は、コルーニャ伯が諮問会議に送った複数の書簡の要約（Relación）であり、第一と第二の報告書の概要がここに含まれている。

（29）AGI, FILIPINAS, 339, L. 1, ff. 195v–197v.

（30）AGI, MEXICO, 20, N. 84.

（31）同上。Pablo Pastells & Pedro Torres y Lanzas, *Catálogo de los documentos relativos a las islas Filipinas existentes en el Archivo de Indias de Sevilla*, vol. 9, Barcelona: Compañía General de Tabacos de Filipinas, 1936, pp. 56–57. に書簡の翻刻の一部がある。

（32）同上。Pastells&Torres, op. cit, p. 56. に書簡の翻刻の一部がある。

（33）AGI, INDIFERENTE, 740, N. 42. マドリード発信文書。

'......y atento a lo que allí dize y a las relaciones del doctor Sande y Gabriel de Ribera que vienen de aquellas islas y lo que sobre esto dizen que serán con esta parece al Consejo que por agora se podrá escusar enviar este presente y que se de cédula para que en conformidad de la primera se vendan todas las cosas que de acá se llevaron para ello......'

(34) 同上。翻刻は以下の通り。'Pues fray Francisco de Ortega de la orden de San Agustin que agora vino de la Nueva España será ya llegado ahí, y habrá tratado destos negocios y mostrado los papeles que trae y os mande remitir, aguardaré a ver si de nuevo se ofrece alguna cosa y así de lo que resultaré de su información me avisareis tornandome a enviar esta consulta para que tome resolución en esto.'

(35) AGI, MEXICO, 1064, L. 2, f. 64.

(36) 平山篤子前掲書、八三〜一一一頁。

(37) 第一次出張の間に中国事業に関する報告書（AGI, FILIPINAS, 79, N. 10）を作成している。Ollé, op. cit, pp. 121–125.

(38) 現在二通の書簡が知られ、全文の翻刻と一部の翻訳がある。詳細は平山篤子前掲書、二二六頁。

(39) ルイス・ハンケ前掲書、二五二頁。

(40) ルイス・ハンケ前掲書、二〇四頁参照。統治の正当性はインディオがスペイン人の支配を自主的に受け入れるかどうかにかかっていたため、インディオにスペイン王室の義務と統治の利益を強く説得することが「基本法」で命じられた。サラサールのインディオ保護の主張は、そうした政策基調にそうものであった。

(41) 平山篤子前掲書、二三〇〜二三四頁。

(42) AGI, FILIPINAS, 339, L. 1, ff. 324–324v.

'Reverendo in Cristo Padre fray Domingo de Salazar, obispo de las islas Filipinas de mi Consejo, tres cartas vias de diez y ocho de junio del año pasado de mil y quiniento y ochenta y seis he recivido y bien ha parecido lo que en una dellas decís que hay se había tratado y a vos os parecía tocante a la ida de la China pero sin tener orden mia no haréis ausencia de vuestro obispado para ir a aquella tierra ni venir acá ni otra cosa y acertado fue no poner en ejecución lo que referís se había acordado de que vos viniesedes a estos reinos a tratar de aquella jornada que no hay necesidad de vuestra venida para ello. ... ...

Y para evitar el inconviniente que decís se sigue de que algunos religiosos descalzos de la orden de San Francisco que ahí residen pretenden dejar las doctrinas que tienen y pasarse a la China, os envio con esta otra cédula para que su comisario no los deje salir de ahí sin orden de mi governador de esas islas ternеis (sic) cuidado de que se cumpla.'

（43）AGI, PATRONATO, 25, R. 22. 翻刻の一部が Ollé, op. cit, pp. 151–153 にある。

（44）平山篤子前掲書、一〇八～一〇九頁。一五八四年七月五日付、イエズス会士セデーニョ宛てのサンチェス書簡による。

（45）前掲『シナ大王国誌』四九頁。引用にあたり、固有名詞の一部を本書の表現に合わせた。本書は教皇グレゴリウス一三世が著者メンドーサに対し「（中国人の）霊魂たちを救済しようとの願望を、スペイン人たちの胸中に油然と湧きあがらせるようにと」（四六頁）作成を命じ、インディアス諮問会議総裁に呈上された経緯がある。

（46）Ollé, op. cit, p. 142.

（47）「とりわけアウグスチノ修道会の修道士たちを」という文言には、当該時期に問題となった、フランシスコ修道士の中国渡航への対抗意識が現れていよう。

（48）Ollé, op. cit, pp. 139–155.

（49）Colin&Pastells, op. cit, pp. 437–438.

（50）フィリピンでの蜂起や戦争の危険があるのは、原住民、中国人、日本人、モルッカ諸島の人びと、ブルネイ人、イギリス人であると述べている。Colin&Pastells, op. cit, p. 431.

（51）Colin&Pastells, op. cit, p. 444. このようなサンチェスの議論は、新しい類型の征服論といえる。征服の正当性を現地の野蛮さに求めても、ラス・カサスの一連の著作が否定の論拠を示しており、説得力を持たなかったからである。サンチェスが第一次出張時の報告書よりも「覚書」で中国人の評価を高くしたのは（平山篤子前掲書、一一七頁）、このためであった。

（52）一五八八年三月から七月にかけて複数回の諮問会議で検討されている。

（53）先行研究でこの王勅は見落とされているようであるが、内容から明らかにサンチェス請願への回答とみなしうる。

（54）AGI, FILIPINAS, 339, L. 1, ff. 365v–389.

'1, Luego que vino dellas el padre Alonzo Sanchez religioso de la Compañía de Jesús por orden y con poder de todos los estados de las dichas islas a tratar de algunas cosas tocantes al servicio de nuestro Señor y bien y conservación de los dichos habitantes y naturales dellas mandé juntar algunos de mis consejos para que le oyesen y habiendose hecho así con mucha atención algunos memoriales que presento en coformidad de la orden que trajo y consultadose me todos los puntos de los dichos memoriales con el parecer de los sobredichos mis consejeros aquien lo cometí, me he resuelto en lo que aquí se referirá que os servirá de instrucción la qual os mando guarde y ejecutare en todo y por todo con la consideración cuidado y diligencia que confio de vuestra persona,

2, Devense dar a Nuestro Señor infinitas gracias y yo ansí se las doy por la misericordia grande que ha sido servido hacerme de que en el tiempo que por su misericordia y voluntad yo reino y tomandome por instrumento para ello se hayan descubierto aquellas islas tan desviadas y que en ellas gozan al presente de la doctrina evangélica como tengo entendido que gozan mas de dos cientos y cinquenta mil vezinos demás de la desposición grande que hay de dilatarse la noticia de nuestra santa fe católica por las otras y () de que está sembrado y poblado todo aquel gran archipielago en espacio de más de nove cientas leguas de latitud y más de quinientos de longitud y esto sin los grandes reinos de tierra firme de la China, Cochina, Cochincina, Champa, Camboja, Siam, Patan, Johor, y otros y como que era que yo en gran manera deseo y quería que se abriese camino para que este fin se consiguise, es necesario que por agora () entretanto N. Sr. lo despone y encamina se acuda a la conservación de lo que con tanto trabajo y costa de mi hazienda está pacífico y llano lo qual mucho os encargo que procurere considerando el estado de las cosas y lo que conviene ser las perfeccionando y asentando, han muchos fundamentos para que entretanto multitud de enemigos no solamente se conserven pero vayan cada dia en aumento.'

(55) José Eugenio Borao, 'Macao as the non-entry point to China: The case of the Spanish Dominican missionaries (1587–1632)', *International Conference on The Role and Status of Macao in the Propagation of Catholicism in the East*, Macao, 3–5 November 2009, Centro of Sino-Western Cultural Studies, Istituto Politecnico de Macao, pp. 1–21. 阿久根晋氏のご教示による。

(56) 松森奈津子『野蛮から秩序へ―インディアス問題とサラマンカ学派―』（名古屋大学出版会、二〇〇九年）五頁。

(57) イエズス会士の提案した日本事業に関しても、同会総会長の最終決定は在日会士の武力介入を厳禁するというものであった。本書第一部第一章。

(58) 朝鮮侵攻時の日本の政策形成を扱ったものに、国重（佐島）顕子「豊臣政権の情報伝達について―文禄二年初頭の前線後退をめぐって―」（『九州史学』九六、一九八九年）がある。

第二部　キリシタンとの初期交流

第一章　永禄八年正親町天皇の京都追放令

はじめに

1　最初の追放令

日本のキリシタン禁令といえば、教科書に記載されている豊臣秀吉の伴天連追放令が最も有名である。しかしその二二年も前の永禄八年（一五六五）、正親町天皇が京都から宣教師を追放するよう命じる文書を発した事実については、一般にはあまり知られていない。しかしこの「京都追放令」は、キリシタンに対して日本の公権が最初に命じた、有効な禁教令という意味では重要なものである。事実、当時京都宣教に従事していたガスパル・ヴィレラ、ルイス・フロイスらイエズス会宣教師は堺への退去を余儀なくされ、京都宣教は約四年の間停止してしまった。

それではこの重要な禁令はなぜ発令されたのであろうか。村井早苗は、正親町天皇が法華宗徒の公家を含む朝廷の「反耶派」の働きかけに応じて追放令を発令し、天皇としては宣教を是認した足利将軍や武家権力者とは一線を画し自らの立場を明確にする意図があったと指摘した。(1)戦国期には一般に無力とされていた天皇の、政治的主体性に注目したのである。

一方、清水紘一は一五六〇～七〇年代のキリシタンに関連する法令を整理し、正親町天皇の追放令は関白豊臣秀吉の伴天連追放令へと継承された意義があると述べた。また、村井説を補足し、松永久秀ら「市政権者」の同意が得られたために追放令は実施されたと指摘している。[2]

近年、安藤弥は京都追放令の決定には法華宗のほか本願寺とつながりの深い公家も関わっていたと述べ、「当該時期の朝廷・公家社会は、かつて国家的弾圧を強いた異端〔本願寺・法華宗〕を自らの秩序内へ取り込み、一方で新たな異端〔キリスト教という外来宗教〕を見出した」「キリシタンという外来異宗教が意識されることで、宗教秩序の日本的枠組みが自覚され、かつての異端をも取り込むかたちで再編が促進された」と指摘した。[3]これによると京都追放令は日本社会におけるキリシタンの「異端」化を意味するが、在来の宗教秩序の変動をも伴っていたことになる。

2　「反耶派」と社会状況への視点

以上のように京都追放令はこれまで様々に重要な解釈が示されているが、発令に主要な役割を果たした「反耶派」については、朝廷・公家（社会）と見ることでおおむね一致している。しかし仔細に史料を検討すると、法華寺院ならびに「市政権者」である武家も複雑に関わっており、再検討の余地がある。「反耶派」とは誰を指し、また彼らはなぜ宣教師の追放を求めるようになったのだろうか。この問題はこれまで深堀りされていないが、日本における異文化キリスト教の受容・排除の問題を検討するうえでは重要な論点であろう。

そこでこの問題に取り組むにあたり、序章でも述べた通り、当該の戦国期の宗教・社会状況に注目することにしたい。安藤によれば戦国期にはそれまで異端とされていた一向宗や法華宗が民衆の基盤を得て社会的勢力となり、宗派・教団として独立し「戦国期宗教勢力」として台頭したが、このような社会的変化は追放令の発令経緯とも無関係ではないように思われる。

検討にあたって、最初に禁令以前の京都における宣教の状況を確認しよう。そのうえで、戦国社会においてキリスト教は受容されながらも異端化したのはなぜなのか、京都追放令の発令経緯を通して考え、またその意味についても考察してみたい。

なお宣教師の報告書などの翻訳史料に関しては、可能なかぎり手稿本を含む欧文の底本と照合して確認し、複数の史料を併用して考証することを心がけた。

第一節　最初期の京都宣教

永禄二年十月（一五五九年一一月）初旬、イエズス会宣教長コスメ・デ・トーレスはガスパル・ヴィレラ神父、日本人修道士ロレンソを九州から上京させ、フランシスコ・ザビエル以来の念願であった京都宣教を開始した。約一〇年前、来日したザビエルは、日本の首都にいる国王すなわち足利将軍ないし天皇から宣教許可を得ようとして入京したが、戦乱の荒廃のため断念し、やむなく海外貿易で栄えていた山口の領主大内氏のもとに移動したということがあった(4)。大内氏の滅亡後、イエズス会の拠点は九州の豊後、肥前へと移ったが、日本宣教を成功させる鍵と考えられていた首都・京都への進出が目指されていたのである。

入京後の数か月間にわたる最初期の京都宣教の様子がわかる、最も詳細で信用が置ける史料は、日本人ロレンソの手による報告書である(5)。

これによると一行は入京前、比叡山の長老の仏僧（天台座主）から京都宣教の許可を得ようとしたが、長老には会うことすらかなわなかった。やむなくそのまま入京したが、二週間彼らの説法に訪れる聴聞客は皆無であり、しかも町の人びとから誹謗中傷や投石を受け、約二か月間に実に四回の転居を強いられたという。山門（比叡山）の宗教界における権威と、洛中での影響力がいかに大きなものであったかがわかる。

ただし三軒目の「より良い場所にある」転居先では、ようやく十数名が入信したとある。その時点での宣教の様子を、ロレンソは次のように報告している。

そこでは、僧俗問わず多くの者達が聴聞や、宗論のため押し寄せ、それらの者達のうち殆ど誰も、真理に従うことを欲しませんでした。さらにある者は冒瀆しながら、別の者はからかい嘲りながら去って行きましたが、そこへ、法華党と呼ばれる宗派の重立った学識のある二人の仏僧がやって来ました。彼等は日本の書物すべてを読破した者達で、天地のことについて話をしました。この宗論において彼らは、（自分たちの考え方が）如何に物質的なもの以外には基づいていないかを如実に示しました。

ここで注目されるのは、結果はともかくとして「僧俗問わず多くの者達」が訪れ、「聴聞」「宗論」が行われている点である。「宗論」とは仏教の宗派間で教義について論争することを通常は意味する。有名な安土宗論のように裁定者がいて勝敗をその場で決めることもあるが、ここでは教義の是非を議論したという程度の意味であろう。引用部分には法華宗の僧侶二名がやって来て、宣教師と天地について議論したとある。

このように見慣れぬ宗教にもかかわらず、京都の人びとは「宗論」「聴聞」に押し寄せ、宣教師の話に耳を傾け、議論することを求めた。このような宗教に対する関心の高さは「戦国期宗教勢力」を生み出した社会的前提として、またキリスト教の受容を可能にした条件として重要である。

さて、宣教師が何度も転居を余儀なくされる原因となった人びとの誹謗中傷について、修道士ロレンソは次のように報告している。

このミヤコでは、我々が到着して間もない頃、ある者は我々を疫病神と呼び、別の者は詐欺師と呼んでおりました。その後、我々を悪魔憑きとか、人間を食べる奴等と呼んでいました。それから、我々が滞在していた通りの周辺で火事が起きた後には、（人々は、火事は）我々が原因である、なぜなら我々は妖術師で、悪魔の教えを伝えにやって来たからである、と言いました。

「疫病神」「詐欺師」「悪魔憑き」「妖術師」といった誹謗中傷は、主に競合者である僧侶によるものであったらしい。ロレンソによると、宣教師が転居を強いられたのは仏僧たちが嫌がらせや脅迫を家主にしたからであった。

異文化のキリスト教は戦国京都の社会的需要を満たす宗教の一つとして受容され始めたものの、教団として成長するには仏僧という強力な競合者が立ちはだかり、なお大きな障壁があったとわかる。ではなぜこの状況を打破できたのだろうか。

第二節　武家権力者の允許

1　足利義輝の制札

永禄二年の暮れ、一五五九年の一一月から一二月にかけてのある日、それは最初の転居をして二五日後のことであったが、ヴィレラは将軍の足利義輝を妙覚寺に訪問した。僧侶たちの誹謗中傷が一向にやまないため、義輝から宣教の允許、すなわち許可を得ることにしたのである。義輝は「日本全土の王」であり、天皇が尊位しか持たないのに対して「権力を有している」と宣教師は見ていた(6)（後掲史料）。そこで堺のキリシタンの医師から紹介状を獲得し、建仁寺の塔頭である永源庵に仲介を依頼すると、内諾を得ることができた。

永禄八年二月から京都宣教に参加したルイス・フロイスは、この訪問時の様子をヴィレラから直接聞いたと思われ、『日本史』の中でたいへん詳細な描写を残している。それによると義輝は盃を取らせて酒を供し、「客に示し得る最高の敬意を表した」が、最初の訪問のためそれ以上の会話はなかったとある。

そこで後日、ヴィレラはあらためて「三か条から成る制札 Xeisat と名付けられる允許状」の発給を依頼した(7)。最終的に永源庵と伊勢貞孝の尽力で獲得した制札の文面は、次のようである。

禁制　　幾利紫丹国僧　波阿伝連

一　甲乙人等乱入狼藉事

一　寄宿事　付、悪口事

一　相㆓懸非分課役㆒事

右條々、堅被㆓停止㆒訖、若違背輩者、速可㆑被㆑処㆓罪科㆒之由、所㆑被㆓仰下㆒也、仍下知如㆑件、

永禄三年―　　左衛門尉藤原
対馬守（松田盛秀）平朝臣(8)

「制札」は宣教師が作成した『日葡辞書』に「制しむる札。あることを禁止する旨を書きつけて、公然と人目につく所に立てる板、あるいは公示」とある。たしかにその内容を見ると、「キリシタン国のパードレ」に宛て、第一条は住居に乱入し狼藉する者、第二条は住居に寄宿し、悪口すること、第三条は住居に賦課や見張り番などの義務を課すこと、以上を「禁止」し、違反者は処罰すると、末尾に述べられている。すなわちこの制札は、通常寺社が金銭を支払い権力者に保護を求めて発給を依頼する「禁制」とみなせる。ではその保護の効果は実際にあったのであろうか。

フロイスは次のように述べている。

その写しはさっそく板に書かれ、竹に結ばれて、通行人は誰でも目につくように街路に面した戸口に掲げられた。そのためにそれから後、人々は伴天連のことをまったく違った目で見るようになり、ただちに公然と侮辱するこ

とも止まり、従来ずっとつねに行なわれて来たような彼の家への投石もなくなった。そして彼ら（日本暦）の年の始めになった。(9)

権力者とされた義輝の禁制は、実効性があったようである。永禄二年の年末に宣教師たちは四軒目の住居に移り、そこで一〇〇名の信徒を得たとあるが、この制札に助けられたのであろう。

2　三好長慶と松永久秀の允許状

ところでフロイスはこの頃の都の政治状況を後年ふりかえり、次の記録を残している。ここではよく知られている『日本史』掲載の訳文を一部修正した拙訳を見てみよう。

> 都の統治は、この頃、三人に依存していた。第一は公方様《クボウサマ》（足利義輝）で、内裏に次ぐ全日本の絶対君主である。ただし御料所と名誉のほかは、その名称とほどほどの（規模の）政体《エスタード》を持っているだけである。第二は三好（長慶）殿で、河内国の国主《レイ》であり、（公方様）の家臣である。第三は松永霜台（久秀）で、大和国の領主《セニョール》であり、三好殿の家臣であり、知識、賢明さ、統治能力において秀でた人物であり、法華宗の宗徒である。彼は老巧で経験に富んでいたので、天下《テンカ》すなわち都の君主国《モナルキア》においては、彼が絶対命令を下す以外何事も行われなかった。(10)

都は将軍義輝、三好長慶、松永久秀の三名により統治され、とくに久秀が京都で実権を掌握していたとある。久秀は長慶の家臣であり主君に忠実であったとされるが、一方では義輝が京都に帰還し永禄三年幕府御供衆に就任して以降、有力幕臣として政所の裁決に関わり、禁裏へは財政支援をして良好な関係を築いた、事実として京都政局の実力者であった。(11)

このためヴィレラは将軍の允許状を得た前後の時期、長慶そして久秀のもとに宣教の庇護を求めに行った。その結果「都の執政官」は「司祭に対して何ぴとも害悪を加えてはならぬ」ことを布告させたとある。(12) この執政官は次の事件の様子を踏まえると、松永久秀を指すと考えられる。

永禄七年（一五六四）、比叡山の僧侶らが久秀に「天下の善政および治安に役立つ」十三か条を提出した。[13]十三か条のうち二か条は、「インドから渡来の宣教師を都から追放せねばならぬ」という趣旨であり、宣教師の仏神蔑視が一般庶民に悪影響を及ぼすことや、かつて宣教師が居住した山口や博多が戦争で破壊されたことなどを理由にあげている。

しかしこの勧告に対して久秀は、「伴天連は異国の人であり、公方様と三好殿ならびに自分から許可と保護を乞うた。そして三人はいずれも彼に允許を与えている[14]」と、自らを含む三人の統治者が宣教を許可し保護する允許を与えたことを理由に、山門の要求を退けている。

このようにヴィレラらは入京の翌年、永禄三年には比叡山を除く都の全統治者――いずれも武家権力者――から允許を獲得し、京都宣教の基盤を築くことに成功したのである。

3　飯盛城を訪れる

永禄七年に入るとさらに都の近郊で宣教を広める絶好の機会が訪れた。ヴィレラ神父が春に飯盛城の三好長慶を訪問すると、長慶が家臣六〇名の受洗について承認を与えたのである。これを機に三好氏勢力圏での改宗が進行し、同年夏には飯盛城のほか周辺五か所の城塞にそれぞれ教会を設けたとある。[15]それは結城左衛門尉アンタンが建てた砂の教会、池田教正シメアンの若江教会、三ケ頼照サンチョの三箇の教会などであった。[16]
畿内の宣教が拡大した契機は、高名な学者二名の受洗であったと一般にいわれている。しかし保有する武力によって実際に保護を与えることのできた武家権力者の制札・允許の獲得こそが、キリスト教の教勢拡大の鍵であった。[17]

4　新文化に寛容な武家権力者

後年の足利義昭や織田信長もそうであったように、当該時期の武家権力者は大体においてキリスト教宣教の許可・保護を与えたといってよい。それではなぜ彼らはこのようにキリスト教に寛容であったのだろうか。

その理由の一つには、堺を経由してやってきた宣教師たちの話を聞き、彼らの背後にある海外との交易ルートに着目したということが考えられる。こうした利点は何もキリスト教に限った話ではなく、法華宗日隆門流寺院や臨済宗大徳寺北派の場合も、その固有の交易ルートに目を付けた三好一族の保護を受けていた。三好氏はこれにより学者・豪商が集うサロンを形成し、築城・茶道など戦国大名に必要な知識を涵養したという(18)。戦国期の武家権力者に共通するトレンドとして新文化への理解と摂取があり、彼らにはそれを可能とする財力、物質的基盤も備わっていた。この状況で新文化のキリスト教も受容されたのである。

宣教師側も新文化を求める武家権力者の嗜好性をよく理解していたと思われる。例えばヴィレラが最初に将軍義輝に会うために妙覚寺を訪れた時の装いは、次のようであった。

> ところで（司祭）は、自分が南蛮（ナンバン）、すなわちインドの地方から来た僧侶であることを人々に知らせようとして、（日本の）国の風習に従ってきている着物の上に、非常に古びてもう毛がなくなってしまったポルトガル製のマントを装い、頭上には赤い角帽をかぶり、手には書物を携えた。（中略）この（伴天連の通行）は、都の人々にとっては非常に新規な見物であった(19)。

ヴィレラは普段日本の着物を身に着けていたが、訪問時には洋装し、外来の僧であることをアピールしていた。また、貴人の訪問の際に必要であった贈り物については、日本にはない砂時計などを持参したとある(20)。

ちなみに信長の場合は、贈り物のうち黒いビロードの帽子のみに興味を示し、訪れたルイス・フロイスに「綿製のズボンと赤い上履き」を着けさせ、その姿を見て喜んだとある。ポルトガルやインドの装束が信長の関心を引いたことは確実であり、それを知った人々は競って洋服や帽子を入手し、信長に贈ったという。(21) このような態度は『信長公記』に見られる、装束にこだわった信長像とも一致しており、興味深い。いずれにせよ、畿内の武家権力者に共通する外来文化への寛容な態度は、多くの場合、物質的欲求と切り離せない側面があった。

5　海外貿易と畿内宣教

しかし後年来日した、イエズス会巡察師のアレッサンドロ・ヴァリニャーノは、畿内宣教について次のように言及している。

(畿内宣教を重視する) 第四の理由。下《シモ》、及び豊後教区の諸領主は、自領の港に入るポルトガル船に関連して、常にイエズス会から収めうる利益に着眼している。(中略) これに反して都の教区では、諸領主は、我等からなんらの利益を得ようとは考えていない。その為キリスト教徒になった場合には、はるかに優れており、その支配下にある人々も同様である。(22)

信徒の質が、貿易利益の獲得を入信の目的とする西国とそうではない畿内では異なると述べている。これは地理的条件の違いに起因した現象といえる。

しかし先ほども述べたように、畿内の宣教と貿易が完全に切り離されていたとはいえない。東アジア海域で活性化する当該時期の交易の影響は、西国ばかりではなく畿内にも及んだと考えられ、そのことを象徴的に示すかのように、畿内の教会は貿易港堺と京都のライン上に位置している (図1)。

有名な南蛮寺の扇面図 (図2) にも、海外貿易と結びついた畿内宣教の片鱗が見いだせる。

中央に三層の聖堂が聳え立ち、その前を複数の宣教師らしき服装の男性が歩いている。門外には軒下にいくつもの

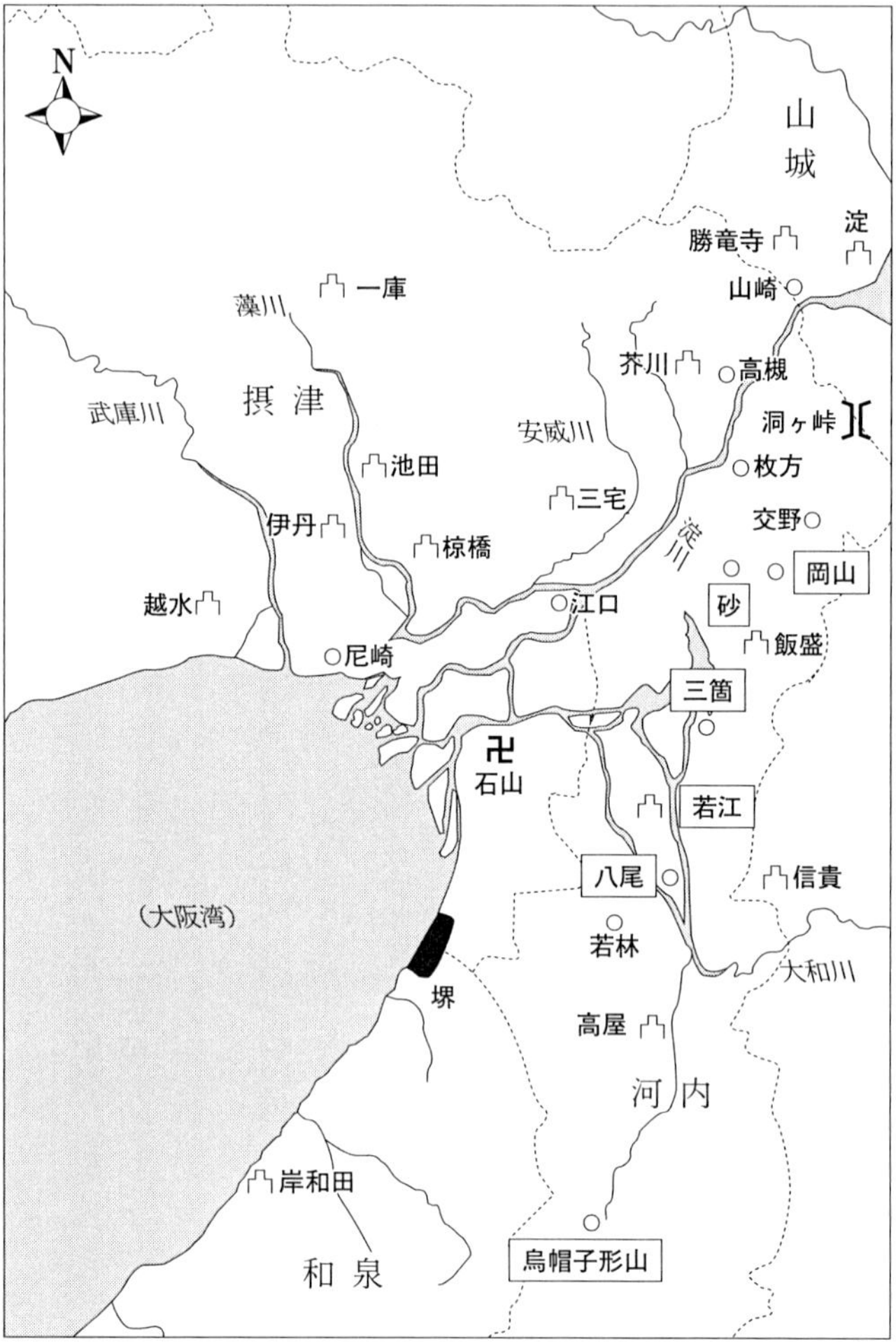

図1　河内のキリシタン地図（出典：五野井隆史編『キリシタン大名』宮帯出版社，2017年，363頁）

南蛮帽子を置いた店が見える。これは教会を見物に訪れたという観光客向けの土産品なのであろうか。このように教会は、畿内の人々にとって外来文化と接触できる場の一つだったのであり、それは当該時期の貿易の活況によってもたらされたのであった。

図２　都の南蛮寺図（神戸市立博物館所蔵）

第三節　京都追放令の主体者

さて、これまで見たように畿内宣教は順調であったが、京都追放令発令の約二か月前、永禄八年五月十九日に、足利義輝が三好義継らの軍勢に討たれるという事件が起きた。いわゆる永禄の政変である。このとき長慶は死去しており、新当主となった義継のほか、重臣の三好長逸、久秀の後継者久通が軍勢を率いていた。この政変については近年将軍暗殺の計画性の是非が議論になったが(23)、いずれにせよ将軍を失った政局は混迷を極め、京都追放令もその余波を受ける形で発令されたとみられる。

１　書簡と『日本史』の利用方法

以下では追放令の主体者が誰であったかを中心に、発令までの経緯を明らかにしていこう。主な材料はルイス・フロイスが事件直後の一五六五年八月三日、すなわち永禄八年七月八日に作成した書簡である(24)。ただしこの書簡の内容は、後年フロイス自身が編纂した『日本史』の関連記述と異なる部分がある。フロイスは一五六三年に三一歳で来日し、六五年二月以降京都宣教に参入したが、事件当時は「当地（京都）においては新参者であり、未だ（日本の）言語を知らぬ(25)」状態であった。語学力の問題などによる事実誤認は、相当程度あったようだ。

一般的に史料は事件当時に作成日付が近いものほど信憑性があるとされる。京都追放令のケースでも、書簡に記されている、一つ一つの事実が生起した日付や順番などは、執筆者の記憶が新しいうちに記されたものであるだけに信用できる。しかし、事件の評価や解釈の部分については、情報がある程度蓄積された後年の『日本史』のほうが参考になると思われる。

このため、まずは事件に関連する書簡の記述を時系列に紹介し、それらを『日本史』と日本側史料とで考証しながら、論述を進めることにしよう。なお以降の日付はすべて和暦で統一してある。

2　七月一日、ヴィレラの避難

【書簡（概要）】ある日ヴィレラとフロイスらは、松永久秀が天皇に伴天連追放を働きかけ、法華宗の仏僧に宣教師を暗殺する計画があるとの知らせを受けた。飯盛城からは身分の高いキリシタンの「領袖」が都を訪れ、ヴィレラはこの人物とともに七月一日金曜日の朝、フロイスを教会に残し、飯盛に避難した。また噂を聞きつけた三好家中のキリシタン武士が昼夜教会を警護に来た。

この部分でフロイスは①松永久秀が天皇に追放を働きかけたという知らせ、②法華宗僧侶の宣教師殺害計画の情報、の二つを受け取ったため、③ヴィレラが飯盛城に貴人と避難したと述べている。

しかし『日本史』[26]には、上記①の情報について異なる内容が記されている。

【日本史】（竹内三兄弟と法華僧侶たちは）霜台（久秀）も法華宗徒であり、デウスの教えを嫌悪していることだから彼を説得して伴天連たちを殺させようと決定した。（中略）霜台は彼らの決意に賛成した。そして当時、三好（義継）殿と自分の息子右衛門佐（松永久通）は都にいたので、（霜台）は自身が（住んで）いた大和の国の多聞城から彼らのところに（人を遣わして）、かの（竹内）二兄弟が伴天連たちに関して人々と協議したことを実行せよ、と言わしめた。

ヴィレラが避難した時点で、久秀は宣教師「殺害」を久通に命じたとあるが、「追放」を天皇に働きかけたなどとは一言も書かれていない。この点、一五六五年九月一五日付のヴィレラの書簡に「（久秀は）我らの主の教えにとって大敵なるが故に私を殺すよう命令を発したが、武器を取り死ぬ覚悟で教会に来たキリシタンが多数いたので、そうすることを諦めて私をもう一人の司祭とともに市外に追放した」(27)とあり、久秀が当初の「殺害」を断念し、ある時点で「追放」に変更したことがわかる。おそらくフロイスは書簡作成の時点で「追放」が当初からの久秀の命令内容であったと勘違いして誤記したが、後年の『日本史』で誤りに気づき、修正したのであろう(28)。

また書簡③部分にある、ヴィレラを避難させた飯盛城のキリシタンの「領袖」は、『日本史』では河内の三ケサンチョ（頼照）となっており(29)、ヴィレラは飯盛城ではなく、三箇城（現大東市三箇）に避難したと考えられる。

3　七月三日・四日、天皇による追放許可

【書簡（概要）】日曜日（三日）の午後、フロイスは訪れた都のキリシタンから「（天）皇がすでに弾正殿（松永久秀）の勧めにより我らを追放する許可を出し、弾正殿の子（久通）も同じく（追放の）ため伝言を発したというのは事実」であり、教会を放置して立ち去るべきだと告げられた。

フロイスは都のキリシタンから、天皇が追放を許可したとする伝言を受け取っている。しかし、後述するように天皇に追放の女房奉書が申請された五日の日付と合わない。

ただしこの日公家の山科言継は「松永足軽奥田一、二百人にて、御近所報恩寺に、早旦より未刻に至り徘徊(30)」、つまり早朝から午後三時頃まで松永の足軽一〇〇～二〇〇人余りが報恩寺を徘徊した、と記録している。報恩寺は当該時

期、禁裏御所近くにあったとされる浄土宗寺院である。するとこの日松永氏は宣教師を追放する件について天皇と話をするため御所にいた可能性がある。キリシタンの伝言内容は、天皇が松永氏に内諾の意向を示した、という意味かもしれない。しかし結局この日は明白な命令がなかったため、フロイスは教会に留まっている。

【書簡（概要）】月曜日（四日）の朝、三好長逸はフロイスに伝言を送り、追放の張本人である久秀を止められず、すでに内裏の詔勅が出された、翌朝に久秀・義継と自分は帰国するのでこのまま京にいるのは危険であるからと、堺への避難を勧告した。フロイスは火曜日の出発を決めた。この日のうちに都のキリシタンは教会が破壊されるのを恐れて解体した。夜には二晩続けて教会に激しい投石があった。

四日、久秀を止められず、内裏の追放の詔勅が既に出たため堺へ避難せよとの三好長逸の伝言を受け取ったとある。しかし天皇の正式な命令は翌日以降である。長逸は「教会の友人」とあるが、後述のように法華教団とも排耶の点で連携していたとみられるから、この伝言は追放を促すための「狂言」かもしれない。一方久秀が追放の張本人であったという長逸の情報は先のヴィレラの書簡と矛盾はなく、間違いはなさそうである。

4　七月五日、女房奉書の申請とフロイスの脱出

【書簡（概要）】火曜日（五日）午後三時、フロイスは小さな輿に乗り、キリシタン一同と教会を出た。途中で一同と別れ、二里の所で船に乗り、枚方で夜を迎えた。飯盛城の貴人と落ち合い、夜半に山城殿（結城忠正）の息子が城の麓に建てた教会でヴィレラと再会した。その日のうちに司祭のもとを発ち、一里離れた三ケ頼照の教会に赴いた。

五日午後、フロイスはついに都を出立したが、書簡に記された足取りについてはとくに問題がないであろう。そしてこの日の禁裏の動向は、次の二点の日本側史料から判明する。

①『言継卿記』

今日三好左京大夫（義継）、松永右衛門佐（久通）以下悉く罷り下ると云々、今日左京大夫、禁裏女房奉書を申し出る、大うす逐払之と云々。[31]

②『お湯殿の上の日記』

みよし（三好）みなみな（皆々）くたり（下り）たるよしさた（沙汰）あり。大うすはらひ（払い）たるよし。みよし（三好）申す。[32]

一昨日の長逸の情報通り、三好義継、松永久通以下全員が下向するとの知らせが届けられ、同時に「大うす（＝デウス）」すなわち宣教師を追い払う旨の女房奉書の発給を三好義継が申し出たことがわかる。義継は久秀の意向を受け、申請したのであろう。

女房奉書は概説書などでは「天皇の意思を直接受け伝える内侍が仮名書きの書状（奉書形式の書状）を作成して相手に交付する」「天皇の意思を伝える文書として綸旨に代わる働きをする」文書であり、「ことに戦国時代には綸旨ももちろん出されたが、むしろ女房奉書が普通のようになった」[33]と説明される。そうした機能は女房奉書がもともと宣旨から派生した、天皇の意思を伝える文書であったことによる。

ただし戦国期の女房奉書は公武間の訴訟文書としても機能している。例えば、武家に所領を横領された公家衆が禁裏に申請し、武家の裁定を求める女房奉書が作成され、武家に伝達される。つまりこの場合は公家衆の希望が天皇の「叡慮」として武家に伝えられており[34]、よって女房奉書は、必ずしも禁裏（天皇）の意思・意向のみを反映した文書であったとはいえない。

問題の女房奉書も、松永久秀の提言と三好義継の申請によって作成されている。つまり正親町天皇は宣教師を追放せよとの「叡慮」を示したが、実際は武家側の意向を代弁したにすぎない。村井が指摘するように正親町天皇自身は宣教師の神仏攻撃や人肉食の噂を問題視し、また、永禄十二年にフロイスが足利義昭・織田信長連合政権に宣教許可状を依頼したことを知ると再び追放の綸旨を発給した様子であるから、排耶の意志があったことは確かである。しかし、最初の追放令の発令に主体的にかかわったわけではなかった。

5　追放令の執行状況

翌六日の執行状況については短かく、また重要であるので、書簡の本文をそのまま引用しておこう。

【書簡（本文）】私（フロイス）が司祭（ヴィレラ）の滞在地に向けて出発した翌日、すなわち八月一日（和暦の七月六日）、聖ペドロ投獄の日、都の全市に（我らに対する）裁きが布告された。それは（天）皇と当国執政官の弾正殿（松永久秀）が作らせたもので、天竺人らは悪魔の虚偽にして欺瞞の教えを説いたが故に（我らを）都から排除し永久に国外へ追放すること、ならびに教会は遺棄物として取り上げることを命じていた。(35)

都全市に布告された追放文は天皇と松永久秀が作らせた、とある。これは一昨日申請された女房奉書の本文を指すと思われる。その内容は「天竺人」が「悪魔の虚偽にして欺瞞の教え」を説いたため「都から排除し永久に国外へ追放する」、というものであった。宣教師はなお仏教の祖国「天竺」から来た者と誤解されており、キリスト教は仏教の「異端」として都から国外へ——当時の用例を参照すれば、「天下」(36)から——排除されたのである。

以上関連史料を考証し、永禄八年の宣教師京都追放令は、まず松永久秀が当初の殺害計画を変更して禁裏（天皇）に働きかけ、三好義継が女房奉書を奏請することで発令にいたったとの経緯を明らかにした。天皇はこの追放令については受け身の立場であり、発令に主体的にかかわったのは、足利義輝亡きあとの武家権力者であったということになる。

ここで気になるのは、既述したように当該時期京都政局の実力者の一角を占めたといわれる松永久秀が、宣教師の追放にあたり天皇の「叡慮」を必要としたのか、という問題である。論理的には、宣教許可を与えた義輝も長慶もすでにこの世にないのであるから、久秀が与えた允許を自ら撤回し、実力で追放を遂行することも可能であったように思える。

しかし久秀はいくら実力者とはいえ、その権力の源泉は主君の義輝と長慶にあった。よって両者の死去によって彼自身も権力を失墜し、もはや単独で追放を実行する権原など持ちえなかったのではないか。そこで目をつけたのが天皇の宗教統制権[37]であり、「叡慮」を獲得することで追放を実施したのであろう。

第四節　法華宗門による伴天連排斥運動

1　伴天連排斥の首謀者

それでは松永久秀は、当初允許を出したにもかかわらず、なぜ伴天連の殺害に方針を転じたのか。これについてフロイスの書簡には、次のように記されている。

【書簡（本文）】弾正殿（松永久秀）と彼の子（久通）の悪行はその目的（宣教師追放）に向けてますます増長し、両人の性根や残忍さ、また暴虐ぶりは到底考え及ばぬひどいものであったが故に（日本の）人々を驚嘆せしめた。その上、すでに私が主たるものとして書簡にしたためたように法華宗の仏僧らの我らやデウスの教えに対する憎しみが加わった。その故は、彼らが諸宗派のなかでもっとも貪欲、かつ罪悪においてもっとも嫌悪すべき輩であり、弾正殿とその子が彼らの宗派に属しており、今、そのお陰で栄えているからである[38]。

松永父子の伴天連に対する憎悪に法華僧侶の憎悪が加わったと述べるにとどまり、この段階でまだ詳しい原因は不明であったようだ。しかし『日本史』には、後に情報を入手したためか、追放の要因が大変詳細に書かれている。やや長いが次に引用してみよう。

【日本史】さて都には二人の名望ある兄弟がいた。その一人は公家で、富裕であり、竹内三位Taquenouchisami（竹内季治）と称した。彼は法華宗の新たな派を開くことを切望しており、それがために（必要な）多額の資産と、自分に好意を示す非常に高貴な人々を（後援者に）持っていた。その弟は松永霜台の家（に仕える）貴人で、加兵衛下総殿Cafeo Ximosadono（竹内秀勝）と称した。彼らには、もしデウスの教えが弘まるならば、自分たちが計画を遂行しようとするのにははなはだしく障害となるように思われた。

そこでかれらは都にあった法華宗の二つの本山、すなわち一つは六条（本圀寺）、他は本能寺と称した（寺）の僧侶たちとその問題を協議し、霜台も法華宗徒であり、デウスの教えを嫌悪していることだから、彼を説得して伴天連たちを殺させようと決定した。すなわち、もしそのことが実行されて彼らから教会を没収すれば、都においてキリストの名は、たちまち根絶するだろうというのであった。[39]

公家で法華宗徒の竹内季治とその弟で松永久秀の家臣であった秀勝が、キリスト教を法華宗の障害とみなして法華宗本山の本圀寺および本能寺の僧侶たちと協議し、久秀を説得して宣教師の殺害を決定したとある。

2　竹内兄弟と「会合」

竹内兄弟のうち弟の秀勝（加兵衛尉、下総守）は久秀の筆頭家老であったとされ、[40]『日本史』の情報に誤りがないことがわかる。なお京都追放令の五年前にも秀勝は、法華僧侶たちの依頼を受け、松永久秀の取次をつとめていた今村慶満を説得して、将軍が宣教師を追放するとの偽の文書を出させている。ヴィレラ神父はこのため京都を退去して四日間勝竜寺城に避難しなければならなかった。[41]

兄の季治については比較的日本側に史料が残っている。彼は永禄三年堂上に加えられ、同五年に正三位に昇った公家である（『公卿補任』）。久我庄の預所として富裕であったこと、久我全村を法華宗の村としたほど熱心な法華信徒であったことなども知られており、[42]『日本史』の記載とよく一致している。季治が開こうとしていた「法華宗の新たな派」については、河内将芳が紹介した次の頂妙寺所蔵「下行帳」[43]が注目される。

永禄八年乙丑八月十三日

下行

参百文　竹三（竹内季治）　樽代
壱貫文　三好日向殿（長逸）
百文　同奏者
四百七十二文　妙満寺役者　使僧　路物
壱貫文　承禎（六角）
参百文　三雲　新左衛門尉
弐百文　同対馬守
壱貫文　四郎殿（六角義弼）
参百文　蒲生下野守（定秀）
弐百文　同左衛門介
百文　蒲生三次

この史料は法華宗が永禄八年六月十三日すなわち追放令の少し前に設立した、京都一五寺院の結合体である、「会合」の「下行帳」である。従来法華宗は一致派と勝劣派に分裂していたが、法華一揆後の不安定な政治情勢へ対応するため、本圀寺の檀那であった久秀も仲介して「会合」は設立された。[44]

「下行帳」とは支払いを記録した帳面であり、その記載内容から会合が追放令の翌月、竹内季治に音物を贈ったことがわかる。すると「法華宗の新たな派」とは、状況・時期的に、この会合を指すのではないかと考えられる。なお二人目の三好長逸はフロイスの記録に「教会の友人」として登場したが、彼を含めた武家権力者側と法華宗教団が結び付き、排耶で連携したことはまず確実である。それを可能にしたのは教団の豊富な資金力であった。

3　法華教団側の敵対の理由

久秀ら武家権力者は京都追放令の主体者ではあったが、事件の首謀者といえるのは、竹内兄弟を含めた法華宗門の教団であった。それでは京都に数ある仏教諸宗派の中で、法華宗門はなぜそれほどキリスト教に敵愾心を持ったのだろうか。

『日本史』には「彼ら（竹内兄弟）には、もしデウスの教えが弘まるならば、自分たちが計画を遂行しようとするのにはなはだしく障害となるように思われた」、とあった。この部分は先ほどの考証を踏まえれば、「キリスト教信徒が増えると始まったばかりの会合の運営に支障をきたす」と法華宗側が考えた、という意味になろう。

法華宗門は過去にいわゆる天文法華一揆のため、天文五年（一五三六）閏十月七日、幕府から京都を追放される一大法難に遭っていた。同十一年帰洛を勅許された後も壊滅的打撃のため教団の回復は十分ではなかったとされてきたが、古川元也によると、法華宗門は早々に寺内組織を形成し、檀那を獲得する志向性も認められ、存続に問題はなかった。[45]永禄八年の会合の形成も、そうした法華復興の動向の延長線上にあると理解される。教団として結束し、対外的には武家権力者との関係を深めることで、安定した運営を意図したのであろう。そのさなか京都に新規参入した宣教師の影響は、『日本史』によると次のようであった。

法華宗の僧侶たちは、他のあらゆる宗派のうちもっとも罪深い連中であり、（松永）霜台とその息子がその（派の）信徒であったところから当時栄えていたので、彼らは数日前からすでに、その僧院において、同宗派の僧侶もしくは檀家にして天竺人〔当地方で人々は我らのことをそのように呼んだ〕と交際したり討論すること罷りならぬ、（それをあえて犯せば）当宗門ならびに寺院から除名罰に処す、との布告を発した。（それは次の）事実に基づいた上でのことであるが、彼らの僧侶たちは、（僧侶たち）が討論するのを見ようとする大勢の檀家を伴って我らの家に来た時に、彼らは（たった）四つの言葉（ぐらいでたちまち）論破され、なにも答えられぬ有様であった。そして（我らが示した）単なる道理だけでも、すでに我らの主なるデウスの教えが彼らの心にかなうものであることを彼らに語り（かけ）、そのため幾名かはキリシタンになり仏僧らの許を去るにいたった。[46]

法華僧侶の中に宣教師との宗論に敗北した者がいたせいで、法華宗徒の数名がキリシタンに改宗し、その知らせを受けた会合の僧侶たちが追放令の数日前に宣教師との宗論・接触を禁止するとの布告を出した（傍線部）、とある。宗論については妙満寺 Meomangi の僧侶らがヴィレラと対決し敗北したとの記事が別に見え、[47] また次の理由から、この記事は宣教師側の圧倒的な勝利という部分を除いておおよそ信用できると考える。

イエズス会は京都ではもっぱら門辻に立ち、説法による地道な宣教を展開していた。そして宣教師たちは、世界の成り立ちや天の運行についての合理的説明を熱心に求めた日本人に対して「デザイン論」とよばれる伝統的な論法を駆使して説得的に創造主の存在を説いたといわれる。[48] 一方このような説法の重視は、不受不施の立場から激しい宗論を伴なう折伏伝道で町衆の信心を獲得し、応仁の乱後には「京中に充満す」とまで言われ繁栄した法華宗門にも共通していた。[49]

その両者が宗論を戦わせる機会は、冒頭ロレンソの書簡に早くも登場したように、おそらく頻繁に見られたのであろう。最初に引用した史料でも法華僧侶二名が早々と宣教師のもとを訪れ、宗論に挑んでいた。そしてその勝敗はともかくとして、宗論に立ち会った法華信徒の中に、実際にキリスト教に改宗した者も少なからずいた。[50] それがたとえ少数であっても、施主を失うことになり、京都の法華宗門にとって収入減に直結する問題である。とりわけ当該時期は「会合」を結成し、武家権力者と音信を通じて結び付き、教団のさらなる発展を志していただけに、看過しえない出来事であったと考えられる。

そのような状況で、永禄八年六月四日（一五六五年七月一日）に三好長慶のキリシタン家臣結城左衛門尉アンタンが毒殺され、ヴィレラが盛大なキリシタン葬礼を執り行うということがあった。[51] フロイスは『日本史』で、

仏僧たちはこの際、かの貴人（左衛門尉殿）が異教徒として死んでおれば、自分たちが貰えたはずの現世（物質的）の利益を失った（ことになったし）、彼らはかくも盛大な（キリシタンの）葬儀の行列が都の街路の真中で行われたことを恥辱だと考えた。それらがため彼らは（中略）伴天連らを懲らしめ、（さらに）殺してしまおうとの欲望を燃え立たせるにいたった。[52]

と記した。先の考察を踏まえれば、この事件は確かに法華教団が伴天連殺害を決断する、直接の引き金となった可能性が高いといえるだろう。

第五節　伴天連殺害から追放へ

最後に残された問題は、当初法華宗門は宣教師の殺害計画を決定し松永久秀もそれに同意していたが、追放へと方針が変わったのはいつ、どのような事情によるのかということである。

ここで思い出されるのが、既出の書簡でヴィレラが「（久秀は）武器を取り死ぬ覚悟で教会に来たキリシタンが多数いたので」伴天連の殺害をあきらめ追放することにした、と記していた点である。このヴィレラの見解については、

『日本史』の次の記述との関連が注目される。

しかるに（異教徒ら）一同は、司祭たちを殺害する意見で一致団結していたものの、三好殿は、前年にキリシタンになった多数の身分の高い家臣のことを顧慮して、ここにおいて一つの口実を求めた。だが霜台は同意しなかった。彼は（元来）三好殿の家臣であったのだが、当時は（三好殿）が彼に服従していた。(53)

松永久秀の伴天連殺害の決定に対し、三好義継が身分の高いキリシタン家臣を思い反対した、とある。それでも久秀の決意は変わらず、義継も従うほかなかったが、ヴィレラの先の書簡と読みあわせると、三好家のキリシタン家臣の存在が変更の要点となったことは確かなようだ。

先の『日本史』の続きを見よう。竹内兄弟と法華僧侶らに督促され、久秀らが教会に伴天連を殺害するため一隊の兵を派遣したところ、「三好殿の家臣で、当時彼とともに都にいたキリシタンの貴人たち」がそのことを聞きつけて教会に赴き、河内国飯盛城の同僚のキリシタンたちに救援を要請する手紙を認めた。そして教会に向かった殺害者たちは教会の警護を見ると、久秀らに向かって「（教会の）中には死を覚悟した六〇名の武士がいることゆえ、我らの仲間のうち同数くらいの者が（戦）死することは避けられぬであろう」と報告した。以下は、これに対する久秀らの反応である。

殿たちは、（いずれも）皆が自身たちの家臣であったから、あれこれの人々に同情した。それゆえ彼らは新たに協議し、その意見を変更し、全日本の君主である内裏から、伴天連らは（日本）の神と仏に敵対する教えの宣布者として、都から追放し、彼らの教会ならびに家屋を没収するとの詔勅を獲得すべきだということに決した。(54)

要するに久秀らは当初宣教師を殺害するつもりであったが、その計画が三好家内部に宗教的分断――法華宗とキリシタンの――を引き起こしたのを見て、決定的な分裂を回避するために殺害計画を断念し、「追放」で妥協することにしたのである。

その正確な日付は記されていないが、『日本史』には三ケサンチョ頼照が都に到着した翌日の夜、すなわち七月一日の未明にヴィレラ神父を河内国に連れて行ったとある[55]。三好家のキリシタン家臣が教会に集ったのはこの頃であろう。そして既述したように、七月三日に天皇が久秀の勧めによって追放の許可を出した、との情報をフロイスは得ていた。それまでのおよそ三日間に、キリシタン家臣らの行動を見た久秀・義継の政治的な判断によって、殺害から追放へと計画が変更されたと考えられる。

おわりに

本章では宣教師史料を批判的に検討し、若干の日本側史料も併用して、発令主体や首謀者に注目しつつ、京都追放令の発令経緯を検討し直した。その結果明らかになったのは、第一に、反耶派は朝廷（天皇）ではなく法華教団であり、それに武家権力者（松永久秀・三好義継ら）が連携することで、宣教師の京都追放が可能になったという点である。

ここからは、戦国末期の自律的な法華教団の動向と、その動向に加担する武家という中世的な構図が読み取れる。近世になると武家権力者（将軍）が一方的に発した禁教令に基づき、仏教諸派の寺院はその命令の執行機関として機能するという形で関わる。しかし永禄段階の追放令は、仏教諸派を含む宗教勢力間の抗争の所産として武家が発したものであり、この点で近世とはまったく異なっていた。キリシタン禁令と一口にいっても、激変する当該時期の社会的な様相が反映されているのだ。

第二に、京都追放令の検討を通して、キリシタンが最初から外来の異宗教と認識されたために追放されたわけではないという点が明らかになった。筆者は、彼らが武家から外国の「異教」と明確に意識され国家的に弾圧されるのはもう少しあとのことと考える。それまでのキリスト教は仏教諸派の一つとして「異端」的な扱いをされ、状況によっては社会復帰が可能な存在であった。

その位置づけが変化するのは、キリシタン宗門が教団として成長し、豊臣秀吉が国家権力を掌握して以降のことである。

注

（1）村井早苗『天皇とキリシタン禁制―「キリシタンの世紀」における権力闘争の構図―』（雄山閣出版、二〇〇〇年）。

（2）清水紘一『織豊政権とキリシタン―日欧交渉の起源と展開―』（岩田書院、二〇〇一年）。

（3）安藤弥『戦国期宗教勢力史論』（法蔵館、二〇一九年）二四頁。

（4）ザビエルの日本国王観について、松本和也『イエズス会がみた「日本国王」―天皇・将軍・信長・秀吉―』（吉川弘文館、二〇二〇年）。

（5）一五六〇年六月二日付、ミヤコ発、ゴアにあるアントニオ・デ・クアドロス宛て。『イエズス会日本書翰集　原訳編之四』（東京大学史料編纂所、東京大学出版会、二〇一八年）第一三二号書簡。

（6）一五六〇年六月二日付、ミヤコ発、日本人ロレンソの豊後のイエズス会の司祭および修道士宛て書簡。*Cartas que os Padre e irmãos da Companhia de Jesus escreverão dos Reynos de Iapão & China aos da mesma Companhia da India, & Europa, des do anno de 1549 até o de 1580, t. I*, Castoliva editora, ida, Maia: 1997, f. 70.『十六・七世紀イエズス会日本報告集第Ⅲ期第1巻』（松田毅一監訳、同朋舎出版、一九九七年）三一八頁。以下、前者は*Cartas I*, 後者は『日本報告集Ⅲ1』のように記す。

（7）フロイス『日本史　3　五畿内篇Ⅰ』（松田毅一・川崎桃太訳、中央公論社、一九七八年）八一頁。Luís Fróis, S. J., *Historia de Japam I*, ed. José Wicki, S. J., Lisoba: Presidência do Conselho de Ministros, ..., 1976, pp. 162–163.

（8）『中世法制史料集　第二巻　室町幕府法』（佐藤進一・池内義資編、岩波書店、一九九三年）二六三頁。

（9）前掲『日本史　3』八一頁。*Historia de Japam I*, p. 163.

（10）前掲『日本史　3』二〇七～二〇八頁掲載訳文を一部修正した。主に修正したのは、義輝の説明部分である。*Historia de Japam I*, p. 386.

（11）田中信司「松永久秀と京都政局」（木下昌規編『シリーズ・室町幕府の研究　第四巻　足利義輝』戎光祥出版、二〇一八年、初出二〇〇八年)。

(12) 前掲注(6)ロレンソの書簡。*Cartas I*, f. 71.『日本報告集Ⅲ1』三二一頁。

(13) 前掲『日本史 3』二〇八頁。*Historia de Japam I*, p. 386.

(14) 前掲注(13)。

(15) 一五六四年一〇月九日付、平戸発、ジョアン・フェルナンデスのフランシスコ・ペレス宛て書簡。ARSI, Jap. Sin. 5, f. 132v.『日本報告集Ⅲ2』一九七頁。

(16) 松田毅一『近世初期日本関係 南蛮史料の研究』(風間書房、一九六七年)第四章。

(17) 拙稿「畿内の初期宣教に関する一考察—三好長慶の承認・保護をめぐって—」(『キリシタン文化研究会会報』一四〇、二〇一二年)。

(18) 天野忠之「三好長慶・松永久秀と高山氏」(中西裕樹編『高山右近—キリシタン大名への新視点—』宮帯出版社、二〇一四年)四〇頁。

(19) 前掲『日本史 3』七七頁。二二八〜二二九頁も参照のこと。*Historia de Japam I*, p. 160.

(20) 「時計外交」が功を奏したことは、平岡隆二「キリシタンと時計伝来」(大橋幸泰編『近世日本のキリシタンと異文化交流』勉誠社、二〇二三年)に詳しい。

(21) 松本和也「永禄十二年イエズス会京都滞在可否をめぐる動向について—一五六九年六月一日付ルイス・フロイス書翰の考察—」(『研究キリシタン学』一一、二〇〇八年)一〇・一五・二二頁。同「永禄十二年伴天連追放の綸旨の影響—一五六九年七月一二日付、ルイス・フロイス書翰の考察—」(『研究キリシタン学』一三、二〇一〇年)一七頁。『日本史 4 五畿内篇Ⅱ』(松田毅一・川崎桃太訳、中央公論社、一九七八年)一五七・一六二頁・一六九頁ほか。

(22) 『日本巡察記』(松田毅一他訳、平凡社、一九七三年)七二頁。*Sumario de las cosas de Japón* (*1583*); *Adiciones del Sumario de Japón* (*1592*) / Alejandro Valignano; editados por José Luis Alvarez-Taladriz, Tokyo: Sophia University, 1954, p. 163.

(23) 柴裕之「永禄の政変の一様相」(木下昌規編『シリーズ・室町幕府の研究 第四巻 足利義輝』戎光祥出版、二〇一八年、初出二〇一六年)。

(24) 一五六五年八月三日付、三箇発、ルイス・フロイスの書簡(『日本報告集Ⅲ3』第七〇号書簡)。ARSI, Jap. Sin. 5, ff. 277–280v. *Cartas I*, ff. 190v–193.

(25) 前掲フロイス書簡。ARSI, Jap. Sin. 5, f. 277v.『イエズス会日本報告集Ⅲ3』一〇頁。
(26) 前掲『日本史　3』三三四頁。*Historia de Japam II*, p. 106.
(27) 一五六五年九月一五日付、ガスパル・ヴィレラのアヴィスの修道院の司祭ら宛て書簡。*Cartas I*, f. 195v.『日本報告集Ⅲ3』二七頁。
(28) ただし一か所だけ、書簡に「弾正殿が命じたのは私を追放することではなく、私の首を斬ることであった」(ARSI, Jap. Sin. 5, f. 278v.『日本報告集Ⅲ3』一三頁) とある。追放を命じながらも久秀の本意は殺害にあったとフロイスは解釈していたという意味であろう。
(29) 前掲『日本史　3』三三六頁。*Historia de Japam II*, p. 107.
(30)『言継卿記』永禄八年七月三日条。ユリウス暦で一五六五年七月二八日。
(31)『言継卿記』永禄八年七月五日条。ユリウス暦で一五六五年七月三一日。
(32)『お湯殿の上の日記』永禄八年七月五日条。
(33) 佐藤進一『古文書学入門』(法政大学出版局、一九九七年) 一一四〜一一八頁。ほか『日本古文書学講座　第5巻　中世編Ⅱ』(雄山閣出版、一九八一年) 二二一頁以下。
(34) 柴田修平「足利義昭期の武家訴訟における禁裏の役割と叡慮の実効性—戦国末期公武関係の一側面—」(『駿台史学』一七一、二〇二一年)。
(35) 前掲一五六五年八月三日付、フロイス書簡。『日本報告集Ⅲ3』一四頁。ARSI, Jap. Sin. 5, f. 279.
(36) 都を「国家」とみなす表現から、原語は「天下」であったと推定する。天下の語義に「一人の支配者が掌握し、その統治下にあるところ。国家。またその国家全体。」(『時代別国語大辞典　室町時代編　四』(三省堂、二〇〇一年) 一八二頁。
(37) 清水紘一前掲書、一五三頁。
(38) 前掲一五六五年八月三日付、フロイス書簡。『日本報告集Ⅲ3』九頁。*Cartas I*, f. 191. ARSI, Jap. Sin. 5, f. 277.
(39) 前掲『日本史　3』三三三〜三三四頁。*Historia de Japam II*, pp. 105–106.
(40) 天野忠幸『松永久秀と下剋上—室町の身分秩序を覆す—』(平凡社、二〇一八年) 一四八頁。『戦国遺文　三好氏編　第二巻』(東京堂出版、二〇一四年) 八二頁ほか。
(41) このため義輝は允許の書付を再交付する事態にいたる。前掲『日本史　3』第一〇章 (第一部三四章)。一五六一年八月一七日付、堺発、ガルパル・ヴィレラのゴアにあるアントニオ・デ・クアドロス宛て書簡（前掲『イエズス会日本書翰集　原訳編之四』一二四頁以下）。

（42）杉山博『庄園解体過程の研究』（東京大学出版会、一九五九年）一一〇頁以下。

（43）河内将芳『日蓮宗と戦国京都』（淡交社、二〇一三年）一九三頁掲載写真から翻刻。

（44）河内将芳前掲書、一九三〜二〇〇頁。

（45）古川元也「中近世移行期の法華宗寺内組織と檀徒の構造」（『中近世の宗教と国家』岩田書院、一九九八年）。同「中世都市研究としての天文法華の乱―描かれた洛中法華教団寺院をめぐって―」（『国立歴史民俗博物館研究報告』一八〇、二〇一四年）。

（46）前掲『日本史　3』三三〇頁。第一部六六章。*Historia de Japam I*, pp. 103-104.

（47）前掲『日本史　3』七二頁。第一部二四章。*Historia de Japam I*, p. 158.

（48）平岡隆二『南蛮系宇宙論の原典的研究』（花書房、二〇一三年）。

（49）例えば『京都の歴史　3　近世の胎動』（学藝書林、一九六八年）一四〇〜一四二頁。

（50）例えば、宗論を経て改宗した元法華信徒の「サンノ」Sanno は、かつて自分の師であった仏僧を論破した。前掲『日本史　3』六九頁。第一部二四章。*Historia de Japam I*, pp. 155-156.

（51）松田毅一前掲書、六八四〜六八五頁。

（52）前掲『日本史　3』三三三頁。第一部六六章。*Historia de Japam II*, p. 105.

（53）前掲『日本史　3』三三五頁。第一部六六章。*Historia de Japam II*, pp. 106.

（54）前掲『日本史　3』三三八頁。第一部六六章。*Historia de Japam II*, pp. 108-109.

（55）前掲注（29）。

第二章　織田信長の対南蛮交渉

はじめに

本章は、織田信長との会見を記したイエズス会宣教師の報告書を分析し、南蛮人との接触が、天下人織田信長の政治的動向に与えた影響を、思想的側面から考察することを目的としている。

ルイス・フロイスは、信長は日本を統一したあかつきには中国に侵攻することに意を決していた、と述べた(1)。このような史料が残る以上、イベリア・インパクト論で問題とされる豊臣秀吉の朝鮮侵略の原因を解明するためには、秀吉の主君であり彼の諸政策に直接の影響を与えたとされている織田信長に着目し、彼の「中華皇帝化」欲求がなぜ生じたのかという問題から追究されなければならないと考える(2)。

この点に関してかつて朝尾直弘は、信長は宣教師と接したことで伝統的な三国（唐・本朝・天竺）世界観から「地球儀の世界観」へと転換し、視野を拡大させたと述べた。そしてこのことが、武力で天下をとったことから生じる華夷の価値秩序の逆転とともに、天下人の大陸侵略を引き起こす背景にあったと指摘した(3)。川村博忠も、信長は宣教師が持参した地球儀を見てから三国世界観を脱却したと指摘している(4)。しかし、信長の拡大する世界観と、三国世界の頂点である中華皇帝を目指すことがどのようにつながるのかについては、なお検討する余地があるように思われる。

よって本章では、最初に宣教師の書簡に登場する織田信長との会見記事を時系列で整理し、信長の対南蛮交渉を通

宛先	文書館所蔵番号	編纂物からの日本語訳
ベルショール・デ・フィゲイレド	BNL, Fundo Geral. 4532, ff. 27-40v.	『報告集』Ⅲ 3: 296-
ベルショール・デ・フィゲイレド	BNL, Fundo Geral. 4532, ff. 40v-49.	『報告集』Ⅲ 3: 335-
アントニオ・デ・クアドロス	ARSI, Jap. Sin. 7 Ⅲ, f. 66v.	『報告集』Ⅲ 4: 161
アントニオ・デ・クアドロス	BRAH, Cortes 562, ff. 99-102.	
フランシスコ・カブラル	ARSI, Jap. Sin. 7 I, f. 132v.	『報告集』Ⅲ 4: 209
イエズス会の友	ARSI, Jap. Sin. 7 Ⅱ, f. 235.	『日本史』4: 306
フランシスコ・カブラル	ARSI, Jap. Sin. 7 I, ff. 255-258v.	
アレッサンドロ・ヴァリニャーノ	ARSI, Jap. Sin. 8 I, f. 120.	『報告集』Ⅲ 4: 414-415
	ARSI, Jap. Sin. 45 Ⅱ, ff. 12-12v.	『報告集』Ⅲ 5: 71-72
		『日本史』5: 39
フアン・デ・ポランコ	BRAH, Cortes 562, ff. 237-240.	
	(不明)	『報告集』Ⅲ 5: 194
イエズス会総会長	ARSI, Jap. Sin. 45 I, ff. 26-26v.	『報告集』Ⅲ 5: 260
イエズス会の会友	ARSI, Jap. Sin. 9 I, f. 3v.	『報告集』Ⅲ 5: 291
ジャコモ・ボルゲージ	ARSI, Jap. Sin. 9 I, f. 16v.	
イエズス会総会長	ARSI, Jap. Sin. 9 I, f. 37v.	
イエズス会総会長	ARSI, Jap. Sin. 45 Ⅱ, ff. 50-50v.	『報告集』Ⅲ 6: 62-64

本史』(＝フロイス『日本史』)：頁数

観して情報を整理したうえで、この問題を考えてみたい。松田毅一によれば、信長は積極的に宣教師たちと交流し、入京後の一五六九年から死去する一五八二年まで少なくとも計三一回（京都一五回、安土一二回、岐阜四回）接触したという[5]。このように直接かつ頻繁に信長と会話した宣教師の記録は貴重であり、近年は彼らの報告書等を史料として積極的に利用すべきだという提言も見られる[6]。ただし日本史研究者が当該史料を利用する場合、編纂物であるルイス・

表1　織田信長との会見を記した宣教師の報告書一覧

	作成年月日	発信地	作成者
①	1569年6月1日	都	ルイス・フロイス
②	1569年7月12日	都	ルイス・フロイス
③	1571年10月4日	都	ルイス・フロイス
④	1572年9月23日	長崎	フランシスコ・カブラル
⑤	1573年5月27日	都	ルイス・フロイス
⑥	1574年9月8日	堺	ルイス・フロイス
⑦	1575年5月4日	堺	ルイス・フロイス
⑧	1577年7月24日	三箇	ジョアン・フランシスコ・ステファーノ
⑨	1578年7月4日	都	ジョアン・フランシスコ・ステファーノ
⑩	（1578年）		ルイス・フロイス
⑪	1579年10月21日	都	ジョアン・フランシスコ・ステファーノ
⑫	1579年10月22日	都	ジョアン・フランシスコ・ステファーノ
⑬	1580年10月20日	豊後	ロレンソ・メシア
⑭	1581年4月14日	都	ルイス・フロイス
⑮	1581年9月2日	都	ジョアン・フランシスコ・ステファーノ
⑯	1581年10月8日	豊後	ロレンソ・メシア
⑰	1582年2月15日	長崎	ガスパル・コエリョ

『報告集』Ⅲ3（＝『16・7世紀イエズス会日本報告集第Ⅲ期第3巻』）：頁数／『日

フロイス著『日本史』や、刊本を底本とする『十六・七世紀イエズス会日本報告集』に依拠せざるをえない現状がある。[7] 両書の邦訳刊行は研究史上きわめて重要であったが、それのみでの検討ではなお十分であるとは言い難い。一部の報告書は松本和也がオリジナルの手稿文書からの翻刻・翻訳に取り組んでいるが、[8] まとまった史料集の刊行を見るまでには、相当の時間を要することが予想される。

そこで筆者の管見の範囲でのはなはだ不十分なものではあるが、いくらかでも関連研究に貢献できると考え、織田信長との会見について記した宣教師史料のなかから、良質な文書を中心に一七点を摘出した（表1）。以下本文では、はじめにそれぞれの史料の概要を提示し、[9] そのうえで考察を進めてみたい。

第一節　宣教師の記録概要

1　信長、宣教師の謁見を許可する

①一五六九年六月一日付、都発、ルイス・フロイスのベルショール・デ・フィゲイレド宛て書簡[10]

伴天連追放の綸旨により京都を退去していた我々は、和田惟政の手配で復帰を果たした。私は織田信長に会うため、修道士ロレンソ、ベルショール、アントニオ、コスメと主なキリシタンとともに、城へ行った。[11] 和田と佐久間（信盛）を介して、持参したビロードの帽子、鏡、ベンガラの杖、孔雀の尾を届けたが、信長は帽子だけを受け取り、次回時間のある時に引見するであろうと言った。我々には多くの肴の入った大きな食籠が与えられた。後に信長は、佐久間と和田殿に謁見謝絶の理由を、「何千レグア[12]（も離れた）地から、この教えを説くため日本にやって来た外国人に対すべき儀礼を知らないからであり、人目につかない場所で私（フロイス）に会えば、彼（信長）に洗礼を授けに来た

と考える者がいるかもしれないからである」と語った。

我々は二条城の普請場で信長に初めて謁見した。[13]土産に金平糖入りのガラス瓶一つと蠟燭数本を持参し、一時間半から二時間ほど一緒にいた。信長は「どのくらい前にポルトガルやインドから日本にやって来たのか、どのくらいの期間学んだのか、私（フロイス）の両親はポルトガルで私に会うことを待ち望んでいるか、毎年キリスト教界から（届く）書簡があるか、（日本まで）距離（はどれほどであるか）」を私に尋ねたのち、「もしデウス（創造主）の教えがこの地で広まらなかったら、インドに戻るのか」と質問した。私は「たとえたった一人しかキリシタンがいなくとも、その者を守るために、いずれかの司祭が生涯ここに留まる」と答えた。「なぜ都で（キリスト教が）繁盛しないのか」という質問には、仏僧からの妨害のせいであると答えた。これに対して信長が仏僧達の恥ずべき生活などを長々と述べたので、我々は「日本で名誉や富、名声、また世俗のものなど望んでおらず、ただ世界の創造主で救世主の教えを説き弘めることだけを求めている」と述べ、また殿下の面前で高名な仏僧と宗論させてほしいと申したところ、彼は家臣に向かって笑いながら、「大国からはすぐれた才能と強固な精神が生まれるものである」と言った。

私は、「都に自由に滞在できるための制札（Xeisat）すなわち許可状である彼（信長）の御朱印」を要請し、「南蛮〔インド〕やキリスト教界のような、まだ彼のことを知らない国々にもいっそう広まるから」と理由を述べた。信長はただ嬉しそうな顔をし、対談の後、我々に隅々まで工事を見て行くよう勧めた。

後日、私は再び信長と会い、座敷で茶を飲みつつ、二時間、ヨーロッパやインドの諸事について質問された。信長はポルトガルの衣服を持参するよう求めた。私は四度目の会見時[14]にこれにこたえて、外套と帽子の装いをした。この日は朝山日乗との宗論へと展開し、修道士のロレンソが対応した（以下宗論の詳細は省略）。

②一五六九年七月一二日付、都発、フロイスのベルショール・デ・フィゲイレド宛て書簡[15]

私は修道士のロレンソとともに岐阜の安土城にいる信長を訪問した。[16]正親町天皇の伴天連追放の綸旨に対して保護状を獲得することが目的であったが、信長は要件を終えても城を見せたいからとひきとめた。翌日土産に綿製のズボンと赤い上履きを持参して再訪すると、それらをただちに身に着けて喜んだ。この日は茶を飲みながら二、三時間会話し、信長は「インドにこのような城を持つ山があるか」「元素（四大）や日月星辰のこと、寒い土地と暑い土地の性質、国々の習俗」について質問し、返答に対して喜び、満足した。信長は息子と晩さんで我々をもてなし、帷子などを贈った。

③一五七一年一〇月四日付、都発、フロイスのアントニオ・デ・クアドロス宛て書簡

信長は一向宗との戦いに勝利したのち、公方様（足利義昭）に会い、諸国の用務を処理するために入京した。(17) ただちにオルガンティーノ神父と私は彼を訪問し、「たいへん良い歓待」を受け、「長い議論」をした。

2　信長、布教長カブラルを厚遇する

④一五七二年九月二三日付、長崎発、フランシスコ・カブラルのアントニオ・デ・クアドロス宛て書簡(18)

岐阜において、信長の秘書は我々が滞在していることを信長に伝えると、彼はその日、諸国王や諸侯の使節等の処理をしなければならなかったが、彼と一緒に食事をするため出かけるようにと命じた。(19)

部屋に入ると二、三〇人の粗末な服を来た人びとがいたが、ルイス・フロイスによれば、彼らはみな主要な領主であるものの、武士や家臣が華美な装いをすることは女性のようだと信長が嫌うために、このような恰好をしているという。

信長への贈物として、公方様（足利義昭）へと同じ去勢牛の尾《コラ・デ・ブエイ》、リボン付き赤い絹の帽子、紡がれた銀の房飾りを持参した。信長は寒中の私の来訪をねぎらい、この折の遠方からの訪問は大きな愛の印であると言った。

信長は我らの服装について尋ね、私は、これはインドで我が修道士が着ているものであり、日本では絹の着用を許

していないと答えた。信長は、我ら（修道士）が自らの宗教にしたがった服を着るのは良いことだと言った。私は修道士ロレンソに命じて、我々は僧侶らと違って、天国と地獄があることを知っているので、昇天後のことを考え、謙虚で謹んだ生活を送っていると明言すると、彼はたいへん満足した。

彼は自ら素晴らしいイチジクとその他の果物をのせた皿を運び、食前に手ずから良いイチジクを選んで私に勧めたが、彼の重い地位を知っている人びとにとって、これは驚くべきことであった。

信長は小姓《ぺ》を呼び、司祭らは予と食事をするのだからよく準備をして食卓は新しくするようにと命じ、フロイスに、司祭らは肉食するのかと聞いた。私は、禁じられた日以外には肉も魚も食べる、徳と神聖すなわち教義に則った生活が最も重要なのであるからと答えると、信長は大きく手を打って、この者たちこそが予が探していた、清廉で正直な人物であり、人びとを欺く邪悪な日本の僧侶たちはそうではないと言った。そして我々に同伴した人びとに向かって、予の心はこの司祭たちと全く同じである、その真実と公正の偉大さがわかるからと述べ、小姓を呼び、司祭たちのために予の庭《ニワ》にいるあの鳥を殺すようにと言った。それは観賞用に彼が庭で飼っていた、日本では貴重な、美しい鳥であった。

良き時が来たので私はロレンソ修道士に命じて、創造主は唯一であって日本の諸宗教は偽りであること、彼はこの神を知らないし義務であるのに仕えないが、その教えに好意を有しているので神は彼を援助している、そしてこの神こそが諸国を与えたり奪ったりすることができると語らせた。信長は喜びの表情を見せて、仏僧らは嘘をついているが、司祭らが真実を言うため迫害することを汝らは知っていると述べた。

信長は公方様の最も高い地位の武将（三淵藤英）に入るよう命じた。彼は前日に、公方様からの伝言と贈り物を届けるために（城に）入ったが、我々を厚遇するため、この貴人を食事時間まで待たせ、陪食を命じた。また若い三人の貴人を呼び、汝らは僧侶ではなく司祭たちに奉仕しなければならないのだから、直ちに新しく派手な衣服を着に行けと命じ、絹の服を与えた。また驚くべきことに、宿駅を介して海から届けさせた魚介類のごちそうを彼自身が運んだ。

ともに食事をしていた領主《セニョール》は、我らの都での大敵のひとりであった。ルイス・フロイスはこの機会を利用して、信長がこれほど我らを厚遇しているのであるから、公方様とともに貴方も都で我らが必要なとき好意を与えてほしいと述べた。信長は彼が返答する前に、予が司祭にしたことを見て、その依頼に劣らぬことをしなければならないと言うと、彼は深くお辞儀し、過去の非礼をわびた。

食事のあと、我らが辞去するときに、信長は貴殿らに最適の品を与えると言って、書籍のための紙八〇連を持ってきた。また貴人の一人に、これに必要と思われるだけの馬と荷物を運ぶ人足を与えるよう命じ、ロレンソ修道士にむかって、都で司祭や教会に不足するものがあれば言うように、その他の言葉を与え、我々は別れた。

⑤一五七三年五月二七日付、都発、フロイスのカブラル宛て書簡

フロイスは小西立佐に、信長と（武井）夕庵に宛てた、布教長フランシスコ・カブラルの書簡と絹の袋に入れた円盾を託した。立佐は聖フェリペとサンチャゴの祝日に、それらを信長のもとに持参した。信長はこれを非常に喜び、カブラル、フロイス、オルガンティーノのことを詳しく尋ね、立佐はいったん帰ったが、再び呼び寄せて、これほどよい「南蛮《ナンバン》の品」を喜んでいると伝えさせた。

⑥一五七四年九月八日付堺発、フロイスの日本のイエズス会の会友宛て書簡

司祭（フランシスコ・カブラル）は都に赴いて当時そこにいた信長を訪問したところ、[20]彼は美濃でそうしたように我らに好意と親切な態度を示した。

⑦一五七五年五月四日付、堺発、フロイスのカブラル宛て書簡[21]

フロイスは復活祭を三箇で迎えた。一週間後、堺と烏帽子形城のキリシタン訪問を予定していたが、オルガンティーノと京都のキリシタンから信長の上洛が近いため帰京するようにとの連絡を受けて予定を変更し、病気のロレンソ修道士を三箇に残して京都に向かった。京都に着き、礼《レイ》をするためにオルガンティーノと一緒に彼を訪れた。(22)信長は我らを迎え、肴《サカナス》を振る舞った。池田教正（洗礼名シメアン）、三ケ頼連（洗礼名マンショ）、結城ジョアン、田原レイモンら河内の武将たちも沢山の贈り物を持ち、信長に挨拶に赴いた。フロイスは十日ほどして三箇に戻った。

3　信長、キリスト教の教理説明を受ける

⑧一五七七年七月二四日付、三箇発、ジョアン・フランシスコ・ステファーノのアレッサンドロ・ヴァリニャーノ宛て書簡(23)

本年の初め、信長は訪問した我々を寝室の中に招き入れた。(24)広間は都の貴人、諸国の領主、諸城主で埋まり、信長に敬意を表するため待っていた。そこに都の奉行（村井貞勝）がおり、我らを広間の最も名誉ある席で歓待した後、信長に伝言し、寝室に入らせたので、諸人は驚嘆し、信長はすでに半分キリシタンであると言った。信長は我々にいくつかの事柄を質問し、愛情のこもった言葉を述べた後、再び我らを招くであろうと言って辞去した。

これ以前や事後の人びとの話によれば、彼は我らについて語り、どの仏僧よりも優れていると言った。過日、彼は某キリシタンと正午から夜にいたるまで議論して、示されたあらゆる結論に、その通りであると答えた。そのキリシタンは帰依して日が浅く知識がないものと思われたが、デウス（創造主）の存在やその他について彼が説いた理由を聞いたところ、デウスの明らかな御助力が認められた。

⑨一五七八年七月四日付、都発、ステファーノの書簡

信長は久しく都に来なかったので、オルガンティーノはロレンソ修道士と修道院の日本人を伴い、安土城を訪問した。(25)彼らは大変厚遇され、饗応を受けた。イルマンのコスメとリノも訪問し、彼自身がごちそうを運んだ。彼らは長

い時間をかけてデウスや我らの聖なる法のことを話し、信長は絶えず質問した。彼は、日本の学識ある仏僧や予もまたデウス、天国、地獄、煉獄を知らなかったことに責任があるとは思えないが、予はそれを知って十分に理解することを望んでいるので教えてほしいと司祭に言った。信長はその場にいた各国の諸侯にむかって、キリスト教や司祭らの清浄さに比して日本の仏僧は悪しき欺瞞と偽善の輩であり、人びとを欺くことのみを職としており、予は彼らを悉く殲滅したいが、多くの国々に大きな動乱をきたすことを憐れむので許してやっているのだと言った。この間我が主が彼に自らの救済について話す喜びを与えた。辞去するとき信長は、彼らに大いに親愛の情を示した。

一〇日後、信長は入京し、宮殿は大身、公家、諸侯で埋まっていたが、誰一人として会うことを望まず[26]、同所に司祭がいることを知ると、内に入らせ、オルガンティーノ神父およびロレンソ、コスメ両修道士と一時間にわたって語り、諸人を驚嘆させた。

⑩一五七八年（フロイス『日本史』より）

信長はオルガンティーノ師を召喚し、自分のいるところへ入れ、そこに絨毯を敷かせて司祭を坐らせ、眼に涙を溜めるようにして彼に語り始めた。彼は我らの教えの数々の良きこと、（高山）右近殿の他の多くの美点、その稀有の性質について話し、彼が示した働きぶりを司祭に対し詳述した。信長は、右近殿が人質の障害さえなくば、自分の味方となりたがっていることはよく承知していると言った。そして荒木（村重）が人質を殺すことがないよう、その点に関してはきわめて慎重に振舞っていると言い、（人質）を奪回する方法を司祭と協議した。（中略）そしてここで長話となり、彼ほどの多大の尊敬と身分と権威をほしいままにする君主の口から出たとは、とても思えないほど多くのことを述べた。それは心底からの確信と効力をもった言葉で語られ、ほとんどつねに泣いているように話したので、司祭は大いなる感動と驚愕に満たされた。最後に結論として、彼は右近殿が彼の側に味方し、その友となることを諒承するならば、伴天連が命ずることなら何でも（従うことによって）、デウスの教えを助け、右近殿には望みのままの金子と身分を授けるであろうと言った。そしてその証拠として司祭と右近殿にそれらの約束を確認した一通ずつの書状を渡した。司祭は（体験的に）実情を知ったのであるが、信長の富裕と偉大さを見た者が、司祭が彼と話しに行ったかの夜の彼の衷心からの苦悩を目撃したならば、なおいっそうの驚きに打たれたに相違ない。（中略）ここで司祭は城《コルテ》を出たが、同所に居合わせたすべての重臣たちは、信長や彼ら全員が切望している本件の解決にあらゆる工夫と努力を払ってくれるよう司祭に歎願した。

⑪一五七九年一〇月二二日付、都発、ステファーノのファアン・デ・ポランコ宛て書簡

我らの友である信長はすでにキリスト教の真実、すばらしさを理解しつつあり、彼も家臣たちも改宗するのではという期待を抱かせていたが、悪魔は一人の家臣（荒木村重）に謀反をおこさせた。信長は危機に陥り、とある守備隊長（高山図書）に城を引き渡させるため、味方とならなければ彼の眼前で司祭と修道士全員を十字架にかけるとの伝言をもたらした。事件は解決し、信長は大変喜び、大勢をキリシタンにするよう努めると誓い、二人のキリシタン住民の売上税、財産税、その他多くの（税）を免除した。

信長が都にいたとき、オルガンティーノ神父は人を彼のところに訪問させ、砂糖菓子を献上させた。国（都）の奉行（村井貞勝か）は、彼の代わりに答えて、時折このような甘いものを国王に付け届けるのは大変良いことである、新たな誹謗中傷で神父たちを迫害する者が絶えないから、と彼らに言った。(27)

信長が入京したのち、オルガンティーノ神父とロレンソ修道士は彼を訪問しに行った。(28)あらゆる都の貴人が座敷に着座しており、それを知っている信長は、我らに抱いている友情と愛を全員に知らしめるため、多くの伝言を届け、司祭たちに詳細に質問したが、これは新奇なことであり、神父も周囲の者も大変驚いた。数人の小姓が彼らの手をとって信長の前に案内し、到着すると、信長は全ての戸を開けるよう命じた。全員が議論を見聞きするためであった。彼ははじめに、本日あらゆる法華宗の僧院を掠奪し破壊するよう命じたので、みなキリシタンになるであろうと言っ

た。そのあと質問し、キリスト教界に誰か皇帝はいるのか、また（司祭が）彼に話していたキリスト教のことを全部聞いてしまうことはできるか、と言った。そして周囲の全員に、キリシタンになる準備をせよと命じ、偉大な悟りであることを全員がよく理解して道を容易にするため、彼らの前で修道士ロレンソと論争し、打ち負かせることを望んだ。その後修道士は説教し、全員満足した。

⑫一五七九年一〇月二二日付、都発、ステファーノの書簡

オルガンティーノ神父とロレンソ修道士が信長を訪問した。[29] 広間に非常に多くの貴人や大身がいる中で、信長は司祭らに好意を示すため、各人の近況を細かく尋ねた。多数の詳細な質問は新奇なことであり、皆驚嘆した。最後に信長は司祭らを室内に入れ、扉と窓をすべて開けさせ、玉座から降りて側に座り、初めに、本日、予は諸人をキリシタンにするため、仏僧の所領と僧院をすべて掠奪するように命ずると言った。さらに、ヨーロッパに皇帝はいるのか、また我が教え（キリスト教）のことを聴いて悟ることが可能かと尋ね、ロレンソ修道士と討論することを望むと言った。信長は、天国と地獄があることを示すのに如何なる理由があるかとききき、修道士が説得力ある返答をすると、恐ろしい大声を発し、側近に、予の負けなるが故予を助けよと言い、修道士に向かって説教するよう命じた。説教が終わると、同席者に全員キリシタンとなる準備を整えよと命じ、これに対して諸人は満足であると答えた。この後、一時間談話を延長したが、信長にかつてこのようなことは一度もなかったので、すでに諸人がキリシタンになっているとの噂がたちまち都に流れた。

⑬一五八〇年一〇月二〇日付、豊後発、ロレンソ・メシアのイエズス会総会長宛て書簡

オルガンティーノ師、その他の司祭らが幾度か訪問した時、[30] 彼（信長）は常に深い親愛の情を示し、これは諸人が驚嘆するほどであった。彼は一度、自ら進んで我が教えを聴いて討論することを望み、多数の大身の面前でオルガンティーノ師とロレンソ修道士に種々の疑問を呈し、（室）外にいる人たちにも聞こえるようにするため、彼らがいた

場所の戸口をことごとく開けさせた。彼はかつて見たことのある地球儀（hum globo ou esphera）をふたたび同所に持参させ、これについて多くの質問と応答を繰り返した後、司祭と修道士の返答に満足の意を表し、諸人の前で彼らを大いに讃え、司祭らの知識は仏僧らのそれとは非常に異なっていると言い、その返答に納得し満足したことを明らかにした。しかし、彼はデウス（創造主）と霊魂の存在について絶えず大きな疑問を抱いており、司祭らもまた日本の宗旨の仏僧と同様に、来世と救いはあると説きながら、彼らが説くことはすべて人民をよく導くためであって、後にはこの世以外に他の世界も来世もないことを明かすのと同じではないかと考えている。

結局、信長はオルガンティーノ師がヨーロッパから日本に来るまでの旅について説明することを望み、それを知ると非常に驚いて、このような旅は非常な勇気と強い心を持った人でなければ実行することができぬと言い、笑いながら、汝らがかくも多大な危険と海を越えてきたからには、汝らは何かを求める盗賊か、あるいは汝らの説くことが重要なるためか、と述べた。そこで修道士は答えて、その言葉通り、司祭らが盗賊であるのは真実で、彼らはただ日本人の霊魂と心を盗むためにやってきたのであり、悪魔の手からこれらを奪って創造主の手に委ねるためである、と言った。

結局、信長は彼らと三時間過ごした後、別の機会にふたたび招いて我らのことを聴き、教会はたいそう立派であると諸人が言うので、教会を見に行くことを欲すると言って、彼らと別れた。

4　信長、巡察師ヴァリニャーノ一行を歓待する

⑭一五八一年四月一四日付、都発、フロイスの日本のイエズス会の会友宛て書簡

復活祭日に続く週の月曜日、信長はこの都にいたが、多数の人々が黒人を見ようとして我らの（修道院）門前に詰め掛けたため、これが騒ぎの発端となって投石による負傷者や瀕死者が出た。（中略）信長（もまた）黒人を見ること

を切望し、ただちに彼を呼び寄せ、オルガンティーノ師が彼の許に連れて行った。[31] 信長は大変な騒ぎようで（黒人の）腰から上の衣服を脱がせたが、それ（膚の色）が自然であって人工のものでないことを信じなかった。（中略）

同じ週の水曜日、巡察師ヴァリニャーノは当所に近い或る寺院（本能寺）に宿泊していた信長を訪ねた。[32] 巡察師にはオルガンティーノ神父と私のみが同行した。進物として鍍金の燭台、深紅のビロード一反、切籠ガラスを携えた。信長は神父（ヴァリニャーノ）を大いに歓待し、彼の背の高さに少なからず驚き、長時間我らと様々な事柄について語った。また、師の気分がすぐれぬのを察して非常に親切な言葉をもって師父の病後や病に効くかもしれぬ薬について語った。（以下、信長からの贈り物等について省略）。

⑮一五八一年九月二日付、都発、ステファーノのジャコモ・ボルゲージ宛て書簡

信長が彼の（安土）城から当都へ来る機会に、神父（ヴァリニャーノ）の名を知ったためであると思われるが、ひとりの寵臣を我々の修院《カーザ》に送り、大変背の高い神父が来ているとわかったから、彼と会うと伝言した。私は、それは我々の上長であり、キリスト教界の国々からやって来たと返答した。（中略）

その日の夜、巡察師神父は自身が選び中国から持ってきた贈り物を携え、信長を訪れに行った。[33] 神父は信長から大変歓迎され、（信長は）愛情を示し、たくさんのことを彼に話した。神父はやせて青白かったから、彼のことを同情しているという態度を示し、贈り物について彼に話し、彼のところにきた他国の贈り物のなかでも最も大きいというようなことを言った。（中略）その贈り物により（信長は）非常に愛情を示したので、異教徒は驚き、キリシタンはいたく満足した。（中略）この都の異教徒たちは（福音の）光に憎しみを抱き、都その他で次の噂を広めた。それは、信長はほとんど神父を歓待しなかった、なぜなら神父がスパイを得るためにこの日本にやって来たと聞いたからである、というものである。そして信長自身に対しても、我らが到着したすべての国で混乱を起こしている、と話す者が絶えなかった。その者に信長は返答し、「そなたらは悪い（一語不明）であるから黙るように、予もまたインドまで征服す

る考えがある」と言った。

信長はこの都で馬の祭り（京都馬揃）を開催し、巡察師は信長の好意を必要とするため見に行った。[34] 信長は巡察師が彼に贈ったビロードの玉座に座った。翌日巡察師が彼の家に行くと、信長はたいへん喜び、それから安土城に帰った。[35] 巡察師も安土へ赴き、同地ではオルガンティーノ神父が造った立派な修院を見て喜んだ。それは信長から最良の地所[36]を与えられたもので、目の前には教会を造るための畑もあった。

数日後、信長は重臣二人を送って寄越したので、修院から神父六名、修道士六名、ポルトガル人三名、宣教する修院の若者四名、セミナリオの二〇名全員が出かけた。信長が重臣二名を送ったのは、道中我々を見ようとする群衆から我々を守るためであった。我々が近付くと、信長はよく見るために窓に近づき、そこから嬉しそうに多くの言葉をかけた。城の中では我々にたくさん話しかけ、彼の住居の他の場所のいくつかを我々に見せるよう命じた。我々が再び彼の前に戻ると、他のことを話し、何か足りないものはないかと言い、尾張の国から彼に贈られた干しイチジクの大きな箱を与えた。異教徒たち全員が、信長が我々に与えた大きな愛情に驚くなか我々は帰った。道は我々を見ようとする人で溢れ、行きと同じ者が修院まで同行した。

都からルイス・フロイスが戻ると、古くから知られていたために彼もまた謁見したが、信長は彼にも愛情を示し、巡察師のことを話すと大変喜び、領国で多くの成果をあげるよう伝えよと言った。またフロイスが越前に行く許可を求めると、快諾した。[37]

巡察師がキリシタンのいる国々を訪問して都に戻り、安土に着く[38]と、信長は、インドに帰るにあたり何か贈りたいが、金銀は受け取らないであろうから、予は城と町すべてが描かれた屏風以上に高価なものを持っていない、それを送るからもし満足しなければ戻せばよい、と言い送ってきた。巡察師は、（屏風は）たいへん満足のいくものであり、感謝すると返答した。

巡察師が出発の許可を願うと、再び（安土）城へ呼び寄せ、[39] 彼の宮殿と住居のいくつかを見せ、良き時に戻るようにと言った。

⑯一五八一年一〇月八日付、豊後発、メシアのイエズス会総会長宛て書簡[40]

僧侶たちの大敵である信長は、司祭たちをたいへんに好いているが、彼は来世のことどもを疑っており、第六戒（邪淫の戒め）の困難のために、キリシタンとなることを望んでいない。彼の息子（織田信秀か）はそれを大いに希望しているが、父親を恐れているため、受洗していない。

⑰一五八二年二月一五日付、長崎発、ガスパル・コエリョのイエズス会総会長宛て書簡

巡察師がオルガンティーノ師を供に出立した後、[41]（信長は）巡察師とともに当地安土を訪れた一司祭を呼び寄せた。同司祭は巡察師に同行したオルガンティーノ師が戻るまで当座の上長として留まっていたのであったが、日本人修道士一人を連れて彼の許に赴いた。信長は種々訪ねながら親しく語らって両人を二時間近く引き留め、居合わせた人々の間でデウスの教えと神と仏の教えについて議論が生じていることに話が幾分及んだため、我らの司祭たちはこれを機に霊魂が不滅であること、唯一デウスのみが存するゆえん、および神と仏がすべて虚偽なることを説いた。彼は非常に注意深くこれに耳を傾け、修道士が日本の習慣に従い儀礼として暇を乞うと二度にわたってこれを引き止め、話を進めるように求めた。たびたび手を打ち、修道士の語ることを称賛し、たいそう満足げであった。

それから数日後、巡察師に同行したオルガンティーノ師が戻ると、信長はある日突然、我らの修道院を訪れ、その到来を知らされぬまま司祭たちは彼を修道院に迎えた。[42] 我らの修道院が清潔であり整頓されているかを見るために彼らの不意を突いたに相違ない。（中略）信長は一同を修道院の階下に留めて最上階に昇り、深い情愛と親しみを込めて司祭および修道士たちに語りかけ、時計を見に行き、修道院に備え付けのクラボとビオラを見て両方とも弾かせ、これに耳を傾けて喜んだ。クラボを弾いた少年は日向国主の子（伊東祐勝）であったが、これを大いに褒め、ビオラ

を弾いた少年をも褒めた。（次いで）鐘ならびにその他司祭たちが同所に持っている珍しい物を見に行った。（中略）信長は司祭たちと語って長い時間を過ごした後、自邸に帰ったが、（その際には）司祭たちが彼に伴って（修道院の）階下へ降りることを求めず、ただそのまま上に留まっていることを望んだ。（自邸に）到着後、彼はオルガンティーノ師に食物を贈り、その日我らの修道院を見て大いに喜んだこと、ならびにその印として進物を届ける旨伝えさせた。我らに示されたこれらの好意は、異教徒とキリシタンに司祭への尊敬の念や神の教えへの信用を大いに増すことになった。(43)

第二節　対南蛮交渉の影響

織田信長の対南蛮交渉について宣教師の記録を概観したが、まず指摘すべきは、信長が機会のあるごとに宣教師を呼び寄せ、長時間にわたり直接話をして、宣教師から聖俗両面に関する詳細な情報を取得している点であろう。例えば①②⑪⑫ではインドやキリスト教界すなわちヨーロッパ諸国のことを、②では自然現象や自然界、国々の風俗について、⑬では地球儀を使って世界地理に関する説明を、宣教師から受けている。それでは、こうした情報収集を通して、信長は新たに何を得たといえるのであろうか。

1　南蛮世界、地球的世界観の獲得

第一に、先学の指摘した新たな世界観である。一連の史料をやや子細に検討すると、まず信長は「南蛮世界」を認識し、そのうえで地球的世界観を獲得するにいたったとみることができる。

ポルトガル人渡来以前の「南蛮」は、薩南諸島、スマトラ、ジャワ等東南アジア間を流動する、漠然とした地域を

指した。[44] 宣教師が作成した『日葡辞書』にも、「Minamino yebisu（すなわち）南の地方、Nanbangocu（すなわち）南方の国」[45] とのみ説明がある。

しかし信長は、インドを「南蛮」と翻訳したフロイスとの対談（①）を通じて、そこが宣教師の拠点であることを知る。⑤では宣教師が届けた進物を「南蛮《ナンバン》の品」と表現しており、南蛮をヨーロッパ人の宣教師と結びつけて認識していたことがわかる。

一方で一般の人々の意識を確認すると、宣教師は当初、都地方の人々から「天竺人」すなわち「シャムから（来た）人」と呼ばれていたが、[46] 後年の一五九四年には、ルソン経由で渡来した宣教師マルセロ・デ・リバデネイラが「日本人はすべてのヨーロッパ人を南蛮（Nanban）という」[47] と記している。この時期には信長の得た新たな「南蛮」のイメージが、一般にも浸透していたことがわかる。

①⑪⑫⑬に登場するキリスト教国、ヨーロッパ諸国に関して、信長がこれらの国々をどう呼んだのかは不明である。しかし少なくとも史料上は、それらが宣教師の出身地であり、またたいへん遠くにあり、「大国」であることを知っていた。後年の記録にも、イエズス会士が征服目的で兵士を日本に送ってくることはその距離ゆえにできないと豊臣秀吉に語ったとある。[48]

つまり、宣教師との対談を通じてまず信長は、広大な奥行きを持つ宣教師たちの根拠地・南蛮世界を新たに認識した。さらに地球儀を使った説明（⑬）を受け、三国世界観は地球的世界観へと変化を遂げる。[49] そしてこのことは、信長の視点に立てば、従来の三国世界に君臨した中国の強大な権威を、相対視する契機となる出来事であったと考えられる。換言すれば、南蛮世界や地球儀の世界を認識すること自体が、華夷秩序の価値転換そのものをも起こしえたのではないだろうか。

なお、折から中国征服論を話題にしていた宣教師の間では、後期倭寇の活躍などから、中国の軍事的な脆弱ぶりと対比的に、日本が武力に長けた国であるとの評価が大勢を占めていた。[50] 信長がそのような情勢判断を直接耳にしたと証明することはできないが、仮にそうであったとすれば、「中華皇帝化」を志向するうえでのさらに大きな後押しになったと考えられる。

2　自己権威高揚の意識

第二に指摘すべきは、自己権威顕示欲の高揚である。

①でフロイスは、信長に宣教許可状の発給を依頼するが、このとき「南蛮〔インド〕やキリスト教界のような、まだ彼のことを知らない国々にもいっそう広まるから」と言ったとある。そして実際に許可状は発給されるが、このとき仲介者となった和田惟政がフロイスに対して「建物とその華麗さを称賛し、インドやポルトガルで殿下（信長）が私（フロイス）になさった好意を知らせるため、許可状の写しをそこへ送ることを彼（信長）に話すべきである」[51]と助言していることからすると、最初のフロイスの言葉は信長の気に入り、許可状を発給する動機になったことが知られる。拡大する世界観とともに、自己の権威を誇示する欲求もまた肥大化しているのである。

その後に継続された南蛮交渉からは、キリシタン領主の懐柔目的（⑪）や、敵対する仏教勢力への対抗措置（④⑨⑪⑫）といった政治的目論見が見て取れる。[52] 注目すべきは交渉それ自体に、信長の権威を高める演出効果が意図されている点である。宣教師との会見は、大勢の人々の目に見える空間で行われ（⑧⑨⑪⑫）、安土城の建設にあたり、宣教師に修院と教会建設のための用地を与えたが、それは城下町の良好な立地であった（⑮）。巡察師ヴァリニャーノ一行を京都馬揃や安土城の盂蘭盆会に招待したのも（⑮）、大国を背景にした宣教師らと親しく交流する主体としての自己の権威を、内外にアピールする効果を意識してのことであったと考えられる。

3　キリスト教の教理説明と自己神格化

⑧⑨⑪⑫⑬⑰で信長は、キリスト教の教義に興味を持ち、創造主の存在や霊魂の救済等をめぐり司祭らと長時間にわたり議論したとある。この点彼は最もキリスト教の教理に精通した天下人であり、宣教師もその受洗を期待するほどであった。しかしながら、信長自身は邪淫の戒めがあること等を理由にあげ、受洗しなかった（⑯）[53]。

この事例は、信長が最晩年に意図した自己神格化に際してキリスト教の教義をモデルにしたとする朝尾の説[54]を、補強するものであると考える。つまり信長は、宣教師の説く教理説明にたいへんに興味をもったが、それは創造主信仰から「もろもろの宗教的・世俗的諸権力のいっさいの上に立つという考え方」を学ぶためであり、だからこそキリスト教を受け容れる余地など毛頭なかったということである。⑬からは、むしろその教えを人びとを扇動するものとして警戒する様子がうかがえる。⑭の予告なしの修道院訪問も、うがった見方をすれば、信長と敵対する可能性のある宗門と警戒したからではなかったか。

なお信長の自己神格化に関しては宣教師史料のみで示されていることとして事実自体を否定する見解もあるが、このような絶対的権威の追求のありようは、諸先学が明らかにしてきた、既存の諸権力を超越しようとする彼の政治的動向[55]と、よく符合するように思われる。

4　対外戦争の意欲

信長の権威高揚意識の行きつく先は対外的には侵略意欲であり、フロイスの一五八二年の情報では、中国征服構想を述べたことが知られている[56]。それに先立つ一五八一年には、インド征服に言及した（⑮）。この発言は仏教勢力が宣教師の侵略性を指摘したことに対するものであり、具体的な構想とはいえない。とはいえ、人びとの間においても対外的視野が拡大しつつあるなか、自己の尊大な権威を示すために対外侵略を口にする状況があったということがわかり、大変興味深い。

おわりに

本章では、織田信長との会見を記録した宣教師の報告書を通覧したが、彼が一五六九年以降、ほとんど連年にわたり親しく宣教師を引見するだけではなく、聖俗両面にわたり情報を収集し、同時に自己の権威を内外にアピールして、晩年には中国、インド征服に言及するにいたったこと等が明らかになった。

信長は宣教師との会見を通じて、新たに南蛮世界を知り、キリスト教の教理を知り、地球的世界観と言いえる規模にまで視野を拡大させたが、それは華夷秩序を相対視し、自らの権威をアピールする意識・動向と軌を一にしていた。その行きつく先は、自己神格化と対外侵略であった。

このような天下人の権威確立の志向性は、政教に分離していた中世段階の権力を一元的に掌握する過程で生じており、すぐれて近世的といえるのではないだろうか。イベリア勢力が日本に与えた「インパクト」とは、そのような動向を促進した思想的意味において、存在したと考えるのである。

注

（1）　一五八二年一一月五日付、口之津発、ルイス・フロイスのイエズス会総長宛て書簡（一五八二年度日本年報追信）。ARSI, Jap. Sin. 9 I, f. 97v. 刊行物の邦訳に『十六・七世紀イエズス会日本報告集　第Ⅲ期第六巻』（同朋舎出版、一九九一年）一二四頁（東光博英訳）。以下、同シリーズは『日本報告集Ⅲ6』のように記す。

（2）　信長の「中華皇帝化」について、堀新『織豊期王権論』（校倉書房、二〇一一年）二四七頁～。池上裕子『織田信長』（吉川弘文館、二〇一二年）一五〇・一九〇頁も参照のこと。

（3）朝尾直弘「東アジアにおける幕藩体制」（同編『日本の近世第一巻　世界史のなかの近世』（中央公論社、一九九一年）六〇・七〇頁。

（4）川村博忠『近世日本の世界像』（ぺりかん社、二〇〇三年）二〇頁。

（5）松田毅一『秀吉の南蛮外交―サン・フェリーペ号事件―』（新人物往来社、一九七二年）一七頁。

（6）堀新「織豊期王権の成立と東アジア」（『歴史評論』七四六、二〇一二年）三二頁。

（7）フロイス『日本史』全一二巻（松田毅一・川崎桃太訳、中央公論社、一九七七～一九八〇年）。『十六・七世紀イエズス会日本報告集』全一五巻（松田毅一監訳、同朋舎出版、一九八七～一九九四年）。

（8）松本和也「織田信長関係イエズス会書翰の研究序説」（『研究キリシタン学』一〇、二〇〇七年）および、注（10）（15）を参照のこと。

（9）訳文のうち「　」は原文からの引用となる。なお、編纂刊行物で邦訳されているもののうち、内容が変わらない部分に関しては、それぞれの訳文を参照させていただいたことをお断りしておく。ただしフロイス『日本史』に関しては、そのまま引用させていただいた。

（10）松本和也「永禄十二年イエズス会京都滞在可否をめぐる動向について―一五六九年六月一日付ルイス・フロイス書翰の考察―」（『研究キリシタン学』一一、二〇〇八年）に手稿文書からの翻刻・翻訳文がある。松本氏の翻訳文を適宜「　」内に引用させていただいた。後掲注（15）も同じ。

（11）永禄十二年三月十三日、場所は二条城であろう。以下会見の時期や場所の比定にあたり、前掲『日本史』の校注、松田毅一『近世初期日本関係南蛮史料の研究』（風間書房、一九八一年）、五野井隆史『ルイス・フロイス』（吉川弘文館、二〇二〇年）、『織豊期主要人物居所集成　第二版』（藤井讓治編、思文閣出版、二〇一六年）ほかを参照した。

（12）レグア（legua）はヨーロッパで使用された長さの単位であり、国と時代により長さが変わる。ポルトガル語辞典の記述では、一レグアは約六キロ。高瀬弘一郎訳註『モンスーン文書と日本―十七世紀ポルトガル公文書集―』（八木書店、二〇〇六年）三七頁。

（13）永禄十二年四月上旬。

（14）二度目の会見は最初の会見の翌日、三度目はその約半月後になされた、本書簡の二時間の会見である。四度目は永禄十二年四月二十日であり、フロイスは約束通り出発前の信長を訪ね、オルムス製の金襴（ダマスコ）の外套と、黒い縁なし帽を持参した。信長は目の前で着用するようにと命じ、しげしげとその姿を眺め、賞賛したとある（前掲『日本史 4』一六一〜一六九頁）。

(15) 松本和也「永禄十二年伴天連追放の綸旨の影響—一五六九年七月十二日付ルイス・フロイス書翰の考察—」（『研究キリシタン学』一二、二〇一〇年）。

(16) 永禄十二年五月末頃。正親町天皇の伴天連追放の綸旨に対して保護状を獲得することが目的だった。

(17) 元亀二年九月十二日、比叡山を焼き打ちした翌日のことである。なお『日本報告集Ⅲ 4』一六一頁に、「諸国の政治と絶対的支配は彼一人に掛かっている」とあり、あたかも全国的な支配権が信長の手中にあるように読めるが、イエズス会所蔵文書には「信長は勝利ののち公方様を訪れ、これら諸国の用事のいくつかを処理するために都に来ている、なぜならこれら（諸国）の絶対的権力は彼（信長）に属しているから」とあり、信長の統治権力はより限定的に表現されている。

(18) 松田毅一前掲書（注（11））四二九〜四三二頁にこの会見部分の翻訳文があり、同じ出来事を記した前掲『日本史 4』二八〇〜二八二頁部分との対比がなされている。

(19) 岐阜城への訪問は元亀二年十二月二十八日以降と推定される。

(20) 天正二年三月中旬、カブラルは五畿内のキリシタンを慰撫するため上京した。信長は三月十七日以降相国寺に寄宿しており、二十七日に大和国の多聞山城へ下向するまで滞在したから、この間に相国寺で会ったと思われる。

(21) 本書簡の底本は文字の裏移りが甚だしく、解読が困難であったため、ごく短い概要を提示するにとどめた。なお松田毅一前掲書（注（11））三四二頁、五野井隆史前掲書（注（11））一四七頁を参照した。

(22) 信長が入京したのは天正三年三月三日。相国寺慈照院に宿泊した。

(23) 同年八月付、巡察師宛て書簡の写し（BRAH, Cortes 562, f. 177.）にもほぼ同じ内容が見える。

(24) 会見の場所は、信長が天正五年正月十四日から二十五日まで滞在した、京都の二条妙覚寺であっただろう。

(25) 天正六年、信長は三月二十三日にはじめて入京している。後の「十日後、信長は入京し」によると、安土城での会見は三月十三日頃か。

(26) 『兼見卿記』天正六年四月一日条に、公家衆が信長と対面できなかったとある。『新訂増補　兼見卿記 一』（八木書店、二〇一四年）一三九頁。

(27)　前掲『日本史　5』、一七頁に「(我らの)修道院が信長の宮殿の近くにあり、彼はつねにそれを目前に眺めていたので、我らの司祭や修道士たちは、しばしば彼と会う機会を持つようになり、十五日か二十日ごとに、若干の果物や菓子および、それに類した品物を携えて彼を訪問した」とある。オルガンティーノが修道院(カーザ)の用地を信長から得たのは、一五八〇年五月二十二日(同一四頁)であり、同年前後の親密な交際の様子がうかがえる。

(28)　会見の時期は、書簡の日付の直前、信長が在京した天正七年九月十一〜二十日の間と推定される。なおこの間の十三日と十九日に吉田兼見は信長のもとを訪れているが、両日とも対面できていない。ただし十七日に信長は高倉永相、広橋兼勝、日野輝資と会っている(前掲『兼見卿記　二』一八一〜一八二頁)。

なお本書簡と⑫は部分的にステファーノの誇張、誤解ないし虚偽があると思われる。法華宗の弾圧については、同年五月末の安土宗論で法華宗が敗北し、直後に京都の法華宗徒に混乱をもたらしたと『言経卿記』五月二十八日条に記されているが(『大日本古記録　言経卿記　一』岩波書店、一八九頁)、九月の弾圧を傍証する史料はない。ステファーノは京都の法華宗徒の混乱を信長の制裁によるものと曲解したうえ、会見の成果を示す演出部分として書き入れたのであろう。説教をきいた信長がその場にいた者にキリシタンになれと命じたというのも、とうてい信じがたい話である。

(29)　⑬と同じ会見のことを述べているのであろう。

(30)　本年、オルガンティーノは信長に願い出、安土城下に神学校を建設したので、たびたび会う機会があったのであろう。フロイスは、神父が天正八年四月九日に安土の用地を受理したと記している(前掲『日本史　5』一四頁)。

(31)　天正九年二月二十三日。『信長公記』(角川書店、一九六九年)同日条(三三九頁)に「きりしたん国より黒坊主参り候」とある。信長は三日前に入京していた。

(32)　天正九年二月二十五日。

(33)　⑭と同じ会見のことを述べている。

(34)　天正九年二月二十八日。

(35)　天正九年三月十日。

(36)　神学校と修院の比定地(城下町新道のダイウス)について、秋田裕毅『織田信長と安土城』(創元社、一九九〇年)二七〇〜二七四頁。

(37)　フロイスが越前に出発したのは、天正九年四月十二日のことである。また同日、巡察師が地方のキリシタン宗団を訪問する許可を信長から得ている（前掲『日本史 5』一一三頁）。

(38) ヴァリニャーノが安土に戻った時期は明確ではないが、一五八一年七月（天正九年五月二十日〜）頃、同地で宣教師会議を開催している。『日本巡察記』（松田毅一他訳、平凡社、一九七三年）三四一頁。

(39) フロイスによると、天正九年七月十六日のことである。またその前日の盂蘭盆会、信長は安土城天主と摠見寺に提灯を飾らせ、徒歩で修道院の前を通り、見物中の巡察師らと会話したとある（前掲『日本史 5』一一六頁）。

(40) 一五八一年一〇月付、アレッサンドロ・ヴァリニャーノの書簡（ARSI, Jap. Sin. 9 I, f. 56v.）にも同じ内容が見える。

(41) 巡察師の安土出立は盂蘭盆会の日すなわち天正九年七月十六日から間もなくのことであった。

(42) 前掲『信長公記』天正九年十月七日条（三六五頁）に「伴天連所」に立寄り、普請につき指示したとある。

(43) この書簡には見えないが、前掲『信長公記』天正九年十月二十日条（三六七頁）に伴天連の希望で沼地を埋め立て、町屋敷を築く普請をしたとある。

(44) 森克己「欧船来航以前の所謂『南蛮』」（『中央大学文学部紀要』二四、一九六一年）。松田毅一『キリシタン研究　第二部　攷篇』（風間書房、一九七五年）五頁。

(45) 土井忠生他編『邦訳　日葡辞書』（岩波書店、一九八〇年）四四七頁。

(46) 前掲『日本史 3』四〇・三二一頁。フロイスは「シャム」を、釈迦の出身国であるとしている。これは日本ではキリスト教を仏教の一派と誤解する者が多かったことも関係していよう。本書終章。

(47) Marcelo de Ribadeneira, *Historia de las islas del Archipiélago Filipino y reinos de la Gran China, Tartaria, Cochinchina, Malaca, Siam, Cambodge y Japón*, edición, prólogo y notas por Juan R. de Legísima, Madrid: Editorial Católica, 1947, p. 338.

(48) 一五八七年一〇月四日付、フランシスコ・パシオのイエズス会総長宛て書簡。高橋裕史『武器・十字架と戦国日本―イエズス会宣教師と「対日武力征服計画」の真相―』（洋泉社、二〇一二年）二四五頁。

(49) ただし、信長の知識・世界観がすべての知識人に共有されたわけではない。例えば林羅山は、地球的世界観を受け容れることができなかった。「排耶蘇」（海老沢有道他校注『キリシタン書　排耶書』岩波書店、一九七〇年、四一三〜四一七頁）を参照のこと。

(50) 高瀬弘一郎『キリシタン時代の研究』（岩波書店、一九七七年）九四頁。平山篤子『スペイン帝国と中華帝国の邂逅―十六・十七世紀のマニラ―』（法政大学出版局、二〇一二年）一二三頁。

(51)　松本和也前掲論文（注（10））一七頁。
(52)　ただし後者に関しては、仏教を敵視する宣教師の誇張に留意し、割り引いてとらえる必要がある。
(53)　⑰の執筆者コェリョも、イエズス会は信長から恩恵を受けたものの、「信長の慢心と所業を思えば、彼がデウスの教えに従うことは不可能であるように思われる」としている。ARSI, Jap. Sin. 45 II, f. 50.
(54)　朝尾直弘『日本近世史の自立』（校倉書房、一九八八年）四四頁。
(55)　近年では、池上裕子前掲書『織田信長』一五三・一九二頁。藤井讓治「信長の参内と政権構想」（『史林』九五—四、二〇一二年）八〇〜八三頁。堀新「織田政権論」（『岩波講座日本歴史10　近世1』（岩波書店、二〇一四年）五六頁ほかがある。
(56)　一五八二年十一月五日付、口之津発、総会長宛て、フロイスの書簡。ARSI, Jap. Sin. 9 I, f. 97v.

第三部　伴天連追放令の発令と対外政策

第一章　宣教統制令から禁教令へ

はじめに

豊臣秀吉とキリスト教の関係は、初期の友好的関係から一転、天正十五年（一五八七）六月十九日にいわゆる伴天連追放令を発令したことで、敵対的関係へと変化した。

キリスト教に関する法令の発令は新たな時代を切り拓いた天下人の権力の特質に関わる重要な問題といえるが、秀吉の伴天連追放令に関しては史料の少なさと、当時の宣教師も予測できないほどの急展開であったことから、その発令意図については見解が分かれ、後述するように禁教令とよぶべきではないという議論も見られる。そこで本章では、前後の政策を見ながら伴天連追放令の発令経緯を解明し、その意味を考えてみたい。

本論に入る前に、追放令以前の豊臣秀吉と教会との関係を確認すると、イエズス会の一五八一年度「日本年報」に「播磨の国主が自ら、教会および希望者の改宗のため地所を提供した」とあり、同年姫路城とその城下町を整備していた秀吉が教会用地を提供し、宣教を支援したことがわかる(1)。

信長死後はイエズス会に大坂城下に地所を与え、天正十三年（一五八五）三月に紀州の根来衆を攻撃した際には、高山右近の求めに応じて、二つの寺院と城門を大坂の教会資材とすることを許した(2)。

関白職に就いた後も秀吉の教会に対する友好的な態度に変化はなく、天正十四年（一五八六）三月十六日、イエズス会日本準管区長ガスパル・コエリョとその一行を大坂城で引見し、教会保護状を与えて、日本における宣教活動を承認している（本書最終章）。

秀吉の保護状発給は、永禄十二年（一五六九）に織田信長と足利義昭が教会保護状を与えたことを踏まえると、武家政権としてのそれを踏襲したといえる(3)。

第一節　一日違いの法令

しかし天正十五年六月、秀吉は九州を平定すると従来の政策を転じ、筑前筥崎でキリスト教に関連する十八日付と十九日付の法令を発令して、国内にいる宣教師の国外追放を命じた。これら二つの法令はわずか一日違いで内容を異にしていることもあり、秀吉の真意をめぐり、研究者の間で見解が大きく分かれている。

まずは問題の二つの法令について、それぞれの内容と原文を確認しておこう。

【史料1】天正十五年六月十八日付豊臣秀吉覚書(4)

覚

（1）一　伴天連門徒之儀ハ、其者之可為心次第事、

（2）一　国郡在所を御扶持ニ被遣候を、其知行中之寺庵・百姓已下を心さしも無之所、押而給人伴天連門徒可成由申理不尽成候段、曲事候事、

（3）一　其国郡知行之義、給人被下候事ハ当座之義ニ候、給人ハかはり候といへ共、百姓ハ不替もの候条、理不尽之義何かに付て於有之ハ給人を曲事可被仰出候間、可成其意候事、

（4）一　弐百町二三千貫より上之者、伴天連ニ成候ニおゐテハ奉得　公儀御意次第可成候事、

（5）一　右之知行より下を取候者ハ八宗九宗之義候条、其主一人宛ハ心次第成可事、

（6）一　伴天連門徒之儀ハ一向宗よりも外ニ申合候由被聞召候、一向宗其国郡ニ寺内をして給人へ年貢を不成、幷加賀一国門徒ニ成候而、国主之富樫を追出、一向宗之坊主もとへ令知行、其上越前迄取候而、天下之さはりニ成候儀、無其隠候事、

（7）一　本願寺門徒・其坊主、天満ニ寺を立させ雖免置候、寺内ニ如前々ニは不被仰付事、

（8）一　国郡又ハ在所を持候大名、其家中之者共を伴天連門徒押付成候事ハ、本願寺門徒之寺内をたて候よりも不可然義候間、天下之さわり可成候条、其分別無之者ハ可被加御成敗候事、

（9）一　伴天連門徒心さし次第ニ下々成候義ハ八宗九宗之儀候間、不苦事、

（10）一　大唐・南蛮・高麗へ日本仁を売遣候事、可為曲事、付、日本ニをいてハ人之売買停止之事、

（11）一　牛馬を売買・殺し・食事、是又可為曲事事、

右条々堅被停止畢、若違犯之族有之は、忽可被処厳科者也、

天正十五年六月十八日

この六月十八日付「覚」（以下「十八日令」と省略する）は、現在、伊勢神宮にただ一つの写本が残る。文中の「伴天連」は、原語であるポルトガル語の Padre（パードレ）は宣教師・神父を意味するが、高山右近のように宣教を支援する武士身分の信徒・教徒もまた合意している。(5)

全十一か条の内容を整理すると、最も多くを占めるのは、給人（領主）が領内でキリスト教への強制的改宗を命じているが禁止する、という趣旨にかかわる条項である（第一～三条、六～九条）。次いで高禄の領主が伴天連になることを許可制とし（第四条）、それ以下の者については自由だとしている（第五条）。最後に人身売買の禁止（第一〇条）、食牛馬売買の禁止（第一一条）が触れられている。

次に、翌六月十九日付の法令を見よう（以下「十九日令」と省略する）。

【史料2】天正十五年六月十九日付豊臣秀吉定書[6]

定

（1）一　日本ハ神国たる処、きりしたん国より邪法を授候儀、太以不可然候事、

（2）一　其国郡之者を近付、門徒になし、神社仏閣を打破之由、前代未聞候、国郡在所・知行等、給人に被下候儀者当座之事候、天下よりの御法度を相守、諸事可得其意処、下々として猥義、曲事事、

（3）一　伴天連其知恵之法を以、心さし次第ニ檀那を持候と被思召候へハ、如右日域之仏法を相破事、曲事候条、伴天連儀、日本之地ニハおかせられ間敷候間、今日より廿日之間ニ用意仕、可帰国候、其中に下々伴天連に不謂族申懸もの在之ハ、曲事たるへき事、

（4）一　黒船之儀ハ、商買之事候間、各別候之条、年月を経、諸事売買いたすへき事、

（5）一　自今以後、仏法のさまたけを不成輩ハ、商人之儀ハ不及申、いつれにてもきりしたん国より往還くるしからす候条、可成其意事、

已上

天正十五年六月十九日

この法令は、前日のものとは対照的に、写本が各地に残されている。[7]その趣旨は、「神国」の日本に「きりしたん国」から「邪法」が授けられていることは許されないとし、「伴天連」を日本の地に置いてはおけないので国外に追放する、しかし南蛮船の貿易については別問題であるから続行を命じる、というものである。「邪法」の理由としては、寺社破壊をともなう領民の強制改宗が指摘されている（第二、三条）。

第二節　ふたつの解釈

さて以上ふたつの法令を通して、結果として豊臣秀吉が禁教令を発したとみるか否かについて、見解が分かれている。

ひとつめは、秀吉は禁教令を発令しなかったとする説である。最初にこの考え方を示した渡邊世祐は、十八日令は全国の民衆に向けた信仰の制限付禁制であり、十九日令は国外向けの宣教師追放と貿易に関する法令であると解釈した。(8) つまり、国内では十九日以降も十八日令が掲げられていたと想定し、秀吉は禁教令ではなく、キリスト教制限令を意図していた、と述べた。宣教に関する二法令の内容の矛盾を解消するために、法令の対象が異なると考えたのである。(9)

近年山本博文もまた、十八日令は伊勢神宮の求めに応じて出した禁制であり、十九日令は宣教師に宛てた命令であって、禁教令は発令されたとはいえないと述べた。(10) 神田千里も、十九日令は国内勢力との協調を拒否したイエズス会への制裁措置とよぶべきもので、この時点で秀吉に禁教の意図はなかったと述べ、渡辺説を継承している。(11) 平川新は、二法令はいずれも宣教師にあてられたものであるが、十九日令は禁教ではなく、軍事的・政治的意図といった宣教師を追放する別の目的があったとし、やはり併存説をとる。(12)

しかしながら、秀吉は十九日に禁教令を発令したという研究もある。安野眞幸は法令文言の分析から、秀吉は十八日令で自由改宗を認めているが、十九日令では宣教活動そのものを禁止しており政策は転換している、と指摘した。(13) 清水紘一は、前後の政策を含めて検討すると、秀吉は対外構想を背景とした全国令としての十八日令を策定し、法文を伊勢神宮に送付したが、翌十九日のポルトガル船長との会見で構想自体が破綻したため、同日付禁教令を発令したと述べた[14]。藤田達生は、秀吉はキリシタン大名の勢力削減策として十八日令を出したが、高山右近の棄教拒絶を受けて態度を硬化し、十九日令を発令したと指摘する[15]。いずれも解釈に微妙な違いはあるものの、十八日令から十九日令への変化は、秀吉の対キリスト教政策が統制から禁止へと転換したととらえる点で共通しており、併存説とは異なる考え方に立っている。

一日違いの二つの法令の関係をどのようにとらえるかは、秀吉の対外政策と宗教政策を理解するうえでも極めて重要な問題である。しかしながらこれまでのところ、上記した両説が並立しており、解決の糸口は見出されていない。

第三節　禁教令の発令

筆者の考えは、次のようになる。

第一に、安野が指摘するように、二つの法文の趣旨は異なっているので併存という考え方そのものが成立しない。十八日令で秀吉が意図しているのは、全面的禁止でも容認でもない「統制」である。第一条の「伴天連門徒のことは、その者の心次第であるべきだ」は、一見キリスト教の「入信自由」を認めているようにも読めるが、その後の条項とあわせ読むと「伴天連門徒のことは、強制せず、その者の心次第の改宗とすべきだ」という意味であることがわかる。積極的にキリシタン信仰の自由を保障しているわけではなく、強制改宗が行われていることを非難しているのである。

第四条では、高禄（二百町二、三千貫より上）の武士の改宗にあたっては秀吉の許可（公儀御意）が必要であるとする。これは、第二条にあるように、給人がその意志もない百姓以下を無理やり改宗させていることへの具体的対策といえる。

ではなぜ、強制改宗を問題としているのか。高禄武士が領民を強制的に改宗した場合、伴天連門徒は本願寺門徒を超える一大勢力となるであろう。本願寺門徒は年貢を納めず、国主を追い出した「天下の障り」(第六条)である。だから領主の強制改宗は、そうした本願寺門徒の、寺内を立てるなどの自治行為よりも危険だ(第八条)とする。高禄領主が伴天連となることを許可制とし、統制下におくゆえんである。つまり、十八日令は国内で宣教がなされ、新しい伴天連が生み出されることを前提とした法令となっている。

しかし、十九日令はどうであろうか。第一条で「神国」日本において「邪法」であるキリスト教の禁止をうたい、伴天連を国外追放すると明記していて、国内の宣教を禁止している。周知のように貿易問題のために十九日令は禁止令として実際の効力はなかったが、実際の法令効果と策定者の意図を混同するべきではない。

第二に、発令対象の内外の切り分けという論理を使い両者が併存したと考えるよりも、上記のように十八日のキリスト教統制令から翌日禁教令に政策が転換したと考えるほうが、いろいろな理由から妥当である。そもそも両法令の布達範囲を検討すると、切り分けという考え方そのものが成立しない。

まず十八日令については、伊勢神宮のみに宛てられたわけではなく、全国に触れることを意図していたとみなせる。なぜなら、第一〇条の人身売買禁止と、第一一条の食牛馬売買禁止の項目は、全国に周知しなければ意味をなさないからである。九州平定直後の段階で作成されたことを考えると、この法令は、日本国の君主になることを自覚しつつあった秀吉が、九州で実際に目にした外国の南蛮勢力への基本姿勢と、国土人民の統治原則、例えば第三条の給人は交替しても百姓は替らないといった原則を、国内に広く、現実的な射程としては宗門勢力がいる畿内以西に宣明したものと考えられる。(16)

翌日の十九日令も、宣教師に手交されただけではなく、藤田達生も指摘するように、国内へ広く通達された形跡がある。(17)フロイス『日本史』には、博多、京都、堺、奈良、紀伊、伊勢神宮、長崎ほかに触れられたとある。(18)

要するに二つの法令は、秀吉という同一人物による、同一の射程を意識した法令である。すると宣教に関して十八日は宣教統制令であるが、翌日は宣教禁止令であるから、前者の条項は自ずと取り消され、十九日令が適用されることになろう。

宣教師の記録からも、六月十九日当日に宣教統制から禁止へと秀吉の政策が変化していった様子を跡付けることができる。清水紘一によると、秀吉は六月十四日、イエズス会準管区長のガスパル・コエリョに対し、博多市中に教会建設用地を与えた。しかし翌日、前年に約束していた長崎教会領の安堵状は発給しないまま、コエリョに長崎への帰還を勧めている(19)。つまりこの時点で秀吉には、長崎から、大陸侵攻の基地として「殿下御座所」とする予定であった博多へと、ポルトガル船とイエズス会の本部を移動させる考えがあったことがわかる。この状況と、十八日令を作成した時点で宣教統制を命じたことを考え合わせると、この日まで秀吉には、教会勢力と彼らの宣教活動とを、自己の統制下に置く意志があった。

しかし翌日、そうした構想を否定する事件が起きた。一五八七年一〇月二日付、平戸・度島発、イエズス会総会長宛てフロイスの書簡から、十九日当日の出来事を整理しておこう(20)。まず、ポルトガル船司令官のドミンゴス・モンテイロが立派な贈物を携えて秀吉を訪問した。これは秀吉にかって命令されていた博多への廻航が不可能であることを告げるための訪問であった(21)。つまりこれで、南蛮勢力を博多で統制せんとする先の秀吉の計画は、破綻したことになる。

同日夕方、秀吉は突如として有力キリシタン大名の高山右近に使者を送り、棄教を勧告した。その際に秀吉は、右近が高槻や明石の領民をキリシタンにし、寺社仏閣を破壊したことを責めている。モンテイロの謝絶により南蛮勢力の統制は困難と判断し、最も熱心に宣教を支援していたキリシタン家臣の右近を棄教させることで、宣教拡大に歯止めをかけようとしたのであろう。しかし右近は敢然と拒絶する。対して秀吉は二度目の伝言を送るが、これについては後述しよう。

秀吉は同夜、フスタ船で眠りについていたコエリョへ使者を送り、訊問のため浜辺の陣屋に行くよう求めた。訊問の内容は次の三点である（後掲史料3）。第一、汝らはなぜ普通ではない宣教方法をとるのか。仏僧のやり方を見習い、九州に留まるように。それが嫌なら全員中国（マカオ）へ帰還せよ。第二に、汝らはなぜ牛馬を食べるのか。予が与える動物以外のものは食しないように。これが不服なら、ナウ船は今後日本に来航しないことを希望する。第三に、来日するポルトガル人ほかが多数の日本人奴隷を購入し輸出するのは許し難い行為であるから、宣教師は彼らを返還するために取り計らうように。費用は予が支払うであろう。

右に対するコエリョの返答は、次のようなものであった。第一について、宣教に強制手段は用いられておらず、日本人がデウスを堅く信じて、いとも容易に偶像を放棄したのである。我々が宣教のため各地を旅することは事実であるが、九州に限定することはできない。第二の食牛馬について、今後はポルトガル商人に対しても注意を喚起する。ただし日本人が売りに来る以上、彼らが止めるかは保障の限りではない。第三、我々もこの忌むべき人身売買を廃止しようと苦労してきた。大名領港で取引がなされないよう、殿下から厳重に禁止していただきたい。つまり秀吉が最も問題視した第一については、明らかに不服従とする返答であった。

以上が十九日の出来事であり、翌早朝、秀吉は十九日令をコエリョに通達した。このうち注目されるのは、秀吉の高山右近に対する二度目の伝言である。秀吉と右近とのやりとりを詳細に記録した別の書簡を見ると、秀吉はこのとき「キリシタンの掟は悪魔のもの」「もし右近殿がこの提案（佐々成政の与力になること）を容れなければ、バテレンと共に、中国へ行かねばならない」などと伝えたとある。[22] フロイスは「この伝言を通して相手（右近）は、彼（秀吉）が、彼（右近）を日本へ国外追放するつもりだということがわかった」と述べている。つまり十九日令の、キリスト教を「邪法」とし、宣教師を国外追放するという伴天連追放令の法理が、右近の棄教謝絶を契機に登場している。秀吉は右近の謝絶を受けて、統制から禁教令へと切り替えを考え始めるのである。そしてそのすぐ後に続く、コエリョの不服従を旨とする回答が、秀吉に禁教令への転換を決断させたのであろう。

第四節　禁教令発令の理由

それではそもそも秀吉がキリスト教を統制する必要があると考えた理由は何であろうか。先行研究では、キリスト教の神に対する領民―領主規模の服従・団結が、秀吉の天下統一事業を阻害するものだった[23]、天皇を超越しようとした秀吉の「神国」に反するキリシタンを排撃する必要があった[24]、キリシタン教会の特徴である信仰共同体に本願寺的性格を見て警戒した[25]、などがあげられている。いずれもキリスト教の拡大は秀吉の国内統治を阻害する問題であり、そのために追放令は発令されたと述べている。本節ではこれらの見解に付け加えて、日本の君主（天下人）となりつつあった秀吉が、教会の宣教活動に付随して生じる問題を、日本の国益を損なう問題として強く意識したという点をあげておきたい。

さきに秀吉は、十九日の夜、食牛馬、人身売買問題とあわせてコエリョに改宗方法を訊問したと述べた。その内容はフロイスによって、次のように詳細に記録されている。

【史料3】一五八七年一〇月二日付、度島発、ルイス・フロイスのイエズス会総会長宛て書簡[26]（部分）

第一（の事柄）は、汝らがこの日本の地で（人びとを）強制してキリシタンにする理由は何か（この晩の伝言は、それでもなお、総て悪魔が支配するままになって申し渡した翌日のものに比べれば和らげられていた）。汝らは他の宗派の仏僧たちと協調したほうがよかった。彼らは彼らの家の中やその寺院内で説教するが、自分の宗派にしようとする汝らのように、非常な欲求をもって人びとを駆り立てつつ、一地方から他の地方へと歩きまわりはしない。よって今より以後、汝らが全員ここ下（九州）に戻るよう命じる。そして、日本の宗教者たちの行うような通常のやり方による以外のやり方で、汝らの宗派を弘めようと望んではならぬ。そしてもしそれをすることを望まないのなら、汝らはみな中国へ帰るがよい。（その場合）予は都、大坂、そして堺の修院と教会の財産を接収するよう命じ、その中にある汝らの家財は明け渡すよう命じる。そしてもし今年は中国からナウ船が来ないために帰国する機会もなく、（あるいは）帰路の旅費もないのなら、予は一万クルサードに値する米一万俵を帰る費用として遣わそう。

第二の事柄は以下の通り。汝らが馬や牛を食する理由は何か。これは道理に反することである。何故なら馬は交通において人間の労苦を軽減し、荷物を車で運び、戦争で奉仕するために養育されたものである。牛は、それを使って土地を耕すため（に養育され）、農民が食物を栽培する道具である。しかし汝らがそれらを食するならば、人びとにとって大変重要なこの二つの恩恵を日本の王国はだまし取られることになる。そしてもし中国からナウ船でやって来るポルトガル人、ともにいる汝らも、やはり馬や牛を食することなく生きる決心がつかないのなら、全日本の君主である予が、多量の鹿、野生の豚、野生の犬、狐、野生の鶏、ホエ猿、その他の動物を、（汝らもポルトガル人も）それらを食して、国民全体の財産として必要な動物の土地を破壊せぬために、（これら野獣を）狩るよう命じよう。もしそれを受け入れないのなら、むしろナウ船が日本に来ることを（予は）希望しない。

第三の事柄。予は当地にやって来るポルトガル人と、シャム人と、カンボジア人が大量の人間をここで買い取り、故国の日本人、その親族、息子や友人を捨てさせて、奴隷として彼らの国に連れていくことを知っている。そしてこれは我慢ならないことである。それゆえパードレは、今日までインドやその他の僻遠の地に売られた総ての日本人がもう一度日本に帰還できるよう計らわれよ。彼らが非常に遠くに、僻遠の国々にいるために、それが可能でない時には、少なくとも現在買い取った者たちを解放されよ。予は彼らを買い取るので銀を遣わそう。

傍線部から、秀吉は自らを「全日本の君主」とよび、日本の牛馬と民を教会勢力が浸食していると問題視していたことがわかる。九州を制覇した日本の君主として、日本の国益を損なう宣教師らは統御される必要があることを、内外に広く宣言する必要を感じていたと理解されるのである。

ではキリスト教宣教については、具体的にどのような点が問題と秀吉は認識していたのだろうか。六月二〇日早朝、秀吉が貴族と高位の家臣たちの前で行った演説の記録を見てみよう。

【史料4】一五八七年一〇月二日付、度島発、ルイス・フロイスのイエズス会総会長宛て書簡[27]（部分）

日本の祖、イザナミ、イザナギの子孫たる我らは、当初から神と仏を崇敬してきた。もし我らが、これらの犬ども（伴天連）の為すがままに任せるならば、我らの宗教とその教えは失われてしまうであろう。奴らは大いなる知識と計略の持主であり、自分たちの教えを権威づけようとして、予と関わり合い、今日まで予の好意と庇護を利用してきた。予は予の甥たち、兄弟たち、博士たち、貴人たちのことを心配している。彼らが奴らの欺瞞と虚偽に陥ることがあってはならない。なぜなら（奴らの）雄弁にしてよく仕組まれた言葉、および汝ら（演説の聴衆）に食物として供する甘物の中に毒を潜めているからである。もし予が深く注意し自覚して処していなければ、予もすでに欺かれていたことであろう。奴らは一面、一向宗に似ているが、予は奴らのほうがより危険であり有害であると考える。なぜなら汝らも知るように、一向宗が弘まったのは百姓や下賤の者の間に留まるが、しかも相互の団結力により、加賀においては、その領主（富樫氏）を追放し、大坂の僧侶を国主とし主君として迎えた。（顕如）は、予の宮殿（大坂城）、予の眼前にいるが、予は彼に築城したり、住居に防壁を設けることを許可していない。だが奴らは、別のより高度な知識を根拠とし、異なった方法によって、日本の大身、貴族、名士を獲得しようとして活動している。彼ら相互の団結力は、一向宗のそれよりも鞏固である（a）。このいとも狡猾な手段こそは、（日本の）諸国を占領し、領土を征服せんとするためであることは微塵だに疑惑の余地を残さぬ（b）。なぜならば、同宗派の全（宗徒）は、その宗門に徹底的に服従しているからであり、予はそれらすべての悪を成敗するであろう。

ここで秀吉が問題としているのは、「奴ら」すなわち伴天連が、日本国内で一向宗以上に上層間で団結し、拡大している点である。十八日令の第六条でも、「一向宗よりも外に申合」す「伴天連門徒」は「天下のさわり」と断定したが、それは具体的には、日本の領土を征服することであった（傍線部（b））。しかし領土征服といってもイエズス会士の武力征服計画などではなく[28]、十八日令に見えるように、バテレンが上層の人々を宗門に引き入れ、特殊な知識・方法を媒介に団結して拡大し、やがては「国主之富樫を追出、一向宗之坊主もとへ令知行」と似た事態を指しているのだろう。十八日令および演説で一向宗が何度も引き合いに出されたことからもわかるように、拡大する宗門は、秀吉にとって脅威の存在であった。

秀吉が追放令の前年天正十四年（一五八六）四月頃より京都に新大仏建立を計画し[29]、神仏を介した民の心の統治を目指したのも[30]、一向宗のような宗門に対抗するために必要な措置であった。しかし六月十八日当日、高山右近やコエリョが見せた秀吉への不服従の態度は、伴天連門徒がかかる宗教統制策に決して包摂されない、独自の価値体系や運動論理を有する「異教」宗団であることを証明するものであった。このため十九日令でキリスト教は「日域の仏法」を破壊する「邪法」であることが強調され、伴天連の国外追放が宣告されるにいたったと考える。

第五節　伴天連追放令以降

十九日令の発令以降、豊臣政権とキリシタンとの関係はどのように推移したのだろうか。最後にこの問題を検討し、伴天連追放令が発令された意義を考えてみたい。

次の史料は、追放令の翌年、小西如清（霊名ベント）ら畿内のキリシタン一一名がイエズス会総会長に宛てた手紙であり、日本語で認められている。

【史料5】天正十六年（一五八八）五月十日付、小西如清ほかのイエズス会総会長宛て書状[31]（部分）

（前略）然に都におゐて此御をしへの理をのへ給ふによつて、あまた大名御さつけをうけ、其根ふかくさし入を以て、千五百八十七年の夏今日本をおさめ給ふ関白殿、此教をはらひ申すへきとの下知をなさるゝに依て、所々に恵け連しや（教会）一度に相果、諸のPeいるまん（宣教師）、舟本（平戸）をさして退散し給ふ、いつくしくかさりたてたる一村、一日のうちにくつれける事、あさましきかなと申あへり、（中略）諸Peいるまんもろともに、山ふかき所をもとめひそかにのこりとゝまり給ふ、（中略）めすてれふらん志ゝこ（フランシスコ・ザビエル）御渡海よりは四十余年さまさまの妨ありといへ共、かゝる大事は今はしめ也、（後略）

関白秀吉が「教えを払え」と命令したことにより、所々の教会が絶え果て、宣教師は九州に逃れた、と報告している（傍線部）。キリシタン自身の認識としても、十九日令は明らかに「禁教令」であった。

教会施設に関しては、一五八八年度の「イエズス会日本年報」に都・大坂・堺の教会と修道院が破壊されたとあり、「以上のような事態をうけ、我らはついに次のようなことを思いしらされた。この迫害は一時の怒りによるものでもなければ、やがて緩和されるものでもないと。件の修道院を関白殿が破壊せずにいる間、我らは甘い期待を抱いていたのだが、（中略）その期待は裏切られた[32]」とある。このように主要都市の教会が破壊・閉鎖され、イエズス会士たちは九州のキリシタン大名領に逼塞を余儀なくされた。

しかしながら、その後の宣教は回復している。「一五八九年度日本年報」は、下（しも）教区（豊後を除く九州地方全般）で改宗者は総計五一一〇名、すなわちほぼ追放令以前を少し下回る規模の改宗があった、としている。同教区では一五九〇年度の総計一六一二五名をピークとし、一五九六年度には総計三五八九名まで減少するが、同年度は豊後教区で多数の改宗があったため、全体としては大人の受洗者だけで八〇一二名を得ている。一五八〇年度には一万人であったから、約二割減にとどまったということになる。

都（みやこ）教区でも、一五九〇年度以降宣教が復活し、年を追うごとに漸増し、一五九六年度には六〇〇名の改宗者を見るまでに回復した。伴天連追放令発令後も、ダメージを最小限に抑えつつ、宣教活動は精力的に行われていた。(33)

これは、南蛮貿易の継続を意図する秀吉の思惑が影響している。イエズス会巡察師アレッサンドロ・ヴァリニャーノは、宣教師の日本残留許可を得るために一五九〇年にインド副王使節の名目で来日し、これに対して秀吉は、天正十九年（一五九一）七月二十五日付で外交文書を交付した。(34) 残されているその案文を見ると、日本を「神国」とし、キリスト教は「邪法」である、「胡説乱説」を為すなかれ、と厳しく宣教禁止の旨を命じるが、同時に通交貿易の希望を述べてもいる。秀吉はこのためヴァリニャーノの要請に応じて、宣教師一〇名が人質名目で日本に滞在することを許さざるをえなかった。この時期のマカオ（ポルトガル）貿易を円滑に遂行するためには、イエズス会士の介在を必要としたのである。(35)

同じ時期に秀吉は、御用商人の原田喜右衛門を介してルソン外交に着手し、(36) フィリピン総督使節として来日した托鉢修道会士ペドロ・バウティスタらの日本滞在を、宣教しないという条件を付けて許可した。しかしバウティスタは京都の下層民を中心に、大坂、長崎でも精力的な宣教を展開した。このように秀吉の伴天連追放令は、マカオ、ルソンとの南蛮貿易とキリスト教禁教を二本立てで行っていこうとする秀吉自身の商教分離政策がうまくいかず、骨抜きにされてしまったかのように見える。

しかし慶長元年（一五九六）十月十七日、スペイン船サン・フェリペ号が土佐に漂着し、秀吉はその積荷を没収した後、十二月十九日にフランシスコ会士二三名を含む宣教師と信徒二六名を長崎で処刑した。このことについて慶長二年（一五九七）七月二十七日付、フィリピン総督宛て返書(37)では、次のように説明している。本朝は神道をもって主となし、伴天連が異国法を説くことは、国政を害するゆえ堅くこれを禁じ厳しく制している。このたびは僧侶（宣教師）が帰国せず、密かに異法を説くのでこれを誅戮した。異端の法を説かず、商売往還すべきである。

つまり秀吉は、バウティスタらが国内で宣教したことを禁令違反であると断定し、処刑の理由とした。貿易のためにここまで宣教黙認を続けてきた秀吉であるが、厳しい措置に踏み切った直接の理由は、サン・フェリペ号の積荷没収を正当化する政治的意図があった(38)。そしてこの一件を通して、伴天連追放令は法令として効力を持ち、決して空文ではないことが内外に示されたといえる。

秀吉の死後、天下を継承した徳川家康もまた、一六〇二年に禁教を表明した(39)。イエズス会士の報告書を見ると「誰も我が聖教を奉じてはならないという太閤の法は今も存している」（「一六〇三年度日本年報」）と記録しており(40)、家康は秀吉の禁教令を継承したとみなされていたことがわかる。

このようにイエズス会側が認識したゆえんは、秀吉の伴天連追放令がはじめてキリスト教を日本国内から払うべき「邪法」と明確に位置づけ、二十六聖人殉教事件でその法的効果を示した、まさに「禁教令」であったからにほかならない。

おわりに

本章では、天正十五年六月に発せられた二つのキリシタン法令のうち、伊勢神宮に宛てた十八日令は宣教統制令であり、翌十九日の南蛮勢力の態度を見て秀吉がその日のうちに宣教禁止令へと政策を変更した過程を明らかにした。

秀吉がキリスト教を統制し、次いで禁止した第一の理由は、「伴天連」が強制改宗などを通して信徒を大量に獲得する事態に危機感を覚えたからである。本願寺法主が率いる一向宗門徒を引き合いに出し、それ以上に危険だと「伴かがえる。

天連門徒」を評価していることなどから、秀吉の統治策の要点が、国内で拡大する宗教勢力の統制にあったことがう

さらに当該時期、秀吉が日本国家の君主としての自意識とともに、教会勢力に対し異国・異教といった認識を強めたことが十八日令と十九日令の検討を通して明らかになった。かかる対外観と自他認識は、対外侵略戦争を実行した天下人の政策に影響を及ぼした要素として、極めて重要な意味を持つと考える。

注

（1）フロイス『日本史5　五畿内篇Ⅲ』（松田毅一・川崎桃太訳、中央公論社、一九七八年、一二八〜一二九頁）も参照のこと。この頃五畿内を巡察したイエズス会士ヴァリニャーノは、布教地の拡大のため、織田信忠、柴田勝家など織田信長の一族・家臣たちに働きかけ許可を得たが、秀吉のもとにも一日本人修道士を送り、このような回答を得たのであった。

（2）フロイス前掲書『日本史 1』一七〇頁。

（3）清水紘一『織豊政権とキリシタン―日欧交渉の起源と展開―』（岩田書院、二〇〇一年）一四二頁。

（4）神宮文庫所蔵『三方会合記録』。引用にあたり同史料を紹介した平井誠二「『御朱印師職古格』と山田三方」（『古文書研究』二五、一九八六年）六八〜七〇頁掲載の翻刻文と写真を参照させていただいた。

（5）大橋幸泰『キリシタン民衆史の研究』（東京堂出版、二〇〇一年）一九頁では、「武士身分」のキリシタンを含むと定義するが、伴天連の本来の語義を考えると、「武士身分」のキリシタンの中でも、とくに宣教行為に従事する者のみを指したと考えられる。

（6）松浦史料博物館所蔵「松浦文書」。

（7）藤田達生「バテレン追放令の布達とその背景」（同『日本近世国家形成史の研究』校倉書房、二〇〇一年）を参照のこと。

（8）渡邊世祐「我が史料より見たる戦国時代東西交渉史補遺」（『史学雑誌』五〇―七、一九三九年）。

（9）この点三鬼清一郎は、十八日令は公式なものではなく、反キリシタン勢力が伊勢神宮に伝えた「勝利の宣言文」と述べ、十九日令と併存した理由としているように見える（三鬼清一郎「キリシタン禁令の再検討」『キリシタン研究　二三』吉川

弘文館、一九八三年）。しかし十八日令は内容的に明らかに法文であり、そうした解釈は困難と考える。

（10）山本博文『天下人の一級史料　秀吉文書の真実』（柏書房、二〇〇九年）一三五頁以降。

（11）神田千里「伴天連追放令に関する一考察―ルイス・フロイス文書を中心に―」（『東洋大学文学部紀要　史学科篇』三七、二〇一二年）。

（12）平川新「キリスト教の伝来と戦国日本」（仙台白百合女子大学カトリック研究所編『東北キリシタン探訪』教友社、二〇二四年）。

（13）安野眞幸『バテレン追放令―一六世紀の日欧対決―』（日本エディタースクール出版部、一九八九年）。

（14）清水紘一前掲書、二七七頁以降。

（15）藤田達生『日本近世国家成立史の研究』（校倉書房、二〇〇一年）一九五頁。

（16）なお、「人身売買禁令は、キリシタン禁令とならんで、豊臣政権・江戸幕府が個別封建領主を超えた封建君主のレベルにおいて、全国的布令として交付したもの」と指摘されている。峯岸賢太郎「近世国家の人身売買禁令―安良城盛昭氏の奴隷制否定説への批判―」（『歴史学研究』六一七、一九九一年）。

（17）藤田達生前掲書、一八八頁。

（18）前掲『日本史 1』三五三頁。Luís Fróis, S. J., *Historia de Japam IV*, ed. José Wicki, S. J., Lisoba: Presidência do Conselho de Ministros, … …, 1983, p. 419.

（19）清水紘一前掲書、二五六頁。

（20）ARSI, Jap. Sin. 51, ff. 49–52v. 神田千里前掲論文が指摘するように、この日の動向を述べる後年編集のフロイス『日本史 1』第一六章（第二部九七章）は同書を一部改変しており、慎重な取り扱いが必要である。

（21）この部分については、フロイス『日本史 1』第一五章（第二部九六章）を参照のこと。清水紘一前掲書、二六二頁でも指摘されているように、フロイスは沈黙しているが、秀吉の統制策への抵抗としてイエズス会士がカピタンに命令謝絶を指示した可能性が高いと考える。

（22）一五八七年一〇月一日付、アントニオ・プレネスティーノの書状。ARSI, Jap. Sin. 51, f. 67.

（23）奈倉哲三「秀吉の朝鮮侵略と「神国」―幕藩制支配イデオロギー形成の一前提として―」（『歴史評論』六、一九七六年）。五野井隆史『日本キリスト教史』（吉川弘文館、一九九〇年）。

(24) 村井早苗『天皇とキリシタン禁制―「キリシタンの世紀」における権力闘争の構図―』(雄山閣出版、二〇〇〇年)。

(25) 川村信三「戦国および近世初期日本におけるキリスト教と民衆」(『歴史評論』六九〇、二〇〇七年)。

(26) ARSI, Jap. Sin. 51, ff. 50v–51. 神田前掲論文、八一頁訳を参照した拙訳。

(27) ARSI, Jap. Sin. 51, f. 52. 前掲『日本史 1』、三二六～三二七頁を参照した拙訳。

(28) 高瀬弘一郎『キリシタン時代の研究』(岩波書店、一九七七年)。

(29) 河内将芳『秀吉の大仏造立』(法蔵館、二〇〇八年)。

(30) 大桑斉『日本近世の思想と仏教』(法蔵館、一九八九年)。

(31) ARSI, Jap. Sin. 186, No. 7.

(32) ARSI, Jap. Sin. 45II, f. 153v.

(33) 拙論「一六世紀末におけるキリシタン布教の実態―洗礼者数の検討を通して―」(『紀要』四三、明治学院大学キリスト教研究所、二〇一〇年)。

(34) 『天理図書館善本叢書和書之部六十八巻　古文書集』(八木書店、一九八六年)二九五頁以下。

(35) 高瀬弘一郎「インド副王ドゥアルテ・デ・メネゼスが豊臣秀吉に送った親書―日本側からの考察―」(同『キリシタン時代の貿易と外交』八木書店、二〇〇二年。初出一九九八年)、四二〇頁以下。

(36) 拙著『近世日本とルソン―「鎖国」形成史再考―』(東京堂出版、二〇一二年)。

(37) ARSI, Jap. Sin. 45I, ff. 207v–208. イエズス会が入手した写本。

(38) 清水紘一前掲書。

(39) 本書終章。

(40) ARSI, Jap. Sin. 54, f. 170v.

第二章　伴天連追放令の「神国」宣言

はじめに

本章は、天正十五年（一五八七）六月十九日付、豊臣秀吉政権の発した「定」五か条、いわゆる伴天連追放令の第一条で掲げられた「日本ハ神国」宣言の政治的機能を解明することを目的としている。

この問題に関して先行研究では、神国思想の政治史的意義を中心に解明してきた。すなわち、秀吉の神国宣言はキリシタン征伐のための政策であったこと(1)、封建権力によって強化された三教一致思想に基づき、幕藩制社会の指導原理として作用したこと(2)、さらには秀吉政権のアジア侵略を根拠づける、日本優位の排外主義的イデオロギーであったこと(3)、中世の神国観を逆転させ自国中心の世界観を示すイデオロギーとして発展したこと(4)、などが指摘されてきた。

しかし近年の神田千里による一連の研究は、以上の見方に疑義的である。神田は伴天連追放令について、日本の神仏を攻撃したイエズス会に対する制裁措置であるとかなり限定した性格づけを行った(5)。また、そこで言及された神国思想に関しては、日本人の一般的な宗教思想であった天道思想を反映しており、異なる宗教の共生をみとめる天道思想の特性を踏まえると、秀吉は、寺社破壊を主導し日本の神仏信仰を攻撃するイエズス会の排他性を問題としていたのであって、したがって伴天連追放令の神国はただちに自国の優越性・排他性の根拠として主張されたものとはいえないとした(6)。このように神田説によれば伴天連追放令の神国宣言は、一般的宗教思想である天道思想によった秀吉の、いわば自然な信仰実践だということになる。また、秀吉は日本人の宗教思想の代弁者という位置づけが与えられることになると思うが、それでよいのであろうか。

近年は、大桑斉が「近世国家の宗教性」を指摘している。[7]近世日本の王権は宗教に依拠した権威を必要としたが、その理由は被支配者の民衆や領主層の日常性が宗教によっているからであり、それゆえに国家自体も必然的に宗教的性格を帯びたという。とすれば、自己の権威を確立するために近世の王権は宗教を政治的に利用していたと考えられるが、秀吉政権はどうであったのか。この点、戦国大名の政治と宗教の関係を検討した横田光雄は、「（戦国）大名による宗教の政治的手段化は、（中略）民衆の安穏と密接に結びついた彼らの自律的信仰とは必ずしも相容れない、上からの階級的要請が色濃く存在していた」「彼ら（戦国大名）の対宗教関係の根底に通有する政治的手段化の指向を認めてもよいように思われるのであり、これこそ一つの時代思潮と化して、近世統一権力の政策に継承・収斂してゆくのではないか」と述べている。[8]このように先行する研究は、統一政権と民衆の間に宗教に対する隔絶した関係性の違いを見ており、神田説とは大きくかけ離れている。しかし神田説ではこれらの研究成果に言及していない。

以上の研究状況を踏まえて本章では、そもそも伴天連追放令が日本人の一般的宗教思想を反映するような性格を持つかどうかの解明を第一の課題にすえることとしたい。しかしこの問題は実に困難である。なぜなら伴天連追放令と日付が一日違いでありながら異なる趣旨の関連法があり、その不可解な複雑さが、神国を云々する前に、これらの法令自体がなぜ、また誰に向けて発せられたかという、ごく基礎的な部分で見解の不一致をもたらしているからである。またこのことは、文中の神国宣言に関しても異論を生じさせる素地になっている。そこで本章では、第一節と第二節で、伴天連追放令と関連法の基本的性格を明らかにしたい。

第三節では視点を変え、天正十一〜十五年の秀吉政権の宗教政策を当該時期の彼の政治的課題を踏まえて検討することにしたい。秀吉の宗教政策に関してはこれまで対仏教寺院を中心に解明を見てきたが、伴天連追放令に込められた神国宣言の意図を理解するには、キリスト教を含めた宗教政策全体の方向性を明らかにし、その文脈で読み解く作業が必要と考えるからである。

第一節　六月十八日令の基本的性格

伴天連追放令の関連法とは、一日前の日付で作成された「覚」十一か条（以下十八日令とする）である。同令はキリスト教に関して給人による領民の強制改宗を「天下のさわり」と非難し、高禄武士の改宗に「公儀」の許可制を設け、「下々」の信仰は自由である等の条項を含む。しかし一転、翌日付の「定」五か条（以下十九日令とする）では、日本は「神国」であると宣言し、キリスト教を「邪法」とし、伴天連の国外追放を命じた。

二日連続で内容の異なる法令を出した秀吉の意図をどのように考えればよいか。古くは渡邊世祐が十八日令は国内向け、十九日令は伴天連（宣教師）向け法令であるから、二つの法令は併存し、結局秀吉は禁教令を発令していないとの学説を発表し[9]、神田もこれを支持している。しかし筆者は、秀吉は全国令の十八日令にかえて十九日令を布達したのであり、禁教令を発したとみてよいとの説[10]をとる。このように、まずは法令自体の理解に問題があるので、以下では十八日令と十九日令それぞれについてやや詳細に検討を加えつつ、私見を述べてみたい。

まず十八日令の、現段階でもっとも良質とされている写しを検討しよう（前章史料1参照）。岩澤愿彦は、この十八日令は国内統治のための一般的法令ではなく、伊勢神宮の内訴に応じて発令した「禁制」ではないかと述べる[11]。その根拠は、伊勢神宮内宮往来文書中、天正十五年七月十三日付注進状（写本）に「伴天連御成敗之事、関白秀吉朱印六月十八日之御紙面、神慮大感応たるへき旨也、就其捧御礼連署（中略）注進　抑　御朱印之趣伴天連御成敗等之事、右御朱印致頂戴」とあり、「伴天連御成敗」の朱印状に対する伊勢神宮の「御礼」が表明されている点である。また、内訴の背景に伊勢国領主の蒲生氏郷がキリシタンに改宗した事実をあげ、伊勢神宮には秀吉に伴天連の活動抑止を要請する動機があったとし、神田もキリシタン大名領では伊勢信仰が盛んであったから、岩澤の見解は状況的にも妥当であるとした。つまり、筆者の理解によれば神田説において十八日令は、国内の要請を秀吉がくみあげた、「下からの」声を取り入れた布令なのである。

しかしながら、岩澤自身も述べたように、伊勢神宮に残る十八日令の写しが注進状中の「関白秀吉朱印六月十八日之御紙面」と一致する決定的証拠は、現段階で見出せない。むしろ注進状では「伴天連御成敗」の御朱印と表現していることから、同文の作成者が手元にあった十八日令と十九日令とを混同して記載した可能性がある。(12) したがって、この史料を無批判に内訴の根拠として引用するのは問題がある。また、伊勢神宮の「御礼」は、神田のいう「伊勢信仰とキリシタン信仰との間の潜在的緊張関係(13)」があったとすればごく自然な反応であり、その前提に必ずしも内訴を想定する必要はない。仮に伊勢神宮からキリシタン問題の内訴があったとしても、以下に述べる如く十八日令の全文に貫かれている「天下の公儀」的主張からして、秀吉は内訴の機会をとらえて自己の政策を表明したと見られるのであり、また早晩、同じ内容を全国的に布告する考えであったに違いない。つまり筆者は、十八日令は全く「上からの」、一方的な内容を持つ布令であったと考えるのである。

ここで改めて十八日令の内容を検討しよう。まずキリスト教関係の条項（第一〜九条）を見ると、第一、二条は、給人の強制改宗を指摘した部分である。「伴天連門徒になるか否かはその者の心次第であり（1）」、したがって「給人が強制的に民衆を伴天連門徒にしているのは問題である（2）」としている。

続く三つの条文は、給人の信仰統制と処罰に関する規定である。秀吉は「知行地は給人に当座に与えたものであり、給人は替っても百姓は替らないのだから、理不尽をする給人は処罰する（3）」という。封建的主従関係といわゆる鉢植え政策を理由に、理不尽（この場合は強制改宗）をする給人は、秀吉によって処罰されるというのである。この箇条を踏まえると、次に続く「一定の禄以上の（給人）が伴天連になるのは公儀次第（4）」であり、「それ以下の場合は心次第である（5）」との命令も、頭ごなしではなく論理的な展開の帰結ととらえられる。

続く二つの条文では、なぜこうした統制を布くのか、その理由を述べる。「伴天連門徒は一向宗よりも拡大するので天下のさわりになることは明らかである（6）」「本願寺門徒と坊主も許したが、以前と同じ寺内ではない（7）」とし、将来的に伴天連門徒が「天下」にとり一向宗以上の危険分子になるから、統制下におくべきだとしている。

続く二つの条文で、給人以外の法令の適用者を明確にしている。「大名が家中の者を伴天連門徒にすることは、本願寺門徒が寺内を立てるよりも天下のさわりとなるので成敗する（8）」と、伴天連門徒の勢力拡大につながることを理由に、大名による家中の強制改宗は禁止だとする。したがって、「下々が個別に伴天連門徒になることについては（問題とならないから）構わない（9）」という条項が加えられる。とくに領主層の改宗を問題としていることをここで強調したのであろう。

以上の条文全体の趣旨を確認すれば、天下の障害となりうる伴天連門徒の一大勢力化を理由に、その原因たる領主層（大名・給人）の信仰を統制下に置くということである。では、秀吉は本当にそれを問題視していたのだろうか。この点は重要であるので、六月十九日の深夜、イエズス会宣教長のガスパル・コエリョに対して発した訊問三つのうち、第一問を確認しよう（前章史料3参照）。

秀吉はこの第一問で伴天連による強制改宗と宣教地の拡大を問題にしている。よって統制理由にあげた伴天連門徒の勢力拡大は言いがかりなどではなく、事実として彼の懸案問題であり、このために領主層の信仰統制で対応することを十八日時点で考えたといえる。

ところで以上に検討した第九条までの法文の特徴は、なぜ秀吉が給人以上のキリスト教入信を管理下に置き、違反者を処罰するのか、その理由を「天下」「公儀」を掲げて論理的説得的に展開している点にある。これは法令の対象者たる領主層から、秀吉の信仰統制が自己の統治権の干渉と受け取られ、反発を招くことを想定したためではないだろうか。六月十九日、秀吉が高山右近の領国での強制改宗を非難したのに対して右近の応答は「予はいかなる方法によっても関白殿下に無礼の振舞をしたことはない。そして予が高槻及び明石の人民をキリシタンにさせたのは、予の手柄である」というものであり、(15)自領内での宣教の権利が当然のように主張されている。イエズス会士も領主の許可を得たことで各領国での宣教が成功したとたびたび報告しており、(16)このような戦国大名の宗教的自立性の前提が、秀吉といえども「天下」「公儀」の名分を同令で強調しなければならなかった理由のひとつであったと考える。換言すれば、このような文言は、自ら領内での秀吉の権力行使を要請する者に対しては不必要であっただろう。

残りの二つの条文は、人身売買禁令と食牛馬売買禁令である。これらは九州出陣を契機に現地の詳報を得て政治課題にのぼったのであろうが、キリスト教とともに「天下の公儀」が対処すべき問題として、ここに併記されることになった。

まず人身売買禁令に関して、秀吉は六月十九日深夜にも、コエリョに対する訊問の第二で、南蛮勢力の奴隷貿易により日本人が大量に海外に流出していることを問題とし、秀吉が買い取るので日本に連れ戻せと述べている。これは峯岸賢太郎によれば秀吉の人間性や倫理性ではなく、「封建君主としての公儀の利害」による命令である。近世国家による人民支配は「公儀（封建君主）が全国土の人民を直接に支配する体制」であるから、秀吉にとって「公儀の民を売買することは、公儀の人民支配を侵犯し、公儀の尊厳性を侵すものであって、公儀として放置できるものではない」のである。(17)

食牛馬売買禁令に関しても同じことが指摘できる。秀吉はコエリョへの訊問の第三で、伴天連らは「国民全体の財産として必要な動物の土地を破壊」すると指摘した。牛馬は公儀の民の財産という位置づけであり、公儀の民に準じた扱いであったと考えられる。

以上のように、六月十八日令は領主層の信仰統制、奴隷貿易禁止、食牛馬禁止を骨子としており、これらはいずれも南蛮勢力の行為に対する法的対抗措置であり、したがって十八日令は、日本の対外的問題に「公儀」が対処することを国内外に広く通達する必要のあった、国家的法である。よって筆者は十八日令を伊勢神宮の内訴に応じて出した局地的禁制とみなすことはできない。

最後に、全国令として作成されたはずの十八日令が伊勢神宮のみに伝来している理由については、伊勢神宮に十八日令の伝達を終えた段階で秀吉の政治方針が変わり、十九日令に政策を切り替えたためと考える（後述）。ならばなぜ十八日令のみが『御朱印師職古格』等の山田三方の古文書類に伝来しているのか。それは例えば同書が「山田三方の自治権や御師の活動など山田奉行に特に関係のあるものを選び出した」控え[18]であることが示すように、十八日令の領主の強制改宗禁止の条項が自治権と関連していたために、とくに残すべきものとみなされたからではないだろうか。なお、十九日令の朱印状正文が伊勢神宮のみならず全国的にも伝存しない理由は、岩澤の、「朱印状は高札として屋外に公示し周知させたものと推測されるから、正文が保存され伝来するに至る必然性は比較的乏しかった[19]」との指摘が参考になる。

第二節　六月十九日令への転換

まずは十九日令の全文を確認しよう（前章史料2参照）。同令はルイス・フロイス著『日本史』にも明記されている通り、博多、京都、堺、奈良、紀伊、伊勢神宮ほか国内へ広く通達され、実際にその形跡も確認されている[20]、全国的法令である。

内容を確認すると、第一条で、「神国」である日本にきりしたん国から「邪法」をもたらすことはあってはならないことだと強く否定する。十八日令では宣教を前提とした規制が設けられていたが、ここでは一転、宣教の存在自体が否定されている。

第二条は、その邪法たるゆえんを具体的に述べた部分である。国郡の者をキリスト教の門徒となし神社仏閣を破壊するのは前代未聞だと指摘する。その行為の主体は、続く文章からキリシタン給人であることがわかる。そこで、給人のそうした宗教的行為について、知行地は当座に与えられたものであるから、「天下よりの御法度」に従うべきだとの主張が続く。ここで天下の法を守るべき「下々」の猥りなることを非難するが、給人に従う門徒を意識しているのでこのような表現になったのであろう。よって第一条と合わせると、十八日令段階で認められていた「下々」の信仰も、伴天連門徒に関しては十九日令で原理的に否定されているといわねばならない。

第三条の前半「伴天連其知恵之法を以、心さし次第ニ檀那を持候と被思召候へハ、如右日域之仏法を相破事、曲事候条」は、後半の追放命令の理由を述べた部分であり、極めて重要であるが、同時に難解とされている部分である。当該部分はフロイスがポルトガル語訳文を残すが、「もし天下の君が、キリシタンの意向に従って伴天連たちがその高尚な知恵の法をもって振舞うのを善しとするならば〔先に述べたごとく〕、彼らは日本の法を破りつづけることになる。しかしてそれははなはだ不正なことであるから」(Se o senhor da Tenca tiver por bem que segundo a vontade e intensão dos christãos, os Padres procedão com sua leita de sabedoria 〔assim como temos dito atraz〕 se ficão quebrantando as leys de Japão: e sendo isto couza tão mal feita) とあり、[21] 原文とかけ離れた訳文になっている。

そこで神田説ではフロイス文を誤訳とし、「イエズス会宣教師が優れた教義を説くことによって、信者の自発的な帰依を得ていると秀吉は考えていたところ、右に述べたように日本の仏法を実力で破壊しているとは不届き」との解釈を示した。[22]

しかし一五六三年に来日し、この時点で滞在歴二四年となるフロイスの日本語能力は、一五八八年の日本イエズス会の内部資料（「カタログ」）に「長年日本語とポルトガル語で告解と説教をしている」[23]とある通り、相当に高かったと考えられる。しかも彼は追放の当事者であり、彼自身が最も関心をよせたであろう当該の追放理由を述べた部分を、秀吉右筆のキリシタン安威了佐など関係者から口頭で十分な説明を受けたと考えるのが自然である。誇張癖が指摘されるフロイスではあるが、この部分に関して言えば慎重に法文の真意を伝えようとしたために、説明を織り交ぜた、原文とはかけ離れた表現になったのではないのだろうか。

そこで原文を改めて見直してみると、解釈の分かれ目となっている「被思召候へハ」の「思召」は、フロイス文「善しとする」を参照すれば、「考える」よりも、「ある対象に心をお向けになる。愛しなさる。大事になさる」（『日本国語大辞典』）、「特定の対象にひかれる心をお抱きになる。特に心をおひかれなさる」（『時代別国語大辞典　室町時代編』）の意味に相当する。つまり、宣教師が自らの知恵の法で自由に檀那（信徒）を獲得することを、秀吉はかつて尊重していたという過去の事実を述べているのである。その事実とは、天正十四年（一五八六）に秀吉自身がイエズス会に宣教保護状を付与したことを指している。なお、イエズス会は実際にこの保護状を獲得したことで、秀吉の勢力圏内にあった西日本諸大名への働きかけに成功し、本願寺の「大坂並」特権体制を確立することができたと言われている[24]。

末尾の接続助詞「ば」は、原因・理由となる条件「〜ので」「〜だから」の意味だと文意が通じないため、続く「右のように日域の仏法を破っている」に気づく契機となった行動を示す意味のほうを採用すると、「大事になさっていたところが」となり、意味が通じる。フロイスがここを「もし〜ならば」と仮定文にしたのは、〈秀吉の宣教許可→宣教師の仏法破壊〉の因果関係をよりわかりやすく解説しようとしたからではないか（結果として後世の歴史家の混乱を招くことになったのであるが）。

以上から当該部分は、「伴天連たちが彼らの博識の法で思いのままに信徒を持つことを秀吉が（保護状の交付を通して）尊重していたところ、右のように仏法を破っている、それは許されないので」と解釈される。このように秀吉は追放を命じるにあたり、自ら与えていた宣教保護状との矛盾を意識していたと考えられる。

同条でもう一点注目すべきは、追放理由に仏法破壊を取り上げた点である。第二条でも給人の寺社破壊を問題にしたが、第三条でその責任は伴天連にあると指摘し、これをもって日本から伴天連を追放する理由とした。

しかし、寺社破壊は十八日令での言及がない。フロイスによれば、秀吉は天正十三年頃には右近の移封地明石における寺社破壊の事実を知っていた(25)。十九日令作成当日の夕方、高山右近へ棄教を勧告する使者を送ったとき秀吉は右近の宣教活動とともに、「右近は、さきに高槻の人民をキリシタンにさせたが、今また明石の人民をもキリシタンとし、その社寺を破壊し、仏像を焼却したことを予は知っている。これはすべて堪忍しがたく、理に悖ることである」と詰問したものの(26)、右近の返答は既述の通り毅然と自領の宣教権を主張するにとどまり、寺社破壊の議論はなかったようである。家臣の強制改宗のほうが問題であったからであろう。何より同夜のコエリョへの訊問の初回で、寺社破壊の話題が出ていない(27)。翌朝の二回目の使者がようやく「キリシタンは、いかなる理由に基づき、神や仏の寺院を破壊し、その像を焼き、その他これに類した冒瀆を働くのか」と伝え、コエリョは「（キリシタンは）自分たちの救済にも現世の利益にも役立たぬので、自ら（神仏の破壊を）決断し」た、と返答している(28)。十九日令がコエリョに申し渡されたのは、この二回目の訊問の使者が帰ったあと、別の使者を通してである。これらの寺社破壊の登場のありかたは、十九日令第三条の趣旨を考えると甚だ矛盾している。秀吉が何よりもこれを問題としていたならば、コエリョへの訊問のはじめに登場するはずであるし、十八日令でも明言したことであろう。

以上から寺社破壊は根本的な追放理由などではなく、十九日令を練り上げる段階で「日本ハ神国」のレトリックと表裏一体的に浮上してきた、あとづけの理由であったと筆者は考える。なぜならこうした理由もなく一方的に追放令を発令すれば、かつては宣教保護状を与えた自らの政策の矛盾や専制性をさらすことになり、宣教師や有力キリシタン大名からの反発は免れえないであろう。しかし伴天連らに「神国」日本の尊厳を侵す行為があったとの理由を突き付ければ、そうした専制性を覆い隠せるのみならず、名目上は天皇を補佐する関白政権としての公儀の面目を保つこともまた同時にできるのである。

では関白ともなり、天下人と言われる彼が、なぜ伴天連にこれほどまで遠慮をしなければならないのだろうか。それは第四条で触れられている、南蛮貿易が関係していよう。同条では黒船のことはキリスト教とは別問題なのだから往来自由だと述べており、明らかに追放令が貿易に支障をきたす事態を避けようとしていることがわかる。秀吉は当該時期の宣教師が南蛮貿易に及ぼす影響力をよく理解していたといえる。だからこそ、まったく一方的で理不尽な追放令という印象を宣教師に持たれたくなかったに違いない。「日本ハ神国」は、このような政治的配慮のために秀吉政権によって担ぎ出された、あとづけの理由である。

第五条では、仏法の妨げをしない限り、商人は言うに及ばず往来は自由だと述べている。宣教師の態度いかんで日本への往来を許すとにおわせる内容であるが、追放令を作成する段階では南蛮貿易に及ぼす影響は未知数であるから、このような政治的駆け引きが必要と考えて、最後に加えたのであろう。ここにも秀吉の南蛮貿易への執着が反映されているのである。

それでは寺社破壊でないのならば、伴天連を追放する本来の理由は何かということになるが、それはやはり十八日令で取り上げた伴天連門徒の勢力拡大が問題であったのだろう。秀吉は当初はこれを十八日令の統制策で対処することを考えていたが、以下十九日の出来事を通してその判断を改め、追放令発令に踏み切ったと筆者は考えている。(29)

まず十九日の朝に秀吉はポルトガル船のカピタン（司令官）と会うが、かつて依頼しておいた博多廻航を謝絶する旨の回答があり、イエズス会本部を御座所の博多に移動させる従来の構想に変更を加えざるをえなくなった。このため別の方法を模索し、同日夕方、伴天連の大檀那たる高山右近に棄教を勧告したが拒絶された。そこで深夜、コエリョに宣教地を九州に限定するか国外追放かと迫ったが、コエリョは限定命令を拒否した。こうした度重なる伴天連らの非服従の態度に接し、秀吉は統制策を棄て、追放へと措置を切り替えざるをえなかったと考えられる。

以上の経緯で発令された伴天連追放令は、宣教師にとっては宣教保護状から一転、禁教令へのラディカルな法の転換であった。秀吉自身もそれをよく承知しており、神国宣言は、そうした理不尽さを覆い隠すための政治的巧言として冒頭に掲げられることとなった。よってそこに一般的な日本人の宗教思想が反映されているとみなすことはできない。

第三節　豊臣秀吉政権の宗教政策

そもそも伴天連追放令は秀吉政権が打ち出した宗教政策のひとつであり、文中の神国宣言にもその政策意図が反映されているはずである。そこで本節では伴天連追放令以前にさかのぼり、天正十一年（一五八三）以降の秀吉の宗教政策とその特徴を明らかにしておきたい。

秀吉の宗教政策はかつて辻善之助が秀吉の人心収攬策としての寺院復興を指摘し、信長の破壊政策とは対照的であるとしていた(30)。しかし三鬼清一郎は信長政権との連続性を指摘し(31)、秀吉建造の天正寺と方広寺大仏殿の性格を検討した大桑斉もまた、信長の政策理念との連続性に着目して、統一政権が国家的寺院を創出したと述べた(32)。国家的寺院とは、「統一政権による支配の正当性を弁証し、鎮護し、民衆の信仰を吸収して支配の正当性を認識せしめて、その支配に自発的に服従する意識を生み出し、且つそのような機能をもつものとしての諸宗教を統合するもの(33)」である。このように寺院は秀吉によって国家支配のイデオロギーを新たに担当させられたということになる。

しかしなぜそうする必要があったかについては、朝官による政権樹立という秀吉の政権構想からの要請や、「幕藩制国家の成員たる民衆が強固な宗教的思惟を保持する」[34]からという論理的帰結のみが示されており、政権が現実に抱えた政治課題が検討されたわけではない。また、秀吉の寺院政策と伴天連追放令発令との関連も不明であり、大桑の指摘を踏まえ、秀吉の宗教政策をキリスト教も含めて今一度とらえ直す必要を感じる。そこで以下ではまず、秀吉が天下一統を意識するようになったと言われる天正十一年四月の賤ケ岳戦勝利以降[35]、伴天連追放令発令までを対象に、彼が展開した宗教政策を跡付け、現実の政治課題の中でそれを必要とした理由を考察したい。なお『豊臣秀吉文書集』[36]所収の秀吉書状を使用した場合には、（　）内に文書番号を付した。

さて「日本之治此時」（七〇五号）と自身で表現した賤ケ岳戦において柴田勝家を破った後、秀吉は大坂に入り、論功行賞等の実権を掌握して実質的に新政権を樹立させたが、天正十一年のま阿宛て書状には「これいこ（以後）むほう（謀叛）なきやうニいたし申候て、五十ねんもくに〳〵しつまり候やうニ申つけ候」（八六八号）とあり、下剋上の克服による国家秩序の安定を政治理念として出発したことがわかる。

同年の宗教政策としては、大坂城下に建設する寺町への宗教施設誘致があげられる。イエズス会は高山右近の助言「筑前殿（秀吉）が大坂の工事を深く心に懸け、彼の恩恵を求める者は大坂において建築を行うべきことを明示し、諸国の重立った領主、および各地の商人、仏僧たちはすでに僧院や家屋を建てる地所を請うた」に従い、八月に秀吉を訪問して河内の教会を大坂城下へ移転する許可を得たとある[37]。かかる申請を通し、秀吉は宗教諸勢力に対して自己への服属の意志を試したこととなろう。なお本願寺の天満寺町移座は天正十三年となるが、その内約は大坂城築城時には既になされていたようである[38]。

翌十二年三月八日に織田信雄が岡田重孝らを殺害したとの報をうけ、小牧・長久手開戦となるが[39]、その後まもなくの十七日、秀吉は伊勢神宮の式年遷宮を「すなハちおもひたち」、慶光院周養上人に宛て、造営料黄金二五〇枚を御師の上部貞永に渡す旨の自筆書状（九七三号）を認めた。式年遷宮は朝廷の費用で二〇年に一度執り行われるが資金難のため途絶し、慶光院の勧進が行われる状況だった。このため天正九年正月、伊勢神宮は信長の「御威光」による造替を依頼し、信長はこれを受諾し、本能寺の変後は信雄が一時事業を継承していた。[40] しかし天正十一年十月六日、内宮神主らが「ひとへにちくしうさまの御事をたのみ奉り候」と秀吉に依頼しており、[41] 秀吉はその約半年後に受諾の返答をしたこととなる。これを事実とすればこの回答のタイムラグは秀吉自身の信心のみでは説明がつかず、開戦直後であることからしても、天下人信長の事業継承という政治的意図を多分に含んだものと考えられる。

合戦中は寺社再興策を進めている。五月一日、信長に焼き討ちされた比叡山延暦寺に対して根本中堂の再興許可を与え、その許可状に「秀吉都鄙静謐、依思国家鎮護、欲起旧廃者也」（一〇六六・一〇六七号）と記した。再興の目的を秀吉の課題である国家秩序の安定に置いたのである。九月三日にも、大和国長谷寺観音堂造営につき「禁裏様御修理御作料同前可被遣事」（一一九〇号）と、この時点で天皇とならぶ作料を負担しているが、その規模からして、上記と同様の目的であったことがうかがわれる。

織田・徳川方と講和交渉中の同年十月二日、秀吉は従五位下左近衛少将に叙爵されて公卿に列し、[42] 翌十三年（一五八五）三月に従二位内大臣へと異例の昇進を果たした。この朝官獲得の目的は小牧長久手戦で決定的勝利を得られないなか、織田家など敵対する諸大名に優位に立つことにあったとされているが、[43] この時点では根来・雑賀衆など宗教勢力もまた大きな懸案材料であり、その対策をも含めた政権構想を模索する中で浮上したものではないだろうか。ちなみにこの間も寺社再興策は進められ、伊勢神宮正遷宮のため造営料一万貫と金子五〇〇枚を渡すとし、[44] 比叡山西塔にも一万貫を奉加（一三七一号）している。

同年三月から翌月にかけ、秀吉は懸案であった雑賀一揆と根来衆の制圧に成功した。このとき木食応其の交渉に応じ、同年四月十日付「高野山宛条々」（一三九五号）で、押領地返上のほか僧兵の武装解除を命じ、天下への謀叛敵対を禁止した。その後秀吉は六月八日付前田玄以宛て朱印状で、寺の置目「偏国家安全之懇祈可専仏事勤行」を申し付け（一四五二号）、高野山はこれらを受諾している。このため秀吉は高野山の復興に着手し、六月十三日付金剛峰寺宛て覚では破滅した金堂再建のため、大政所を大檀那として米一万石と、新寄進を命じた（一四五六号）。このように豊臣家の外護のもと上記の置目を遂行する高野山は、再興と引き換えに自立性を奪われ体制に取り込まれたことになる。なお、木食応其は以後秀吉の帰依を受け、後述する東山大仏殿ほか、東寺・醍醐寺・清水寺など都合八一宇の作事を担当している。(45)

同年七月十二日、関白叙任の翌日付で、秀吉は信長に追放された法華宗の処遇を旧に復すことを命じ、安土宗論の際提出された起請文を返還した。(46)十一月、公家・寺社に対して一斉に知行判物や朱印状を発給し、泉涌寺（一七一一号）・大覚寺（一七一四号）・大徳寺（一七一六号）・天龍寺（一七二五号）・東寺（一七二七号）・東福寺（一七三一号）・松尾社（一七四四号）には、「勤行仏事」「堂舎修理」「社中修理」の執行を求め、無沙汰の場合は「悔還」すなわち贈与を無効にして没収するとの条件を付した。(47)寺社に対する経済的保護の見返りに自己への従属と伝統的役目の遂行を求める政策の一貫性が看取される。

翌天正十四年（一五八六）四月一日、永禄十年（一五六七）に消失した奈良東大寺の大仏を再建する候補地として京都の東福寺近辺に出向き、同月十日付で毛利氏に対し、九州と明国出兵の準備とともに大仏殿建立用木材の調達を命じた。(48)なお、京都東山に方広寺大仏殿が完成を見るのは、後年の文禄五年（一五九六）である。

同年五月四日、イエズス会士のコエリョに既述の宣教保護状を発給した。宣教には一貫して反対していた天皇・朝廷の意向に反してこのとき秀吉は保護状を付与したのであるが、これをもって、天皇の宗教統制権が秀吉に帰属することを事実上表明したとの指摘がある。(50)

以上、伴天連追放令発令にいたるまでの秀吉の宗教政策を概観した。その趣旨は一貫して、既存の宗教勢力に対し自己への帰服を条件に保護を与えるというものであったが、効力や影響力に注目すると、関白職就任を境に変化が見られる。就任以前は伊勢神宮、延暦寺など自ら秀吉を頼ってきたものに対象が限られていたが、就任後は飛躍的に拡大しており、社会への影響力も格段に増している。イエズス会に与えた宣教保護状は天下統一以前にもかかわらず全国を対象としていたし、その効力は第二節で述べた通り、絶大であった。領知宛行状を介して関白政権に従属する寺社は増加し、国家的寺院として建立した東山大仏殿の方広寺は、秀吉が再編した「新儀」の仏教諸派の総本山的な役割を担うにいたったと言われる[51]。

このような現象は、秀吉が関白となり天皇の宗教統制権に関与しえたからこそ可能であったと考えられる。仮に軍事指揮権と領知宛行権を備えた天下人[52]のままで同じことを命じても、その正当性には疑問が持たれたであろう。しかし関白職という伝統的な公権力を身に纏うことで、暗黙のうちにこれを取り去ることができたと考えられる[53]。

宗教政策を強力に推進した目的としては、彼の政治課題であった下剋上の克服と国家秩序の回復が想起される。書状にも散見されるように当該時期の秀吉を悩ませたのは、本願寺門徒など「悪逆」をなす百姓であった。彼らは自己の帰依する宗教的権威の命じるままに一揆行動をとり、またそうした「悪逆人」に同意する大名がおり（一四五七号）、戦国乱世の基底をなしていた。これに対して秀吉は、例えば紀州攻めで当初は皆殺しをするが、逃散する村を教訓に、最後まで抵抗した大田村に対して「悪逆棟梁」以外の百姓を赦免し、村へ立ち帰らせる措置をとっている（一四一三号）。生産力を維持するためであろう。このように秀吉は、「悪逆」の民衆を抹殺するのではなく支配することを試みたが、その課題に向き合ったとき、もっとも有効な方法として彼らの宗教的権威を統率する、間接的統治を目指したのではないだろうか。

ひるがえって中世末期は、本願寺ほか自立的な民衆的教団の興隆をみる一方、旧仏教系諸寺院は「貴族仏教から実質的には庶民仏教への脱皮」の条件を背景に、台頭する庶民階級に新しい立脚の基盤を求めつつ、堂舎の復興と伝法の持続を心がけていた[54]。秀吉はそうした時代的な宗教状況を逆手にとり、民衆統治に上手く利用したといえるだろう。

ところでこのような秀吉の宗教政策は、三鬼の指摘によれば信長の晩年の政策にその原型が求められる。[55]『信長公記』天正八年五月二十六日条に、信長は「朽腐雨漏り、廃壊に及」んだ石清水八幡宮の式年正遷宮を成し遂げたが、「荘厳巍々堂々として七宝を鏤」る様子に、「誠に神ハ人ノ敬ヒニ依ッテ威ヲ増スとは夫れ是を謂ふ歟。倍信長御武運長久、御家門繁栄の基なり。参詣の輩、貴賤郡(ママ)集をなし弥尊み拝呈す」とある。[56]正遷宮事業の助成が信長自身の威光を増し、群衆の崇敬を招いたというのである。天正十年正月、今度は伊勢神宮から式年正遷宮につき「千貫御座候はゞ、其外は勧進を以て仕るべし」との依頼を受けるが、このとき信長は「民百姓等に悩を懸けさせられ候ては入らざるの旨、御諚なされ、先三千貫仰付けられ」たと著者太田牛一は記している。[57]彼の主君賛美を差し引いても、正遷宮事業には民衆統治との関連性が見出せる。また、同年三月、信長は武田勝頼を滅ぼし岐阜城に凱旋するおり、民衆の信仰を集めた善光寺如来を美濃に遷した。[58]農政・民政のない信長ではあるが、晩年には民衆支配を意識したのではないだろうか。

フロイスが記した同年五月の信長の「自己神格化」と安土山摠見寺の参詣命令に関しては、日本側史料にないため事実として認めがたいと三鬼は指摘している。[59]しかし、信長は「いよいよ傲慢となって己れの力を誇るあまり(中略)死すべき人間としてではなく、あたかも不滅のもの、すなわち神でもあるかのように諸人から崇められることを望」み、「日本で広く信仰されている各地の偶像を安土山の寺院に運ばせた。それゆえ、巡拝者の参詣がさらに多くなったが、偶像を(人々が)拝むためではなく、これを名目として彼自らがよりいっそう巧みに崇敬を得るためであった」という記述[60]は、神仏の威光を媒介に民衆から崇敬を集めたという上記日本史料の記事と矛盾せず、むしろ整合性が認められる。また秋田裕毅によると摠見寺の本堂に安置された弁財天は信長が竹生島で勧進したものであり、フロイスの記述を一部裏付けている。[61]さらには、摠見寺に掲げられた功徳と利益を記した文章(制札か)の内容が詳細で具体的である点も注目される。この文章が諸国に触れられたなどという部分はたしかに誇張であろうが、全くの事実無根を創作したとは考えがたい[62]。

秀吉の宗教政策は、以上の晩年の信長にその原型を学んだと考えられる。それは宗教的権威を自己に従属させ、民衆支配に利用するというものであった。ただ秀吉の場合は、その際に関白となり、伝統的公権力を利用して実効性を持たせた点が、朝廷とは一定の距離を置いた信長とは違っていたといえよう。

おわりに

秀吉政権は天正十一年（一五八三）以降、天下統一策の一環として既存の宗教勢力を再編・再生する政策をとった。これは晩年の信長に学んだ、宗教的権威を介した民衆の間接的統治を実現するための施策であったと考えられる。秀吉は関白職につき天皇の宗教統制権に関与しえたが、これにより上記の再生・再編策は強力に推進されて、「悪逆」を封じ込め天下統一の状態を維持する、新たな社会体制が整えられていった。ただし、創造主以外の権威を認めないキリスト教勢力の場合はこのような体制の組み入れに合意しなかったために「邪法」の烙印を押され、追放が命じられることになった。

伴天連追放令はこのように、宗教を相対化し政治に利用した秀吉の統治策の一環として発令されており、そこに一般的な宗教思想の反映を認めることはできない。冒頭の「日本ハ神国」宣言は、法令に反発する南蛮勢力を念頭においた、南蛮貿易に支障をきたさず円滑に追放を実行するための、また追放令の専制性を覆い隠すための政治的巧言である。誤解を恐れずに言えば秀吉にとってこの時点での「神国」は、自己の政治構想上のしかるべき「天下の国家」を、聖護院道澄や西笑承兌、以心崇伝など、登用したイデオローグ[63]の言葉をかりて便宜的に表現したにすぎず、それ以上の思想的内容を持たないと考えるのである。

しかしその後「神国」は、諸先学が明らかにした通り、上記イデオローグにより天道思想を含む三教一致思想の内容付けがなされ、[64]社会に広められていった。排耶僧の鈴木正三は、島原・天草一揆鎮圧後、幕藩権力を背景に民衆教化に従事し、寛永十九年（一六四二）頃『破切支丹』を著した。同書は多くの写本が残り、広く読まれた形跡がある。正三はこの中で「日本は神国」であると述べ、一方伴天連は「私に天地の作者を作立、神社仏閣を滅却し、此国を南蛮へ取べき謀を以て、様々虚言して、人をたぶらかす」存在であるものの「彼等幾度来るとも、天道のあらん限りは、皆々自滅せん事疑ひなし」と結んだ。[65]

それから約二〇年後の寛文年間、仮名草子作者で仏僧の浅井了意はこの部分に注釈をつけ、「此日本は開闢よりこのかた、異国にもをかされず、天照大神の御子孫すでに、大王として四海をさまり、仏法ひろまり」「これ仏道神明の御力也」と記した。[66]実際には幕府の「鎖国」政策の効果であるにもかかわらず、正三の言う通り伴天連は自滅し日本を奪国できないではないか、これは日本が神国であるためだ、と了意は考えたのである。

このように排耶の根拠である神国思想は体制下の宗教者を介して近世社会に浸透し、排外的な幕藩体制に正当性を与えることで、その長期の存続にも寄与したと考えられる。

注

（1）朝尾直弘「近世封建制をめぐって」（同『日本近世史の自立』校倉書房、一九八八年）四五頁。初出は一九六九年。

（2）海老沢有道「西欧思想との接触」（『日本思想史講座五　近世の思想二』雄山閣出版、一九七五年）。同「豊臣秀吉の日本神国観―キリシタン禁制をめぐって―」（『国際基督教大学「社会科学ジャーナル」』一七、一九七九年）。

（3）奈倉哲三「秀吉の朝鮮侵略と「神国」―幕藩制支配イデオロギー形成の一前提として―」（『歴史評論』三一四、一九七六年）。北島万次「秀吉の朝鮮侵略における神国意識」（『歴史評論』四三八、一九八六年）ほか。

（4）朝尾直弘「東アジアにおける幕藩体制」（同編『日本の近世第一巻　世界史のなかの近世』（中央公論社、一九九一年）。

高木昭作『将軍権力と天皇』（青木書店、二〇〇三年）。

（5）神田千里「伴天連追放令に関する一考察―ルイス・フロイス文書を中心に―」（『東洋大学文学部紀要六五　史学科篇三七』二〇一二年）。

（6）神田千里「「天道」思想と「神国」観」（島薗進・高埜利彦・林淳・若尾政希編『神・儒・仏の時代』春秋社、二〇一四年）。

（7）大桑斉「近世国家の宗教性」（同『近世の王権と仏教』思文閣出版、二〇一五年）。二〇一二年初出。

（8）横田光雄『戦国大名の政治と宗教』（國學院大學大学院研究叢書文学研究科四、國學院大學大学院、一九九九年）二四四～二四五頁。

（9）渡邊世祐「我が史料より見たる戦国時代東西交渉史補遺」（『史学雑誌』五〇―七、一九三九年）。

（10）本書第三部第二章。

（11）岩澤愿彦「豊臣秀吉の伴天連成敗朱印状について―天正十五年六月十八日付朱印状の批判―」（『国学院雑誌』八〇―一一、一九七九年）。神田千里前掲論文（注（5））。

（12）清水紘一前掲書、二九三頁。

（13）神田千里前掲論文（注（5））、七二頁。

（14）コエリョへの訊問三箇条についてはARSI, Jap. Sin. 51, ff. 50v–51. 原文を確認のうえ、神田千里前掲論文（注（5））掲載の訳文をほぼ引用させていただいた。

（15）一五八七年一〇月一日付、アントニオ・プレネスティーノの書簡（ヨハネス・ラウレス『高山右近の研究と史料』六興出版社、一九四九年、二〇九頁）。ARSI, Jap. Sin. 51, f. 66v.

（16）例えば大内義隆、三好長慶など。拙稿「キリシタン関係法制史料の研究」（『キリスト教史学』六八、二〇一四年）一〇七～一一〇頁。

（17）峯岸賢太郎「近世国家の人身売買禁令―安良城盛昭氏の奴隷制否定説への批判―」（『歴史学研究』六一七、一九九一年）二八頁。

（18）平井誠二前掲論文、六五頁。

（19）岩澤愿彦前掲論文、二六七頁。

（20）　フロイス『日本史1　豊臣秀吉編Ⅰ』（松田毅一・川崎桃太訳、中央公論社、一九八一年）三五三頁。藤田達生前掲論文も参照のこと。

（21）　ARSI, Jap. Sin. 51, f. 52v. 前掲『日本史　1』、三二九頁の訳文も参照のこと。

（22）　神田千里前掲論文（注（5））八九頁。なお、山本博文も同様の訳文を先行して提示している。『天下人の一級史料―秀吉文書の真実―』（柏書房、二〇〇九年）一四七頁。

（23）　J. F. Schütte, *Monumenta Historica Japoniae I, Textus catalogorum japoniae, aliaeque de personis domibusque S. J. in japonia informationes et relationes 1549–1654*, Romae: apud《Monumenta Historica Soc. Iesu》Via dei Penitenzier 20, 1975, p. 235.

（24）　清水紘一前掲書、二〇七〜二三〇頁。

（25）　『十六・七世紀イエズス会日本報告集　第Ⅲ期第七巻』（松田毅一監訳、同朋舎出版、一九九四年）一三七頁（一五八六年一〇月一七日付報告書）。以下『日本報告集Ⅲ 7』のように記す。前掲『日本史　1』、三二七〜三二八頁。ARSI, Jap. Sin. 45 II, f. 90.

（26）　ヨハネス・ラウレス前掲書、二〇八〜二〇九頁。ARSI, Jap. Sin. 51, f. 66v.

（27）　本書第三部第一章史料3（151頁）。

（28）　前掲『日本史　1』、三二七〜三二八頁。

（29）　本書第三部第一章。

（30）　辻善之助『日本仏教史七　近世篇之一』（岩波書店、一九五二年）。

（31）　三鬼清一郎「織田政権の権力構造」（初出一九八一年）、同「方広寺大仏殿の造営に関する一考察」（初出一九八六年）。いずれも同『織豊期の国家と秩序』（青史出版、二〇一二年）に再録。

（32）　大桑斉「天正寺の創建・中絶から大仏造営へ―天正期豊臣政権と仏教―」（同『日本近世の思想と仏教』法蔵館、一九八九年）。

（33）　大桑斉前掲論文、一三二頁。

（34）　大桑斉前掲論文、一〇一頁。

（35）　朝尾直弘『大系日本の歴史八　天下一統』（小学館、一九九三年）一九二頁。初出一九八八年。

（36）　『豊臣秀吉文書集』全八巻（名古屋市博物館編、吉川弘文館、二〇一五〜二〇二三年）。

(37)『日本報告集Ⅲ6』二〇八〜二〇九頁。ARSI, Jap. Sin. 45 I, ff. 74–74v.
(38)中村博司『豊臣政権の形成過程と大坂城』(和泉書院、二〇一九年)第二章・第三章。
(39)『愛知県史　資料編一二　織豊二』(愛知県、二〇〇七年)一三三頁。
(40)『伊勢市史二　中世編』(伊勢市、二〇一一年)五七〇頁以降。
(41)大西源一「伊勢の勧進聖と慶光院」(『神道史学』三、一九八七年)七三〜七四頁。ただし筆者は現段階でこの原文書を確認できていない。
(42)三鬼清一郎前掲書、三三〜三五頁。
(43)中野等「豊臣政権論」(『岩波講座日本歴史10　近世1』岩波書店、二〇一四年、六八頁。
(44)前掲『伊勢市史二　中世編』五八三頁。「天正十三年御遷宮記」(『神宮遷宮記四』神宮式年造営庁、一九三二年に収録)。
(45)河内将芳『秀吉の大仏造立』(法蔵館、二〇〇八年)四六頁。『大日本史料　第十一編之五』八三八頁。
(46)辻善之助前掲書、三四九頁。
(47)悔還に関して、三鬼清一郎「豊臣秀吉文書に関する基礎的研究」(『名古屋大学文学部研究論集』一〇一、一九八八年)三四七頁。河内将芳『中世京都の都市と宗教』(思文閣出版、二〇〇六年)三八一頁はこの朱印状をもってこれらの寺社を経済的に従属させたことを意味すると指摘する。朴秀哲「豊臣政権における寺社支配の理念」(『日本史研究』四五五、二〇〇〇年)は、織田政権との類似面に注目している。
(48)『毛利家文書 三』(東京大学出版会、一九七〇年)九四九号文書。
(49)脇田晴子『天皇と中世文化』(吉川弘文館、二〇〇三年)一一〜一二頁。
(50)清水紘一前掲書、二二一頁。
(51)熱田公『天下一統』(小学館、一九九二年)三一二頁。「新儀」の八宗について、河内将芳前掲書、二九一頁。
(52)藤井譲治『天下人の時代』(吉川弘文館、二〇一一年)二五一〜二五二頁。
(53)秀吉の関白就任は記録上「棚ぼた」式の偶然の産物であったように見えるが、既述の利点を考慮すれば、秀吉が自ら関白職を望む動機は十分にあった。就任前の一連の出来事は、先例のない武家関白誕生の衝撃を緩和するため、偶然のように見せかけた「演出」の可能性があるのではないだろうか。中村博司前掲書も参照のこと。
(54)藤井学「社寺の復興」(『京都の歴史四　桃山の開花』学藝書林、一九六九年)一九〇頁。

(55)　三鬼清一郎前掲書、一一八～一一九頁。
(56)　『信長公記』(奥野高広・岩澤愿彦校注、角川書店、一九九一年)三二四頁。
(57)　前掲『信長公記』三七七頁。
(58)　池上裕子『織田信長』(吉川弘文館、二〇一二年)二八一頁。
(59)　三鬼清一郎前掲書、一一八頁。
(60)　『日本報告集Ⅲ7』一二一～一二三頁。ARSI, Jap. Sin. 9 I, f. 96v. 原文の Anzuchi が編纂訳文では「安土山」となっている。
(61)　秋田裕毅『織田信長と安土城』(創元社、一九九〇年)一九六頁。なお同書によると、伽藍自体が征服した甲賀の寺院を移築したものであった(二〇三～二一〇頁)。仏像が勧進や戦利品として獲得されたとすれば、仏像を奪われた側の抵抗の形跡が史料に残されていないとする三鬼の疑問は、解消すると思われる。
(62)　今谷が指摘するように、せいぜい安土城下の蒲生郡の人々に触れられた程度であろう。今谷明『信長と天皇』(講談社、二〇〇二年)一八〇頁。歴史家としてのフロイス評について、五野井隆史『ルイス・フロイス』(吉川弘文館、二〇二〇年)二七九頁。
(63)　北島万次『豊臣政権の対外認識と朝鮮侵略』(校倉書房、一九九〇年)一二七頁以下。
(64)　海老沢有道前掲論文、藤井讓治「一七世紀の日本―武家の国家の形成―」(『岩波講座日本通史12　近世2』(岩波書店、一九九四年)五〇～五二頁など。
(65)　海老沢有道ほか校注『キリシタン書　排耶書』(岩波書店、一九七〇年)四五一頁以下。正三の排耶活動について、村井早苗『天皇とキリシタン禁制―「キリシタンの世紀」における権力闘争の構図―』(雄山閣出版、二〇〇〇年)一三三頁以下。
(66)　「鬼利至端破却論伝　巻下」(『海表叢書　一』更生閣、一九二七年)五一・七〇頁。

第三章　黄金色国書の料紙・封式試論

はじめに

本章は、豊臣秀吉政権が発給したインド副王、フィリピン総督、高山国（台湾）宛て国書を取り上げ、各文書の料紙と封式の特徴、およびその機能を解明することを目的としている。この三者に宛てた国書はいずれも黄金色の料紙が使用されていたため、本章では便宜上「黄金色国書」とよぶ。

豊臣政権は表2で示すように対外膨張政策を掲げて朝鮮国に侵略し、琉球国王にも服属を迫ったが、その過程で南蛮（インド）だけではなく、周辺諸国であるルソン、高山国との外交にも着手した。このため国書を交換する対象国は中世段階と比較して各段に増えたばかりではなく、多様になったといえる。

しかしその後徳川秀忠の統治期には通交国を縮減し、確立しつつあった将軍権威を維持するために最も適合的な外交体制を構築する動きを見せるようになる。藤井譲治によると当該時期の政権内では授受する国書の礼式（書札礼）が適切なものであるか否か、しばしば問題となっていた(1)。このように近世の日本において書札礼は国内政治と同様、外交の世界においても一定の意味を持ったことがわかる。

しかるに多地域との多様な外交が展開した豊臣期は、書札礼上新たな規範の創出をみた転換期であったと推定される。しかしながら、朝鮮関係文書を除くと意外にもこの問題を扱った先行研究は少ない。古文書概論の類書において

表2　豊臣政権の外交と国書の発給状況

天正18年 (1590)	2月28日　これより先，豊臣秀吉，島津義弘に命じ，琉球国王尚寧を来聘させる．これにより尚寧の使者，来朝し国書を呈する．この日，秀吉，これに答書を与える． 11月7日　秀吉，朝鮮正使黄允吉，副使金誠一，従事官許筬等を聚楽第に引見し，国書を受ける．次いでこれに答書を与える．
天正19年 (1591)	閏1月8日　これより先，大友府蘭（宗麟），大村理専（純忠），有馬鎮貴（晴信），ローマ教皇グレゴリウス13世に使節を派遣する．イエズス会宣教師アレッサンドロ・ヴァリニヤーノ，使節と同行して来朝し，この日，ともに秀吉に聚楽第に謁し，インド副王の書を呈する． 5月29日　西笑承兌，インド副王に，秀吉の天下統一を誇示し，日本は神国であり，貿易は許可するがキリシタンの布教は禁止する旨の外交文書を起草する． 7月25日　秀吉，インド副王に返書し，キリスト教の布教を禁止する旨を伝え，貿易を求める（表3①）． 8月6日　秀吉，承兌（西笑）らを東福寺に招き，明国出兵の意を告げ，供奉を命ず．23日，関白職を秀次に譲って来年3月に征明出兵する意志を固め，黒田長政・小西行長・加藤清正らに肥前国名護屋築城普請を命ずる． 9月15日　秀吉，原田孫七郎を遣して，フィリピン（ルソン）の来貢を促す（表3③）．
文禄元年 (1592)	4月21日　秀吉，筑前名島に着く．次いで，鍋島直茂の，小西行長，宗義智らの（朝鮮における）勝報に応え，百姓らを還住せしむべき旨を命ずる． 4（または5）月　ヴァリニャーノ，名護屋在陣の秀吉のもとにイルマン，ジョアン・ロドリゲスとカピタン・モールを派遣する． 6月15日　フィリピン総督使節のドミニコ会士フアン・コボ，薩摩国久志に到着．7月頃，名護屋城で秀吉に拝謁し総督書簡を呈する． 7月21日　秀吉より，フィリピン総督宛国書（表3④）．みずからを「日輪の子」と称し，天下統一は天命であるとして，服属と入貢を強要する． 7月25日　秀吉より，インド副王宛て国書を送る（表3②）．キリスト教布教禁止の旨を伝え，かつ貿易を求める． 9月4日　ヴァリニャーノ，ルイス・フロイスらを伴いローケ・デ・メーロの船で長崎を出帆しマカオに去る． 10月　フィリピン総督使節フアン・コボ，薩摩国久志を出帆しマニラに向かったが，台湾海峡で遭難死．翌年4月23日，コボの紹介状を持った原田喜右衛門がマニラに到着し，秀吉書簡の内容を伝える．
文禄2年 (1593)	4月18日　日本軍，漢城を撤退． 5月23日　秀吉，明の遊撃沈惟敬に和議の延引を報じ，この日，謝用梓・徐一貫および惟敬を引見し，厚くこれを饗応する． 6月28日　これより先，秀吉，秀次をして明との和議7か条を奏させ，この日，これを明使謝用梓・徐一貫に示す． 6（または7）月　この頃，フィリピン総督使節のフランシスコ会士ペドロ・バウティスタ，名護屋城で豊臣秀吉に拝謁し，総督の書簡を呈する． 11月2日　秀吉より，フィリピン総督宛て国書（表3⑤）．重ねて入貢を勧告する． 11月5日　秀吉，原田孫七郎を高山国に遣し，その入貢を督促させる（表3⑥）．

文禄3年 (1594)	7月12日　フィリピン総督使節のフランシスコ会士アウグスティン・ロドリゲス，ジェロニモ・デ・ジェススらを伴い平戸に到着. 8月，フランシスコ会士バウティスタら，伏見で秀吉に謁しフィリピン総督の書簡および贈り物を呈する.
慶長元年 (1596)	9月1日　秀吉，明の冊封日本正使楊方亨・副使沈惟敬を大坂城に引見し，誥命・勅諭・金印・冠服を受ける．翌日，秀吉，冊封使を饗し，相国寺承兌（西笑）をして，誥勅を読ませる．日明講和交渉は破綻し，秀吉，朝鮮再派兵を決する. 9月6日　これより先，スペイン船サン・フェリペ号，土佐浦戸に漂着する．秀吉，貨物を大坂に輸漕させる．この日，浦戸の長宗我部元親の子同盛親，これを命ずる．次いで，秀吉の奉行増田長盛，阿波・淡路・紀伊などの諸浦に命じ，輸漕船を造る人夫らを供給させる. 12月19日　フランシスコ会士ペドロ・バウティスタら修道士，キリシタン計26名，豊臣秀吉の命により長崎西坂で磔刑に処せられる.
慶長2年 (1597)	2月21日　秀吉，朝鮮再派兵の陣立を定める. 7月24日　フィリピン総督フランシスコ・テーリョ・デ・グスマン派遣の使節ルイス・デ・ナバレテ・ファハルド，大坂城で豊臣秀吉に謁し，銀器・黒象などを贈る. 7月27日　秀吉，伏見城で能を催しフィリピン総督使節ファハルドらを饗応．秀吉，フィリピン総督宛て国書（表3⑦）をファハルドに託する. 8月4日　パタニ（太泥）国，秀吉に物を贈る.
慶長3年 (1598)	8月18日　秀吉，伏見に死す.

（出典）『史料綜覧』12，13巻（東京大学出版会），『対外関係史総合年表』（吉川弘文館）.

も国書は事例が紹介されるにとどまる。[2]個別研究では漢文国書の書止め、差出書、宛書の書き方など、書札礼の「書礼」に関する考察はあるが、いまひとつの「故実」、すなわち封式、料紙、墨色、字体などの文書の外形、形態に関する礼式の厚薄の研究は、[3]管見のかぎりほとんどなされていない。その理由としては、対外関係史研究においては伝統的に「文字による交流」[4]が重視され、国書の外形が外交上どのような意味を持っていたかなどは問題にされてこなかったということがあげられそうである。しかし漢字文化圏ではない未知の相手国の場合、国書の外形の重要性は相対的に増したはずであろう。

そこで本章では、手始めの基礎的作業として、豊臣政権が南蛮、ルソン、高山国に対して発給した一連の国書（表3）の故実のうち、現物や関連史料をたよりに、料紙と封式の一端を明らかにしてみたい。[5]冒頭で述べたように秀吉は朝鮮に侵略する過程で複数の国に服属を呼びかける国書を送ったが、この三者に宛てた国書については黄金色の料紙を使用しており、特徴的な外観が認められる。なぜかかる特色がみられるのか、それぞれの文書の作成・修正過程とその背後にある外交経緯を踏まえ、特徴的外形の由来と、その外交上の機能とを考察することにしたい。

第一節　インド副王宛て国書

ここではポルトガル領インドのゴアに政庁をおいたインド副王に宛てた、秀吉の国書を検討する。国書の外形を論じる前に、同上国書の修正問題を取り上げ、国書本体と国書に添付された訳文の機能を考察しておきたい。国書本体の料紙にこめられた意味がいっそう明らかになると考えるからである。

1　国書は修正されたか

天正十九年（一五九一）閏一月八日、豊臣秀吉は聚楽第でインド副王正使のアレッサンドロ・ヴァリニャーノおよびヨーロッパから帰国したいわゆる天正遣欧使節ら一行を謁見し、同日、副王ドゥアルテ・デ・メネゼスからの国書を受領した。このインド副王使節の本来の使命は、それまでの秀吉の宣教保護に感謝し一層の親交を結ぶことにあったが、来日する途上伴天連追放令が発令されたとの知らせを受け、追放令の緩和へと目的を切り替えていた。

インド副王の国書に対する秀吉の復書は最終的に帰国する使節に渡されたが、現在は行方不明であり、次の二点の関連文書のみが知られている。

一点目は、天正十九年七月二十五日付の返書下書（以下①とする）である。(6) 内容は天下統一をなし遂げた秀吉には征明の意欲があり、遠征時にはインド副王領にも便路で赴けること、日本は神国であり神儒仏を正法としていること、キリスト教は邪法でありバテレンが日本で宣教すれば処刑すること。ただし貿易は許可すること、などである。

表3　南蛮，ルソン，高山国諸国との往復国書（所蔵元・出典）一覧

1588年	4月付　豊臣秀吉宛て　インド副王ドゥアルテ・デ・メネゼス（京都妙法院）
①天正19年(1591)	7月25日付「印地阿毘曾霊」宛て　秀吉（天理大学天理図書館）
②天正20年(1592)	7月25日付　インド副王宛て　秀吉（イエズス会文書館）
③天正19年(1591)	9月15日付「小琉球」宛て　秀吉（堀正意『朝鮮征伐記』）
1592年	6月11日付　秀吉宛て　フィリピン総督ゴメス・ペレス・ダスマリニャス（インディアス総合古文書館／天理大学天理図書館所蔵「富岡文書」）
④天正20年(1592)	7月21日付「小琉球」宛て　秀吉（国立公文書館内閣文庫所蔵「南禅旧記」／訳文：ビットリオ・エンマヌエレ図書館）
1593年	5月付　秀吉宛て　フィリピン総督ゴメス・ペレス・ダスマリニャス
⑤文禄2年(1593)	11月2日付「小琉球」宛て　秀吉（マルチャーナ国立図書館）
⑥文禄2年(1593)	11月5日付「高山国」宛て　秀吉（尊経閣文庫）
1597年	5月27日付　秀吉宛て　フィリピン総督フランシスコ・テーリョ・デ・グスマン（インディアス総合古文書館）
⑦慶長2年(1597)	7月27日付「呂宋国主」宛て　秀吉（イエズス会文書館）
1598年	6月17日付　秀吉宛て　フィリピン総督テーリョ（インディアス総合古文書館）

二点目は、イエズス会士によるスペイン語およびポルトガル語の国書翻訳文（以下②とする）である。(7)日付は①のちょうど一年後の天正二十年七月二十五日付となっている。内容は①にあった「キリスト教は邪法」云々の文言が削除され、追放令は出したが通交関係は望む、といったより穏やかな文章になっている。イエズス会史料には、①の強硬的内容を知ったイエズス会側が秀吉政権に返書の書き直しを求め、これに応じた秀吉が①を起草した仏僧に②を作成させたとあり、先行研究も事実として認めている。(8)しかし後述するように、いったん清書された国書の修正がこのように簡単になしえたのか疑問である。最も問題であるのは、修正された国書の日付がちょうど一年後であり、不自然に思われる点である。

そこではじめに国書の修正時期を確認しておこう。『鹿苑日録』(9)の天正十九年五月二十

九日（一五九一年七月一九日）条には、同晩、聖護院門跡道澄、菊亭晴季、西笑承兌、惟杏永哲、有節瑞保、里村紹巴が前田玄以の邸に呼び出され、「南蛮返章之儀」を評議の上、承兌が執筆したとある。また数日後の六月三日、秀吉の御前で里村昌叱を加えた上記メンバーがこの返書案を再評議したとある[(10)]。この日の評議をもとに、七月二十五日に①の下書きが作成されたのであろう。

①はその後清書される。後年の記録となるが、一五九二年一〇月一日付のルイス・フロイス執筆「一五九二年度日本年報」に、①の内容を知ったヴァリニャーノが京都所司代前田玄以に書きかえを打診するよう在京のオルガンティーノに指示したが、この要請に対して玄以は

できるだけのことをしてみよう。だが（関白殿）の書状はすでに出来上がり、捺印もされているので、その（内容）を変えることはきわめて困難だと思う。それは数人の仏僧によって（関白）の意向に添うよう執筆されているからだ[(11)]。

と述べたとあり、この段階で清書がなされていたことが確認できる。

修正の経緯については、一五九一年一〇月九日付、長崎発、ヴァリニャーノの書簡に次の情報がある。秀吉はイエズス会士のジョアン・ロドリゲスを召喚し、インド副王使節は偽使節ではないかと詰問した。都にそのような噂が流れたからである。しかしロドリゲスが即妙に返答したため、秀吉は誤解を改め、布教をしない条件で神父の日本滞在を許可することにし、前田玄以に国書の書きかえを命じるにいたった。そして「（玄以は）それ（①）の翻訳をイルマン（ロドリゲス）の前に持って来させ、削除すべき部分について彼と一緒に調べ[(12)]」たが、その時期は、書簡中の情報から西暦の九月五日から二三日の間であったことがわかる[(13)]。

このとき秀吉が書きかえに応じた理由は、ただロドリゲスの返答に満足したからではない。高瀬弘一郎は、①の起草後に惹起した、秀吉の奉行人によるポルトガル船積載金の押し買い事件の影響を指摘している[(14)]。この事件によって

ポルトガル商人は、従来通りのイエズス会士の介在を求め秀吉に愁訴したため、貿易に関し細心の注意を払っていた秀吉はこの要請に応じた。国書を修正させたうえ、パードレ一〇名が人質名目で日本に滞在することを許可したのである。

一五九一年一〇月二七日付でヴァリニャーノは、修正版国書はいまだ長崎の自分のもとに届けられていないと述べている。[15]しかし一五九二年二月二五日付、長崎発信の書簡で「(秀吉は)既に作成され、封印されていた副王宛ての返書を変更した」「たいへんよく礼儀に適い丁寧な別の書簡を書いた」[16]と報じている。同年三月一三日付長崎発書簡には、京都から長崎に到着していたオルガンティーノとロドリゲスを通して関白の贈り物と神父らの滞在を認める決定を受領した、とある。[17]

以上から、国書の修正期間は一五九一年九月下旬から遅くとも一五九二年二月上旬頃まで、すなわち天正十九年七月末から同年年末まで、と比定することができる。しかし既述の通り、②の日付は①のちょうど一年後の天正二十年七月二十五日(一五九二年九月一日)であり、大きく外れている。この点は先行研究も注目し、修正時に①の日付をそのまま生かして年のみを修正したためにこのようになったと説明している。しかしいったん清書した国書を反故とし再調製をしたのならば、古い日付に固執する必要はなく、修正したその日付を書き入れればよいのではないだろうか。

ではなぜ②はこの日付になったのか。筆者は、①の内容を持つ国書本体が修正されなかったために、おそらく前田玄以あたりの指示で、イエズス会士は訳文中に①の一年後の日付を入れるしかなかったのではないかと考える。つまり秀吉は訳文の修正は許したが、国書本体に関しては何の指示も与えなかったのではないか。そもそも国書本体の修正があったならば、特筆の出来事のはずであるが、起草担当者の記録『鹿苑日録』に該当する記事がない。このような史料状況も、積極的ではないが、本体には修正がなかったことを暗示していよう。

国書本体と内容の異なる訳文を添えるなどということは現代の常識では考えられないが、後年のフィリピン総督宛て国書の場合も、服属を勧告する威嚇的文言が使節原田喜右衛門の訳文で改変され、結果として友好的外交が展開したということがあった(18)(後述)。このような改変が現実にまかり通ってしまうのが近世初頭の国書外交の実態であり、同様の事態はインド副王宛て国書にも起こり得たと考える。

しかしそのように仮定すると、秀吉はなぜ国書本体を修正させなかったのかが問題となる。それは、修正自体が自己の体面に関わる問題であったためではないだろうか。秀吉はロドリゲスに返書を渡す際に何度も「おまえの同僚に対しては、日本で教えを広めないという条件でその滞在を見逃しているのであって、もしそれに反することが行われているのがわかれば、目にものみせてやる(19)」と述べ、追放令を緩和する意志はないことを念押ししていた。このような態度からして、秀吉が国書の修正を望んでいなかったことは明白である。

さらには国書本体の修正を起草者に命じれば、追放された当事者であるイエズス会士の意見を容れて伴天連追放令を緩和したと政権内外で受け取られかねず、自らの権威低下は避けられない。そこで秀吉は国書本体には手を付けず、内々に玄以を通じてイエズス会士に訳文のみを修正させ、さらに宣教師の残留を人質名目で許可することで、内外に向けた体面を同時に保ったと考えられる。

それでは、イエズス会士があたかも国書本体の修正があったかのように報告したのはなぜであろうか。この問題についてはイエズス会側の単純な事実誤認と、意図的に事実を隠ぺいした可能性を指摘しておこう。後者について補足すると、天正遣欧使節を敢行し自らの日本宣教の成果をヨーロッパで宣伝することに成功したイエズス会にとって、日本に帰国する直前に発令された秀吉の伴天連追放令は、これまでの成果をすべて無にしかねない大誤算であった。それゆえにこのたびのインド副王使節は、同会にとり日本宣教の挽回となる絶好の機会であり、きわめて重要な意味を持っていた(20)。フロイスは『日本史』の中で、副王使節の結果、追放令以前の旧状復帰こそ叶わなかったものの迫害強化は抑制されたなど、諸々の「利益」を強調したが、これもまた上記イエズス会側の心理状態を反映していよう(21)。

このような状況で、国書の訳文は修正できたが国書本体は実は無修正であったと彼らが知っていたとしても、その事実を書けたとは考えにくい。

以上により、フィリピン総督宛て国書と同様、インド副王宛て国書においても秀吉の外交上のことば（文字）は国書本体ではなく、訳文に集約されていた、すなわち、南蛮宛て国書本体と添付の訳文とでは、文書上の機能が分化していたと考えられる。そこで次に国書本体に視点を戻し、文字以外の要素である料紙と封式の特徴をおさえ、その機能がどのようなものであったかを考えてみたい。

2　インド副王宛て国書の料紙と封式

最初に実際に国書を目撃したルイス・フロイスの記録を確認しよう。まず料紙については「副王が書簡に常に用いた羊皮紙の体裁に似通わせようとして、（関白殿）が特に入念に作らせた」「内側は金をもって花の模様を付し」ていた、とあり[22]、特製の装飾料紙であったことがわかる。

これはフロイスが述べるように、秀吉は使節から受領した、多彩で華やかなインド副王国書を意識したからであろう[23]。この国書についてフロイスは「高価な羊皮紙に周囲は彩飾風にしたためられ、黄金の印璽が（それから）垂れ」ていた、と表現している[24]。実際に本紙の周囲には七つの丘、双子（ロムルスとレムス）と狼、イルカなどのローマのシンボルが施されている[25]。戦勝を象徴する象、武具、豊臣家の桐紋もまた描かれており、本文の「関白殿」「殿下」には黄金文字を使用するなど、秀吉の天下統一事業の軍事的な威光を称賛する意匠となっている。秀吉はこの華麗な国書に劣らぬよう、国内の公的文書に通常使用される無地の大高檀紙ではなく、歌集や絵巻、経文に使用される装飾料紙を意図的に採用したのであろう。その料紙のサイズは「長さ八パルモ（約一七六㌢）、幅四パルモ（約八八㌢）」とあり[26]、この通りだとすれば、インド副王国書の縦約五七㌢、横約七五㌢を大幅に上回っていたこととなる。

秀吉国書の封式に関しては、次のように描写されている。

書状は巻かれ、深紅と金銀で様々な模様が描かれた、書状と同じ長さの真紅の袋に入れられた。そのうえさらに、日本では書状だけに用いる箱のようなものに入れられていた。あまりに贅沢で驚くべき作品なので、ヨーロッパ中どこでもその繊細さと精巧さを賞賛するであろう。なぜならそれはすべて、中も外も、日本でウルシと呼ばれる上薬のようなもので覆われ、大変高価な砂のような金粉で加味され、金銀の薄い板の花や薔薇で細工されている。（中略）両側には黄金の薔薇と環が銅の七宝細工と一緒についており、その中に（一語不明）紐が通り、箱が閉じられる。既述の花はたいへん高価にちがいなく、きわめて巧みな作品である。（中略）この箱は別の非常に柔らかい絹の袋で覆われており、日本風に作られた珍しい錠付きの、よくつくられた別の箱に入れられた。（中略）その箱には書状に似た別の文書もまた入っていた。そこには贈られる作品の名が記され、同時に武器を作成した仕官や師匠の名を記したものもまたあった。(27)

国書は書状に近い順に〈袋→文箱（漆器）→袋→錠付き箱〉と二層の封が施され、その一点一点の芸術性はフロイスを感嘆させたことがわかる。一方、インド副王国書の封式は

その書状は縦四パルモ（約八八㌢）、横半分、高さ同上の櫃に納められていた。内側は金地と絹で裏打ちされ、外側はすべて緑のビロードで覆われ、黄金の飾り紐と銀の多くの薔薇がついていた。（中略）金襴の立派な袋に（書状が）包んであった。(28)

とあるように、〈袋→箱〉であり、国書本体と同様華麗な装飾が施されていたものの、秀吉国書の凝った封式には及ばなかったことがわかる。このようにインド副王との間でやりとりされた秀吉の国書は、見た目の華麗さを最大の特徴とした。

3　国書の外形の意味

ここで天正十八年（一五九〇）に朝鮮国王李昖に宛てた秀吉の国書と比較してみよう。同書は万暦十八年（一五九〇）三月日付、李昖の日本国王宛て国書に対する返書であり、その料紙は江戸時代の老中奉書等に使用される「大高檀紙」であった（『江雲随筆』）。これを秀吉が使用したのは、彼が受け取った李昖の国書の料紙に外観が似ていたからであろう。筆者は宮内庁書陵部でこの李昖の国書と添付の別幅を閲覧したが、料紙は竹紙の間に雁皮紙を四枚貼り合せた厚みのあるもので、寸法は縦五八・一センチ、横一一四・九センチと大型であった[29]。印章は表に二か所、裏に一か所認められた。料紙表面は白地でやや毛羽立ちがあり、見た目には「厚手の大高檀紙」という印象であった。つまり秀吉は朝鮮国の書札礼にふさわしい料紙を採用したといえる。

しかしインド副王宛て国書は装飾料紙であり、この点が最も大きな違いである。この料紙について宣教師らの反応をヨーロッパで出版された『イエズス会書簡集』で確認すると、「これによって関白殿が、いかに大いなる敬意を払って副王を重んじようとしたかが理解される[30]」とある。

しかしながら、秀吉国書の威嚇的文言や使節を謁見する儀礼の様子からは、そのような意味が華麗な装飾料紙に込められていたとは思われない。例えば聚楽第内でインド副王からの贈り物の披露に続いて行われた国書の奉呈儀式は、次のようであった。

巡察師（ヴァリニャーノ）はその席から立ち上がり、関白殿のところに進み出て拝礼した。これは日本風に（言うと）礼《レイ》を為す（fazer rei）と称する。まず一人のポルトガル人が（インド）副王の書状を関白の前へ運んだ。（国書の封式に関する説明を中略）書状はそのようにして捧呈された。なぜなら日本人は他のあらゆる国民にも増して儀礼や外面の装飾のことに（心を）用い、このようにして贈られる書状をすこぶる尊重する習わしがあるからである。[31]

このように秀吉に拝礼をして国書を奉呈するヴァリニャーノの姿は、秀吉がまさにフィリピン総督に要求していた、服属の意を示す「聘礼」の使者である。だがフロイスはこのような儀礼は日本の習わしであるとのみ説明しており、その意味に気が付いていなかったように読める。しかしながら日本の世人は「南蛮人殿下（秀吉）へ御礼申入」[32]と見ていたし、後年ルソンに渡航した使節の原田孫七郎もまたスペイン人に、秀吉のもとには服属した琉球、朝鮮、「東インド」からも使者が送られて来た、と伝えていた。[33]

このようにインド副王使節は、日本で秀吉政権に臣礼の意を表す使節と受け取られた。その使節が奉呈した国書の華麗さ・荘厳さに負けない国書を秀吉が創出した意味は、相手に敬意を払うためではなく、逆に臣礼を受けるにふさわしい自己の権威を、相手国および国内に効果的に理解させるためであったと考えられる。そしてその権威表現は聘礼を要求した各国の文書から直接学んだものであったために、豊臣期の国書の外形は結果として画一的ではなくなった、と考えることができる。

第二節　フィリピン総督宛て国書

ここではスペインの統治下にあった、フィリピン諸島ルソン島の総督（政庁はマニラ）に宛てた秀吉の国書四通を検討する。

1　天正十九年（一五九一）九月十五日付「小琉球」宛て国書

前記したインド副王使節宛て返書案を検討する間、秀吉は明征服を決意して前進基地となる名護屋城の普請を命じ、翌月にフィリピン総督に対して「聘礼」、すなわち服属を威嚇的に要求する国書を発した（前掲表2・表3③参照）。同書をルソンに携行した使節は、マニラをたびたび訪れていた貿易商人の原田孫七郎であった。[34]国書は現存しないため、まずは総督ゴメス・ペレス・ダスマリーニャスが一五九二年六月一一日付でスペイン国王に宛てた報告書から、[35]国書の外形を確認しよう。

私はその国王（秀吉）の書簡を受け取った。それは白色に塗った一バラ半（約一・二㍍）の長さの木箱に入れられて来た。中には更に同じ大きさの箱があり、これは光沢のある黒色で美しく塗ってあり、金色の環と赤色の太い絹の紐が付いていていた。その中に、黄褐色と黄金で斑に塗られた別の箱があり、これも環及び白と紫の紐が付いていて、二つの箱には何れも緞子の裏地が貼ってあった。この第三番目の箱の中に、きめの粗い黄金色の大きい紙に包まれて書状が送られて来た。それは光沢があり黄金色のきめの粗い華美な紙に、中国の文字を以て日本語で書いた大型の書状で、羊皮紙装丁の縁取りがある教皇の大勅書より大きい程であった。文書には赤く塗られ押印された印が二つあった。

秀吉国書の料紙は「光沢があり黄金色のきめの粗い華美な紙」であり、サイズは「大型の書状で、教皇の大勅書より大きい程」であった。これだけの情報では心もとないが、少なくとも朝鮮国向けの大高檀紙ではなかったことは確かである。作製時期が重なっていることから、インド副王宛て国書と同様の大型装飾料紙を使用したとみてよいであろう。朱印は二か所に押されたようである。

はじめて国書を送るフィリピン総督に対してインド副王宛て国書と同様の料紙を使用した理由は、ルソンに実際に赴いた原田孫七郎の情報から、同地にインド副王領と同じ「南蛮人」がいる、と判断したためであろう。事実一五九四年、宣教師リバデネイラは「日本人はすべてのヨーロッパ人を南蛮（Namban）という」と記録しており、[36]ルソンにいたスペイン人もまた「南蛮人」と認識されたと考えられる。[37]

次に封式を検討しよう。封のための各アイテムは国書に近い順で〈包紙→箱→箱（漆器か）→木箱〉となっており、既述したインド副王国書とは違っている。しかし記録者が同一人物ではないから、両者の封式が異なっていたとも言い切れない。国書の豪華さを強調するフロイスが地味な木箱については記録を省略した、といった可能性がいくらでも考えられるからである。

いずれにせよ総督ダスマリニャスは秀吉宛ての返書の中で受領した国書に言及し、「彼（秀吉）は、その形式と権威、さらには重厚さと文体において、そのような偉大な君主の役割と職責を担っているようであるが[38]」と評価しており、秀吉の国書はその訳文とあわせ、スペイン人に「君主」秀吉の権威を感得させるものであったことがわかる。

2　天正二十年（一五九二）七月二十一日付「小琉球」宛て国書

秀吉の国書を受け取ったルソンでは一五九二年六月一一日付返書を調製し、対日使節として漢文に通じていたドミニコ会士のフアン・コボを選出、派遣した。コボは肥前名護屋城で秀吉に謁見し、贈呈品の剣及び短剣と総督ゴメス・ペレス・ダスマリーニャスの返書[39]（漢文）を手渡した。ここで検討するのは、このとき正使コボに渡された、二通目となる秀吉のフィリピン総督宛て国書（表3④）である。

この国書も現物は使節船がマニラに帰還する途中難破したために失われてしまったが、原文書の写し[40]とイエズス会士の入手したスペイン語訳文が残っている。趣旨は服属・進貢を本国カスティーリャ（「干系蠟」）すなわちスペインへ要求するというものであり、この段階ではルソンと本国との支配関係が正確に把握されていたことがわかる。ただし秀吉は、インド副王領がスペイン国王の支配下にあると、この段階で認識していない（本書終章参照）。秀吉は謁見の場で正使コボから地球儀を使った説明を受けたが[41]、スペイン・ポルトガルの同君連合までは理解することはできなかった。よって彼はポルトガル（インド）とスペイン（ルソン）の関係を、例えるなら東アジアの明と日本のように、見た目は同じ民族で構成されるが、支配者は異なる別々の国として認識したと考えられる。またこのとき国書の宛名は「呂宋（ルソン）」ではなく「小琉球」のままであり、秀吉の中でルソンの格付けは、琉球よりも下位にあったとみられる。(42)

なおこの国書に関して、使節船とは別の船で無事ルソンに到着した原田喜右衛門（孫七郎の主人）は、コボが遭難し国書の現物がないのをよいことに、自分は秀吉が派遣した友好使節であり秀吉は相互に戦時に協力しあう同盟的関係を望んでいる、と国書にはない内容をフィリピン総督に伝えた。(43)このためルソン側では実際の国書の内容を把握してはいたが、喜右衛門の口上を採用し、第二次使節を派遣することとなった。

さて当該国書の外観に関しては、コボに同行したファン・デ・ソリスの証言に、「（秀吉の総督宛て）書状は緞子のような黄金色の大きな一枚の紙で、金箔の上に文字が書かれており、本証人はそれら（文字）を見て、手に取り、何回も読んでもらった」(44)とある。①の国書と同様に大型で黄金色、しかも「緞子のような」（adamascado）とあるから、厚みと光沢のある金箔入り装飾料紙であったことが看取される。封式に関しては不明である。

3　文禄二年（一五九三）十一月二日付「小琉球」宛て国書

本書はルソンからの第二次使節ペドロ・バウティスタ一行に対して、秀吉が京都で発給したものである（表3⑤）。ルソン宛てでは唯一現存する大変貴重な国書であり（図3）、フィリピン総督の来日すなわち秀吉政権への服属・進貢を要求する内容となっている。この国書を携行した使節は商人の原田孫七郎であり、彼が総督に提出したスペイン語訳文を見ると、服属要求の文言は削除され、秀吉は友好を求めるのみとあり、内容が一部改変されている。この訳文は、自らの貿易を維持するために、交渉決裂を恐れていた原田喜右衛門がおそらく日本で作成させたものである。(45)訳文の最後には、使節とともに来日した者（ペロ・ゴンサレス・デ・カルバハル）をスペイン王のもとに派遣し、本国

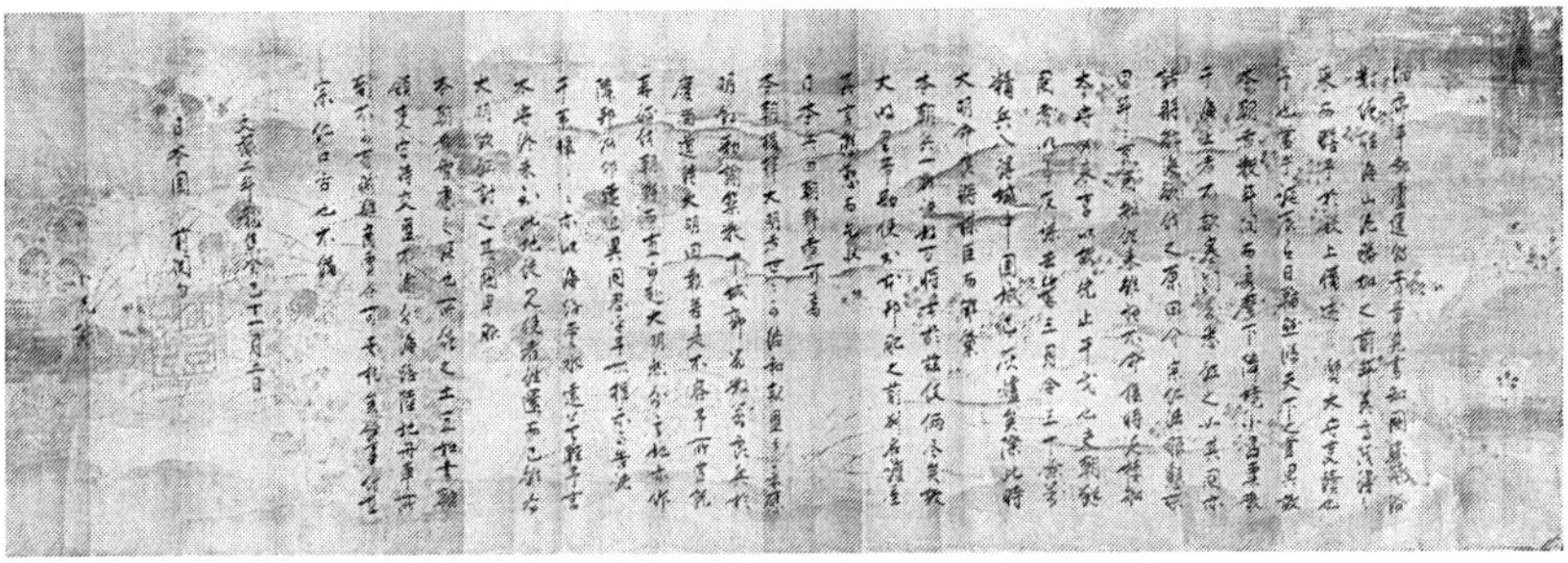

図３　豊臣秀吉のフィリピン総督宛ての国書（マルチャーナ国立図書館所蔵）

からの使節来日を交渉させよとの、本文にはない指示が加えられている。実際にスペインに渡ったカルバハルがスペイン国王に提出した文書を見ると、秀吉はフィリピン総督ではなく国王からの使節派遣を望むとの友好的な別の国書を作成し、カルバハルに託したことがわかる。[46]

一方で一五九四年六月二二日付、総督ルイス・ペレス・ダスマリーニャスの国王宛て書簡には、カルバハルが秀吉のフィリピン総督宛て国書と訳文を本国に持参するとの一節が見える。[47] するとカルバハルは総督宛てと国王宛ての二通の国書を本国へもたらしたはずである。しかしペッザーリは、総督宛て国書をカルバハルがスペインに持って行った確証はなく、イエズス会士かその関係者が一六世紀末か一七世紀初頭にヴェネチアのウミルタ教会に同書をもたらしたのではないかと推定している。[48] 結局のところいつだれが総督宛て国書をヴェネチアにもたらしたのかは現段階で不明といわざるをえない。

筆者はマルチャーナ図書館で当該国書を実見した。先行研究では、料紙は「厚手の鳥の子紙」[49] とされていたが、無地と切箔の二種類の料紙（いずれも鳥の子紙か）を貼り合せたため厚くなったと見られる。[50] 法量は縦五二センチ×横一五三センチ[51] と大型であり、約九・五センチ間隔での縦の折幅が全体に認められた。経年劣化の影響であろう、料紙全体が退色しているのと、下絵の一部が薄墨で描かれているために一見地味な印象であったが、料紙全面に施された金泥の草花が光に反射すると、同書は黄金色に輝いて見えた。

先行研究によれば墨書は西笑承兌のものである。朱印は押印されたというよりも手で描いたように見え、一見不自然であったが、後述の高山国宛て国書や、尊経閣文庫が所蔵する徳川家康渡海朱印状にも同様の印影が認められた[52]。封式は、一五九四年二月四日付、都《メアコ》発、ペドロ・バウティスタの書状に「国王（秀吉）の書状は二つか三つの小箱に納められ、そのひとつに金箔が貼られている[53]」とあり、最初の天正十九年の国書と同様であったと考えられる。

以上のように、大型で黄金色の装飾料紙を使用し朱印を押した本国書は、封式も含めてこれまで検討した国書の記録との共通点がたいへん多いといえる。

4　慶長二年（一五九七）七月二十七日付「呂宋国主」宛て国書

スペイン国王からの返書を待つ間の一五九六年八月にサン・フェリペ号事件、続いて年末に二十六聖人殉教事件が起こると、一五九七年、フィリピン総督テーリョ・デ・グスマンは使節ルイス・デ・ナバレテに秀吉宛て国書と贈り物を託して来日させ、秀吉は返書を認めた（表3⑦）。この国書は使節船が帰路、台湾島沿岸で遭難したために失われたが、イエズス会が入手した清書控えからの写し（漢文）とスペイン語の訳文が残っており、内容と書式を知ることができる。

しかし当該秀吉国書の外形に関する記録は見出せず、周辺の情報から手掛かりをつかむしかない。使節謁見の様子については『鹿苑日録』の慶長二年（一五九七）七月二十七日条に「金銀膳華麗驚目」とあり、金銀の膳を用い贅を尽くした様子がうかがえる。この点は国書の外形を考える手掛かりになりそうである。また翌八月四日に秀吉は、マレー半島東岸中部にあった女王国のパタニ（太泥）国使節を謁見したが[54]、「去月当月自異国両度進貢、大徳之至也[55]」とあり、秀吉政権としては双方ともに「進貢」すなわち秀吉に貢物を進上する使節と認識していたことがわかる。しかしそれは、ルソン側が一貫して拒絶していたことである。それまで総督が日本に派遣した使節はあくまで秀吉の送った使節が本物であるかを確認する、あるいは友好協定を締結する使命であると総督の国書には明記されていたし、秀吉への贈り物も誤解を避けるためであろう、インド副王使節と比較して簡素であった[56]。

そこでまずルソン側が、このたび日本に派遣した使節をどのように認識していたのかを確認しておこう。総督テーリョは一五九七年五月一九日付、マニラ発、スペイン国王宛て書簡で次のように報告している。

日本の皇帝（秀吉）は、サン・フェリペ号の財貨を没収し、秘密裏に許可証であるチャパ（Chapa）を彼の諸国に発給した。大勢の人々を招集して強力な艦隊に載せ、本年一〇月頃にこちらに来るためである。それ（目的地）はエルモサ（台湾）島かカガヤン（ルソン島北部）の二か所のうちひとつとされる。（中略）日本について言われていることにつき、日本に使節が赴くことはよいと考えられるか軍事諮問会議に提案したところ、協議がなされた。彼らは私に諾と返事をし、日本でなされている妨害について我らが理解しているとみなさないように、日本に行く人は用心深く、あちらの意図をたくみに器用に見抜くことのできる人物がよいとし、十分な贈り物をもっていくことにした[57]。

秀吉がルソン方面に侵攻するという不穏な情報を得て、偵察の使節を派遣することにしたと述べている。このとき使節に任命されたルイス・デ・ナバレテは、総督テーリョの秀吉宛て国書を携行したが、そこには、今回は親交の意を伝える大使を送り、両国の親交に基づきサン・フェリペ号の積荷とフランシスコ会士の遺骸の返還を要求する、と述べられていた[58]。サン・フェリペ号は周知のとおり土佐沖に漂着したスペイン船であり、秀吉は同船の積荷を没収し、またその直後にルソン使節として入国したのち、京都で宣教活動をしていたフランシスコ会士を処刑していた（表2）。

このように、このたびの使節の本来の使命は、秀吉の侵攻に備え日本を偵察することにあったが、表向きはサン・フェリペ号および二十六聖人殉教事件の事後処理をめぐる交渉のための親交の使節として派遣されていた。このときフィリピン総督の準備した「十分な贈り物」は「鎧二領及び鋼鉄の膝当その他の武器、ならびに予が肖像及び銀の器一個、その他雑品」と、秀吉の希望した黒象[59]であったが、これらは秀吉を欺くための演出道具であったといえる。そして一方の秀吉政権はこれらの豪華な贈り物を持参した使節を「進貢」の使節と受け取った。これまでの使節はとくに日本側に史料が残らないほど地味な待遇であったといえるが、今回はインド副王使節と同様に「金銀膳華麗驚目」と記録されたゆえんである。

これを一因として、秀吉の国書の内容もまた、インド副王宛てに近いものに変化したと考えられる[60]。国書の宛名も従来の「小琉球」ではなく「呂宋国主」へと変更されたが、これはルソンの名称をこのときはじめて知ったからではなく、正式名称を記すことによって進貢国へと「格上げ」した意味を込めたのであろう。そうすることで進貢を受ける自己の権威もまた上昇するからである。

それでは肝心の国書の外形はどうであったのか。この点もパタニ国に関する記述が参考となり、国書の発給の様子を西笑承兌が次のように記録している。

（慶長二年八月）四日。（中略）御返翰草案可書之旨上意。諾而帰。（中略）五日。（中略）今日者書大泥国草案。（中略）八日。大泥国御返事之料紙来。即赴増右（増田長盛）。様子談之。包紙下絵用意可有之由申也。（中略）九日。今日大泥国返書清書。午後到殿中備尊覧。於御前押金印[61]。

草案作成後に料紙が調製者に渡され、包紙と下絵が用意され、清書ののち秀吉の面前で「金印」（朱印）を押す手順を踏んだことがわかる。パタニ国宛て国書には装飾料紙と朱印が使用されたのである。なおイエズス会が入手した清書の控えからの写し冒頭に「日本国　太閤　御朱印　復章[62]」とあり、フィリピン総督宛て国書にも朱印が押印されていたことは確実である。装飾料紙と朱印の使用は、インド副王宛てと過去三回にわたりフィリピン総督宛てに発給した国書にも共通している。

以上本節を小括すると、フィリピン総督宛て国書の外形はインド副王宛ておよびパタニ国宛てと共通点の多いことが明らかになった。とくに注目すべきは、国書本体と内容の異なる訳文が添付されていた点である。そして国書を受領したスペイン人は、訳文から「君主」秀吉の「ことば」（国家意思）を、国書の外形から「権威」を読み取って外交を展開していた。国書の分化した機能をここに認めることができる。

第三節　高山国宛て国書

当該国書は前節で取り上げた三通目のフィリピン総督宛て国書の、わずか三日後の日付で調製された、文禄二年（一五九三）十一月五日付国書（表3⑥）であり、尊経閣文庫が原本を所蔵する。明治十五年（一八八二）に火災に遭ったため部分的に焼失しており、[63]調査時もなお修復待ちということで、筆者は実物を閲覧することができなかった。火災前の本文の記録が前田家に保存されていたために内容は全文判明しており、ルソン宛てと同様に、日本に礼に来なければ征服する旨が述べられている。

まず先学の諸記録をもとに外形の特徴を押さえておこう。料紙は「厚手鳥の子紙」、法量は縦五三・五チセン×横一五五・七チセンである。[64]金泥の模様と下絵入りの大型装飾料紙は前節マルチャーナ図書館所蔵のフィリピン総督宛て国書（表3⑤）と多くの共通点が見出せる。残念ながら同書も封式や添付文書に関しては一切情報がない。なぜ同書が尊経閣文庫に入ったかの経緯も不明である。

最大の問題は、秀吉がなぜインド、ルソンと同様の国書を未知なる高山国に送ったか、あるいは送ろうとしたか、ということである。「高山国」は現在の台湾と比定されている。同島の中国での名称は「夷州」「琉求」「瑠求」「鶏籠山」「北港」「小琉球」「東寧」等があり、西洋でも Lequeo, Formosa, Hermosa など多くの呼称が知られるが、「高山国」は日本独自の名称であり、その最古のものとされている。(65)台湾はルソンへの航路上にあるから、秀吉は原田喜右衛門などから「高山国」の存在を聞いて知っていたのであろう。なお同地にスペイン人が進出するのは一六二六年以降であり、(66)秀吉が国書を送付する時点で統一政権は存在せず、わずかの漢族系移住民のほか、複数のマレー・ポリネシア系住民が集落を形成していた。(67)すると高山国がインドやルソンと同国・同勢力であるという認識は豊臣政権期になかったはずであるから、そのような理由で同じタイプの国書が作製されたとは考えづらい。

そこで高山国宛て国書を発給した経緯から理由をあらためて確認しておこう。既述のとおり秀吉はルソンに対し、朝鮮侵略を開始する直前の一五九一年九月に最初の威嚇文書を発した。翌天正二十年（一五九二）五月十八日、初戦勝利に気をよくした秀吉は朝鮮に出兵した「御先衆」に「天竺」に近い国を与えると表明し、(68)同年七月二十一日付で二通目の威嚇文書をルソンに発給している。ルソンの総督府では使節コボに随行した中国人キリシタンのアントニオ・ロペスから翌一五九三年に聞き取りを行ったが、前年の情報として「日本の皇帝（秀吉）」がルソン征服を長谷川法眼（宗仁）に委ねたこと、また「台湾島の征服を一日本人に委ねたという噂」、台湾や琉球経由で日本人が来航しルソン島北部カガヤン居住の日本人と結託してルソンを征服する可能性があるなどの情報を入手している。(69)もちろんこれらがすべて正確であるとはいえないが、少なくとも膨張熱に沸く当該時期の日本の雰囲気は伝えていると見てよいであろう。一五九四年一月七日付、総督ゴメス・ペレス・ダスマリーニャス宛て、ペドロ・バウティスタの書簡には、長谷川法眼が秀吉に「台湾島」の征服を願い出たが、秀吉は親善関係上これを拒絶したとある。(70)一五九三年にも政権周辺で台湾征服の意欲は継続していたことがわかる。

したがって、秀吉の台湾（高山国）宛て国書の発給は、朝鮮侵略戦争の初戦勝利をうけて政権の内部および周辺で高まっていった、征服拡張動向の延長線上に位置づけることができる。秀吉の侵攻計画は中国大陸だけではなくその先の「天竺」をも目指すものであったが、その間に位置した高山国は、すでに進貢したインド、交渉中のルソンとともに、服属の対象地にのぼっていたことが明らかである。つまり秀吉の対外観においてこれらの国々はいわば南方の進貢国として一律に把握されていたために、同じタイプの国書が発給されるにいたったと考えられる。

なお岩生成一は、「(使節の原田喜右衛門が)台湾島の人民と平和を結ぶため、同島に赴く大使に任ぜられた」と報じるバウティスタの書簡を根拠に、秀吉の強硬政策に一部親善策への変更があり、高山国国書は結局利用されずに尊経閣に入ったのではないかと指摘した(71)。これについては、三日前のルソン宛て国書で秀吉は、諸将が征伐を望んだが総督が来日するであろうと原田が長谷川を介して懇願したので兵を止めている、総督は来日せよ、貿易は安心して行うように、と述べている(表3⑤)。この「派兵を止めている」は、たしかに「親善」策への一部変更と受け取れなくもない。

しかし同じ国書で秀吉は「返答次第では派兵する」と威圧していることに変わりはなく、武力で服従を迫る秀吉の対外政策に根本的な変更があったといえない。そうである以上、やはり高山国宛て国書はこれまで指摘のあるように実際に使用された可能性が残り、現地で渡すべき相手がいなかったために原田が日本へ持ち帰り、その後何らかの事情で尊経閣文庫に入ったのであろう。

おわりに

本章では豊臣秀吉発給の黄金色国書としてインド副王、フィリピン総督、高山国宛て各国書を取り上げ、それぞれの国書の料紙・封式から三者に共通する外形の特徴を明らかにした。その意味するところは次の二点と考える。

第一に、一連の国書の外形的特徴には、日本列島南方への拡張を試みた豊臣外交が反映されていた、ということである。大型で黄金色の装飾料紙に朱印を押した華やかな料紙は同時期の朝鮮国王宛てとかなり様相が異なっており、さらに古代、中世の事例に遡りよく検討しなければならないが、おそらくは豊臣政権が創出した新しい類型の外交文書である。その背景には、同政権の対外拡張の目論見がある。秀吉は中国大陸に侵攻する過程で、朝鮮国、琉球王国ばかりではなく、周辺諸国に対しても、自己に臣礼を表する使節の派遣を望んだ。このうち最初に臣礼の使節と見立てることに成功したインド副王使節から、秀吉は見慣れぬ華麗な国書を受領したが、それを参考に臣礼を受けるに値する自己の権威を示す国書を作成させ、以降同じように朝貢関係を要求したルソン、高山国、そしてパタニとの外交においても、同タイプの国書を使用するようになったと考えられる。

第二は、しかしながら一方で黄金色国書の特殊な機能は、秀吉の強硬的な外交を緩和させる効果があった、ということである。これらの国書には通常使節の作成する訳文が別に添付されたが、漢文で記された国書本体とは果たす役割（機能）が異なっていた。国家意思である君主のことばは訳文を通して相手国に伝達されたため、国書本体にはもっぱら君主の権威を伝える機能が期待されていた。既述のように見た目に華美な料紙が使用されたゆえんである。問題は、訳文が必ずしも国書本体に記された秀吉のことばを忠実に伝えるものではなかった、ということである。インド副王宛て国書の場合、伴天連追放令違反の宣教師を殺戮するといった威嚇的文言が訳文では削除された。しかし秀吉は清書ずみの国書本体を修正させなかった可能性があると指摘した。秀吉はポルトガル貿易と伴天連追放令の双方を同時に維持したいと考えていたから、そうすることで国内と国外の両方に体面を保つ必要があったと考える。フィリピン総督宛て国書の場合は、秀吉の家臣でキリシタン商人の原田喜右衛門の手で訳文の改変が行われたが、この場合は原田が自らのルソン貿易のために友好関係を維持する必要があり、訳文上で秀吉の威嚇文言を削除する操作に及んだと考えられる。

このような外交の結果として、秀吉は聘礼を一方的に命じる自己に都合のよい居丈高な国書を最後まで出し続けることができたが、一方で改変訳文を受け取ったインド、ルソン側では、朝鮮、琉球のようにまともにそれと向き合わずにすみ、豊臣政権との決定的な関係破たんを――換言すれば開戦を回避することができた。秀吉自身もこの黄金色国書の便利な仕組みにあるいは気づいており、晩年まで出し続けたのではないだろうか。

今後の課題は、料紙、封式以外の故実の要素である。本章で詳しく論じることのできなかった墨色、字体を検討し、そのうえで書札礼をあわせた研究成果を古代以来の日本の外交文書の系譜に位置づけ、黄金色国書の歴史的な意味をさらに追究する必要があるだろう。ひとまずは豊臣期になって登場したと思われる黄金色国書の故実は、徳川期の外交文書に継承されていないように見えるが、『異国日記』などでその顚末を探っていくことを、次の具体的な検討課題としておきたい。

注

（1）藤井讓治「一七世紀の日本―武家の国家の形成―」（『岩波講座日本通史12　近世2』岩波書店、一九九四）四六～四八頁。

（2）勝峯月渓『古文書学概論』目黒書店、一九三〇年。

（3）「故実」について、上島有「書札礼」（『世界大百科事典』）を参照した。

（4）田中健夫『前近代の国際交流と外交文書』（吉川弘文館、一九九六年）三四頁。

（5）一六〇三年刊行『日葡辞書』「南蛮」Nanban の項目に、「Minamino yebisu（南のえびす：南の地方）、例 Nanbangocu（南蛮国：南方の国）」とある（『邦訳日葡辞書』土井忠生・森田武・長南実編訳、岩波書店、一九八〇年）。初出の旧稿ではこの用例を踏まえ、ポルトガル、スペイン両勢力の拠点であるインドのゴア、ルソンのマニラ、台湾を含む、日本より南方の諸国を「南蛮」と呼んだが、終章で述べるように秀吉の「南蛮」認識は晩年までほぼインドに限定されていたと考えられるため、本書では改め、「黄金色国書」と呼ぶことにした。

（6）『天理大学善本叢書和書之部六八巻　古文書集』（八木書店、一九八六年）二九五～二九八頁の写真参照。柳田利夫「豊臣秀吉インド副王宛書簡案文について―欧文原史料と比較して―」（『ビブリア：天理圖書館報』八八、一九八七年）。

（7）高瀬弘一郎「インド副王ドゥアルテ・デ・メネゼスが豊臣秀吉に送った親書―日本側からの考察―」（『流通經濟大學論集』三三―三、一九九八年）八四～八五頁で日本語の重訳文を紹介している。

（8）ARSI, Jap. Sin. 51, f. 344v.（一五九二年一〇月一日付、ルイス・フロイス筆「一五九二年度日本年報」）。柳田利夫前掲論文、高瀬弘一郎前掲論文ほか。

（9）『鹿苑日録　三』（辻善之助編、続群書類従完成会、一九六一年）一六頁。当該部分は「有節瑞保日記」に当る。

（10）前掲『鹿苑日録』一七頁。「南蛮国伴天連以邪法排正法。自今以往。於本朝。以邪法欲作済度衆類。悉以可被加誅由也。只於本朝者。商買往来被許之由也」とある。

（11）ARSI, Jap. Sin. 51, f. 340. 'Dijo que haria lo que pudiese mas que había grande dificultad en se mudar la carta que estava ya acabada y sellada la qual como estava hecha por algunos bonzos hizieron la a su voluntad.'（前掲注（8）「一五九二年度日本年報」）。フロイス『日本史　2　豊臣秀吉篇Ⅱ』（松田毅一・川崎桃太訳、中央公論社、一九七八年）一三四頁も参照のこと。

（12）マカオのコレジオ院長宛て。ARSI, Jap. Sin. 11 II, f. 250v. 'fazendo vir o traslado della diante do irmão, e examinando con elle o que parecia que se avia de tirar.' 柳田利夫前掲論文、五六頁の訳文も参考にした。

（13）柳田利夫前掲論文、五二〜五三頁参照。

（14）高瀬弘一郎前掲論文、八三〜八四頁。

（15）ARSI, Jap. Sin. 11 II, f. 253. 'fue dilatando esta respuesta tanto que aun hasta agora no es venido, como della depende la resolución de todo lo que hemos de hazer, quedamos con la tardanza della suspensos y indeterminados en todas las cosas.'

（16）ARSI, Jap. Sin. 11 II, f. 283. 'no solo mudo una carta que tenía ya escrita y sellada para el virrey en que decía que desterrara os padres de Japón porque predicavan en el una ley mala y del diablo y destruyan los Camis y Fotoques y que sin duda si algunos viniessen aquí los mataria, escriviendole otra carta muy bien enseñada y cortes.' 柳田利夫前掲論文、五八頁の訳文を一部改訳した。なお書簡の日付は本文裏面の記録「二月一五日」と、本文の「二月二五日」と二つあるが、前者は本国で日付をメモした際の誤りであろう。

（17）柳田利夫前掲論文、六〇頁。ARSI, Jap. Sin. 11 II, f. 288. 'despues de las otras que escrevi a V.P. por via de Firando en que le dava cuenta de la llegada del Pe Organtino y del hermano Juan Rodriguez de Miaco aquí con el presente que manda Quanbacudono al virrey y la resolución di Quanbacudono que quedassen hasta dies de mis compañeros en esta iglesia de Nâgassaqui.' なお同論文には、その後ただちに離日するはずであったが、ポルトガル船が商品を捌くことができずに越冬することが決まった、とある。実際の帰国は表2の通り、一五九二年の夏となった。

（18）詳しくは拙著『近世日本とルソン―「鎖国」形成史再考―』（東京堂出版、二〇一二年）。
（19）柳田利夫前掲論文、五九頁。
（20）的場節子「天正十九年インド副王宛秀吉書簡と進物追跡考」（『日本歴史』六九九、二〇〇六年）では、イエズス会にはこの使節の成果報告を通してスペイン・ポルトガル国王に宣教目的の日本渡航をイエズス会に限り許可してもらう思惑があったとする。
（21）前掲フロイス『日本史 2』、一二七〜一三〇頁。
（22）ARSI, Jap. Sin. 51, f. 345. ‘mando hazer de proposito para imitar quanto podia la manera de pergamino en que venía la del visorey y va el papel de dentro iluminado con muchas flores de oro’. 前掲「一五九二年度日本年報」。
（23）現在は妙法院の所蔵であり、京都国立博物館に寄託されている。
（24）ARSI, Jap. Sin. 51, f. 317v. ‘la carta escrita entre rico pergamino con figuras iluminadas al rededor con un sello pendiente de oro’. 前掲「一五九二年度日本年報」。前掲フロイス『日本史 2』、九八〜一〇〇頁の記録も参照のこと。
（25）新村出『南蛮広記』（岩波書店、一九二五年）四七〜四九頁。根占献一『イタリアルネサンスとアジア日本』（知泉書館、二〇一七年）一三五頁では、ポルトガルのカトリック・ヨーロッパのローマ意識の反映であるとし、また、天正遣欧使節にローマ市民権が付与されたことと無縁ではないとする。なお一六一五年一一月二〇日付で慶長遣欧使節の支倉常長に付与された「ローマ市公民権証書」の構図と一部のモチーフが重なっており、興味深い。
（26）ARSI, Jap. Sin. 51, f. 345. ‘va escrita esta carta en un papel de ocho palmos de largo y quatro de medio’. 前掲「一五九二年度日本年報」。
（27）ARSI, Jap. Sin. 51, ff. 345-345v. ‘la carta arrollada y metida en una bolsa de carmesí de varias pinturas de oro y plata tan larga como la misma carta, la qual va despues metida en una manera de caja que sirve en Japón solamente para cartas, la qual es muy rica y de obra tam maravillosa que en todas partes d'Europa causara admiración la delicadeza y primor de la dicha obra, por que es toda cubierta de dentro y de fuera de una manera de barniz que en Japón llaman *uroxi* matizada de oro molido a manera de arena que sobra muy costosa y labrada con unas flores y rosas de laminas delgadas de plata y oro que van de tal manera enxeridas con aquel *uruxi* … …y de ambas partes tiene unas rosas y unas argollas de oro con esmalte negro de cobre en las quales es （ ） unos cordones con que la caja se sierra y las dichas rosas fuera de ser de mucho precio son de obra muy prima … … (f. 345) caja va toda cubierta

con otra bolsa de seda muy blanda y metida en otra caja bien hecha con curiosas cerraduras hechas a su modo... ... en la misma caja otro papel semejante a la carta en que van escritas las pieças que se enbien y juntamente los nombres de los oficiales y maestros antiguos que hizieron las armas'. 前掲「一五九二年度日本年報」。

（28）　ARSI, Jap. Sin. 51, f. 317v. 'iba metida en un cofre de quatro palmeos de largo y medio de ancho y otro tanto de alto, el qual de dentro era aforrado una tela de oro y seda y de fuera todo cubierto de terciopelo verde con trenzas de oro y muchas rosas de plata entre ...... y metido en una bolsa rica de brocado'. 前掲「一五九二年度日本年報」。

（29）　田代和生「朝鮮国書・書契の原本データ」（https://www.jkcf.or.jp/wordpress/wp-content/uploads/2019/11/1_3_2j.pdf、最終閲覧日二〇二四年三月二八日）三〇〇～三〇一頁。伊藤幸司「現存史料からみた日朝外交文書・書契」（『九州史学』一三二、二〇〇二年）三六頁によると、朝鮮国「書契」の書札の場合、料紙は厚いほど厚礼ということである。なお国書を包んでいた内袋と外袋があり、さらにこれらを収めた鍵付き箱が別にあったようである。

（30）　「一五九一、一五九二年度年報」（松田毅一監訳『十六・七世紀イエズス会日本報告集　第Ⅰ期第一巻』（同朋舎出版、一九八七年）二七三頁。底本のジョン・ヘイ編「イエズス会書簡集」はアントウエルペンにて一六〇五年に刊行された。

（31）　前掲フロイス『日本史　2』九八～九九頁。

（32）　『時慶記　一』（臨川書店、二〇〇一年）九〇頁。

（33）　前掲拙著、一四三頁。

（34）　前掲拙著、一四五頁。

（35）　AGI, FILIPINAS, 18B, R. 2, N. 12. 'me dieron la carta de aquel Rey que venía en una caja de madera larga vara y media pintada de color blanco y dentro otra caja del mismo grandor muy bien pintada barniçada y bruñida de color negro con unos argolloncitos dorados y unos cordones gruesos de seda colorada y dentro desta otra caja pintada de jaspeado color leonado y oro con sus argollones y cordones de seda blanca y morada aforradas ambas de damasco y dentro desta tercera envuelta en un papel recio y ancho pintado y dorado venía carta escripta de letras chinas en lengua japona en un papel recio luminado y dorado con mucho primor es la carta tan grande y mayor que las bullas apostólicas que tienen derrame en pergamino, sellada con dos sellos pintados de colorado, impresso, ...'.

訳出にあたりパブロ・パステルス『16—17世紀日本・スペイン交渉史』（松田毅一訳、大修館書店、一九九四年）三六頁の松田毅一訳文を一部引用した。

（36）Marcelo de Ribadeneira, *Historia de las Islas del Archipiélago Filipino y Reinos de la Gran China, Tartaria, Cochinchina, Malaca, Siam, Cambodge y Japón*, edición, prólogo y notas por Juan R. de Legísima, Madrid: Editorial Católica, 1947, p. 338.

（37）ただしそれはあくまで同じ人種といった程度の表層的な理解であり、後述するようにポルトガルとスペインの同君連合などの政治形態まで正確に知っていたわけではない（本書最終章も参照のこと）。

（38）AGI, FILIPINAS, 18B, R.2, N.12.（前掲注（35））。'aunque el parece papel y despacho de tan gran principe en la forma y autoridad della y aun en la gravedad y estilo de las palabras'.

（39）村上直次郎『異国往復書翰集』（雄松堂書店、一九六六年）第一三文書。

（40）国立公文書館内閣文庫所蔵『南禅旧記　下』所収漢文写本。岡本真「天正二〇年の小琉球宛て豊臣秀吉答書写」（松方冬子編『国書がむすぶ外交』東京大学出版会、二〇一九年）で翻刻文と大意が紹介されている。

（41）岩生成一「豊臣秀吉の台湾島招諭計画」（台北帝国大学文政学部『史学科研究年報』七、一九四二年）八四頁。

（42）跡部信『豊臣政権の権力構造と天皇』（戎光祥出版、二〇一六年）一九七頁。

（43）前掲拙著、一四八～一五〇頁。

（44）Francisco Colín, *Labor evangélica: ministerios apostólicos de los obreros de la Compañía de Iesús, fundación, y progressos de su provincia en las Islas Filipinas*, ed. Pablo Pastells, Barcelona: Impr. y Litografía de Henrich y Compañía, 1900, II, p. 63.

（45）前掲拙著、一五六～一五八頁。

（46）前掲拙著、一五九～一六〇頁。

（47）AGI, FILIPINAS, 6, R. 8, N. 115. 'lleva la carta misma y su traducción'「彼はその書簡と翻訳文を持っていく」とあり、「その書簡」とはこの文より前に置かれている'Me pide por su carta original que quiere que la vea V. M^{d}.' の一節から、総督自身に渡された秀吉の書簡であることがわかる。秀吉はその書簡をスペイン国王が見ることを望んでいた。

（48）Pezzali, Amalia, Una lettera originale di Hideyoshi del 1593 al governatore delle Filippine fra i manoscritti orientali della biblioteca Marciana, *Atti dell' Istituto Veneto di scienze, lettere ed arti*, anno acc. 1966-67, Tomo CXXV, Classe di scienze morali, lettere ed arti, pp. 449-488, Venezia, 1967, pp. 476-477. ウミルタ教会はイエズス会が運営した教会であり、同地区にサルーテのソマスキ修道院がある。その付属図書館からマルチャーナ図書館へ国書が移されたとある。

(49) 岩生成一「文禄二年（一五九三）呂宋長官あて豊臣秀吉の書翰について」（『古文書研究』二五、一九八六年）四頁。

(50) 筆者の目の前で破損部分の鑑定をしたマルチャーナ図書館修復部門の職員クラウディア・ベンネスティート氏も、ほぼ間違いなく二枚であろうとの見解であった（二〇一八年三月一二日）。

(51) マルチャーナ図書館の図録（Biblioteca Marciana, Nardini Editore-Centro Internazionale del Libro-Firenze, 1988）一二二頁の解説による。なお岩生成一前掲論文は縦五三㌢×横一五八㌢（四頁）とする。

(52) 朱印について、岩生成一前掲論文を参照のこと。

(53) Lorenzo Pérez, *Cartas y Relaciones del Japón I (Cartas de San Pedro Bautista)*, Madrid: G. López del Horno, 1916, p. 43.

(54) 岩生成一『新版　朱印船貿易史の研究』（吉川弘文館、一九八五年）一五六頁。同書によると室町時代には琉球人の商船が渡航しており（三二頁）、徳川家康の太泥宛て渡海朱印状は三通現存する（六八頁）。朱印船の渡航総数は七と推計されている（一七一頁）。豊臣期の国書の内容は不明であるが、徳川家康の発給した同地宛ての国書は、慶長四年七月付（「異国日記」）、同一一年八月十五日付（「異国近年御草書案」）の二通を確認しうる。

(55) 『鹿苑日録　二』（辻善之助編、続群書類従完成会、一九六一年）三五九頁。

(56) フィリピン総督の国書は前掲『異国往復書翰集』第一三・二一・二三文書。ルソンの第一次使節コボは「粗雑なラシャの聖服」を着、贈り物は「友好の印として」贈られた十二振りの剣と短刀」であった（J. L. Alvarez-Taladriz編「秀吉宛ドミニコ会士パードレ・フライ・フアン・コーボの外交使命に関する補足」『キリシタン研究　一五』吉川弘文館、一九七四年、二六八～二六九頁）。第二次使節の贈り物は「立派な装具をつけたカスティリャの馬一頭、黄金の装飾のついたビロードの服一着、カスティリャの美しいシャツ多数、色彩々の絹靴下、大鏡一個、及びその他の珍しい品々」（パステルス前掲注(35)書、八二頁）。第三次使節は「イスパニヤ貴族の被服一式、カパ（外套）一着、靴足袋二足、手巾四枚、帽子一個、金鎖付短剣一口、水牛二頭（途中一頭を生む）、猟犬二頭、大小壺数種、オリーブの実一樽、葡萄酒二樽、アルガリヤ猫五頭（途中二頭斃死）等」（村上前掲書、六七頁）であった。インド副王の贈り物は、ミラノ製の甲冑二領、衝剣二振り、鉄砲二梃、鉄砲にもなるトゥラサード（短刀か）一つと付属品、油絵の掛布四枚、立派に飾った一頭のアラビア馬、野戦用天幕一張り（前掲フロイス『日本史　2』九五頁）となる。

(57) AGI, FILIPINAS, 18B, R. 7, N. 61. 'el emperador de los japonesses tomando la hacienda de la nao San Phelipe con mucho secreto avia mandado despachar chapas que son patentes para sus reynos a levantar cantidad de gente con poderosa armada para venir a

estas partes por el mes de octubre este año a una de dos partes que son a la isla Hermosa o Cagayan. … …（f. 1). También propuse al consejo de guerra si seria bien entendido lo referido del Japón que fuese el embajador que se avia tratado respondieron me que si y que no nos diesemos por entendidos de las prevenciones que en el Japón hazen y que la persona que fuese sea cauto y que cale y penetre con destreza y mana los disignios de alla y que lleve un buen presente（f. 1v).'

（58）前掲『異国往復書翰集』第二五文書。

（59）ARSI, Jap. Sin. 45 I, ff. 207v~209v. イエズス会がこの控えの写しを入手した経緯については次のように記されている。「太閤様が様々なところに送った書状、許可状、法令はすべて冊子の中に写され、このために既述の太閤様の秘書のところにある。前述の（榎並）助之丞は同使節の文書で奔走した増田右衛門尉の家臣、秘書であり、こちらから今送る前述の写しを手に入れた。」'porque de todas las cartas patentes y provisiones que Taicosama embie a diversas partes quedassen treslados escritos en libros que para esto estan en la secretaria del dicho Taicosama, el dicho Suqenojodono que es teniente, y secretario de Maxitayemonnojodono que corrio con el despacho del mismo embajador saco el dicho treslado que aca he enviado'（f. 207v).

　榎並はキリシタン武士（洗礼名マチアス Mathias）であり、都の三人の奉行のひとりとある（f. 210）。榎並がオルガンティーノ神父に宛てた、見たいであろうから写しを送るという内容の日本語の書状も写されている。イエズス会が秀吉発給文書を入手する経路の一端がわかり、興味深い史料である。

（60）本書最終章も参照のこと。

（61）「日用集」。前掲『鹿苑日録』三五九～三六〇頁。なおルソン宛て国書は七月二十七日付で作成されたはずだが、残念ながら記録がない。

（62）前掲注（59）のイエズス会文書。

（63）辻善之助『増訂　海外交通史話』（内外書籍、一九三〇年）四四三頁。

（64）岩生成一前掲注（49）論文、四頁。

（65）横田きよ子「日本における「台湾」の呼称の変遷について―主に近世を対象として―」（『海港都市研究』四、二〇〇九年）。

（66）一五九三年、第一回台湾遠征隊（指揮官ファン・デ・サムディオ）をマニラで編成するもこの遠征は失敗した。サムディオは一五九八年、中国当局に日本の台湾占領を警告している。一六二五年オランダに対抗し、第二回遠征隊を編成（指揮官アントニオ・カレニョ・ヴァルデス）。翌年淡水に居留地を形成したが、一六四二年撤退している。グレゴリオ・F・サイデ『フィリピンの歴史』（松橋達良訳、時事通信社、一九七三年）一七一～一七二頁。

（67）伊藤潔『台湾—四百年の歴史と展望—』（中央公論新社、一九九三年）四～五頁。若林正丈『台湾の歴史』（講談社、二〇二三年）。

（68）「組屋文書」の「御ひかしさま・御きやくしんさま宛、山中長俊書状」中に「一、こんと（今度）御さき（先）つかまつり（仕）候しゆ（衆）は天ちく（竺）ちか（近）きくに（国）ともくたされ候、そのゝち（後）ハ、うへさま（上様）御ことは（言葉）をくわへられすとも、なる（成）へきほと天ちく（竺）きりとり（切取）申候やうにとのきよい（御意）候」とある。『豊臣秀吉朝鮮侵略関係史料集成1　一五八五～一五九二年』（北島万次編、平凡社、二〇一七年）三三〇～三三一頁。

（69）AGI, PATRONATO, 25, R. 50. パステルス前掲注（35）書、六五～六九頁も参照のこと。

（70）Lorenzo Pérez, op. cit., p. 38.

（71）岩生成一前掲注（49）論文、一一頁。

第四部　統一国家の形成

第一章　徳川家康のメキシコ貿易交渉と「鎖国」

はじめに

ポルトガル人がアフリカ南端を通る東回り航路でアジア、そして日本に到達し、鉄炮やキリスト教を伝え、日本史に多大な影響を及ぼした事実はよく知られている。一方デマルカシオン（世界分割）の取り決めをもとにポルトガル人とは反対の航路で、つまりアメリカ大陸から太平洋を渡る西回り航路を介して日本に現れたスペイン人の役割については、その重要性にもかかわらず取り上げられることは少ない。そこで本章は徳川家康が展開したメキシコ貿易交渉の顛末に着目し、その史的意義を検討することを目的としている。[1]

当該の時期はマニラ・ガレオン船が太平洋航路で結ばれたスペイン植民地間を――すなわちフィリピン諸島のルソンとメキシコ間を往来し、地球規模での銀の流通が実現した。家康はこの大航路に近接する三浦半島浦賀港でのスペイン船貿易を構想し、ルソンの総督やメキシコ副王と交渉したが、ある時期に断念し、以後日本・スペイン間の通交は終息に向かった。表4は、この間の重要な出来事を記した年表である。

かつて朝尾直弘は、家康が貿易を断念した時期を慶長十四〜十六年（一六〇九〜一一）の間と推定し、その原因は家康がこの間にキリシタン禁教令を発するなど国内権威を確立し[2]、長崎のポルトガル貿易の統制と掌握に成功して、関東で直接貿易を推進する必要がなくなったからである、とした[3]。実はこの指摘は、後年成立する「鎖国」に関わる重

表 4　徳川家康のスペイン外交関連年表

1596 年（文禄 5）	10 月 17 日　スペイン船サン・フェリペ号が土佐国浦戸浜へ漂着する（サン・フェリペ号事件）．
1597 年（慶長 2）	2 月 5 日　長崎の西坂でキリスト教徒 26 名が火刑に処される（26 聖人殉教）．
1598 年（慶長 3）	12 月 7 日　ジェロニモ・デ・ジェズスが徳川家康に謁見し，日本・スペイン交渉を依頼される．
1600 年（慶長 5）	4 月 29 日　イギリス人ウィリアム・アダムスとオランダ人ヤン・ヨーステンの乗るオランダ商船リーフデ号が九州臼杵湾に漂着する． 10 月 21 日　関ヶ原合戦．
1602 年（慶長 7）	10〜11 月　家康がフィリピン総督にキリスト教布教厳禁の旨を伝える．
1609 年（慶長 14）	10 月 1 日　前フィリピン総督ロドリゴ・デ・ビベロの乗船したサン・フランシスコ号が上総国岩和田に漂着する． 11 月 25 日　ビベロが駿府で家康に謁見する．
1610 年（慶長 15）	8 月 1 日　ビベロの乗る日本船サン・ブエナベントゥーラ号が浦賀を出帆する．家康は京都商人田中勝介のほか，フランシスコ会神父アロンソ・ムニョスをスペインへの使者に任じて乗船させる． 10 月 27 日　ビベロの一行がカリフォルニアに到着する．
1611 年（慶長 16）	6 月 10 日　サン・フランシスコ号でアカプルコを出発したメキシコ副王の答礼使節セバスティアン・ビスカイノが，田中勝介らと浦賀に到着する． 6 月 22 日　ビスカイノが江戸城で徳川秀忠に謁見する．ルイス・ソテロが通訳を務める． 7 月 4 日　ビスカイノが駿府城で家康に謁見する．ソテロが通訳を務める．
1612 年（慶長 17）	4 月 21 日　岡本大八が処刑される（岡本大八事件）．幕府が直轄領にキリシタン禁令を発する． 7 月 9 日　ビスカイノが駿府城を訪れ，家康に測量図を提出する． 9 月 1 日　幕府が直轄領を中心にキリスト教禁止令を発令し，江戸の教会を破壊する． 10 月 3 日　徳川家康のメキシコ派遣使節ソテロの乗船するサン・セバスティアン号が浦賀を出帆してすぐに難破する． 11 月 7 日　暴風雨に襲われたビスカイノ乗船のサン・フランシスコ号がメキシコ渡航を断念し，浦賀に寄港する．
1613 年（慶長 18）	6 月 20 日　スペイン国王フェリペ三世，家康宛て返書案文を作成し，メキシコから日本へ毎年一艘の貿易船を派遣することを許可する． 10 月 28 日　支倉常長およびソテロらを乗せた黒船（サン・フアン・バウティスタ号）が牡鹿郡月浦よりメキシコに向けて出帆する．

1614年 (慶長19)	1月25 (29) 日　サン・フアン・バウティスタ号がアカプルコに到着する. 2月1日　幕府,「伴天連追放之文」を公布する. 2月8日　メキシコ副王がスペイン国王フェリペ3世に書簡を送り，禁教令を理由に国王使節の日本派遣の中止を申請する. 3月4日　常長一行の先遣隊がメキシコ市に到着する. 24日，本隊が到着する. 12月23日　フェリペ3世がメキシコ副王に書簡をもって，徳川家康宛て書簡を新たな内容のものと差し換えて返礼使を送るよう指示する.
1615年 (慶長20)	1月30日　常長がスペイン王宮でフェリペ3世に謁見して，伊達政宗の書状と進物を呈し，使節の使命を述べる. 8月15日　アカプルコ港を出帆したサン・フアン・バウティスタ号が浦賀に到着し，スペイン国王使節サンタ・カタリーナ神父らが来日する.

（参考）『仙台市史』

要な意味を持つ。「鎖国」令は幕府の貿易統制とキリシタン禁制の二つの要素から成るが、とりわけキリシタン禁制のために南蛮（ポルトガル、スペイン）との通交を遮断するための制令であったと理解されているからである。(4)

換言すると、家康が貿易を断念した時期――スペイン外交が実質的に終息へと向かった時期の特定やその理由の解明は、「鎖国」のターニング・ポイントに関わる重要課題なのである。しかし朝尾があげた理由は家康自身の対外主権の掌握や国制上の優位といった問題であり、スペイン交渉自体に「鎖国」を推進させる要素があったのかは検討されていない。これは朝尾が執筆した当時、日本・スペイン交渉史の基礎的な研究が不足していた事情によると思われる。

そこで本章では、朝尾以降に発表された諸研究に学びながら、外交交渉の着手から実質的な終息にいたる過程を改めて叙述し、右の課題を考えてみたい。なお子細に史料を検討すると、諸先学の指摘には修正が必要と考えられる部分が少なくないため、各所で私見を加えている。また日本・スペイン交渉史の主要史料はその多くが日本語に翻訳されているので、支障がない限り、これらを利用することにしたい。

第一節　ルソンとの初期交渉

1　家康からの打診

日本とスペインの関係は、文禄元年（一五九二）、豊臣秀吉がルソンに投降を呼びかけた、いわゆる強硬外交を契機としている。同年この問題に対応するため、ルソンのフィリピン総督府は島内にいた修道士を使節として日本に派遣した。一般的に家康の貿易交渉は、この過程で来日したフランシスコ会士ジェロニモ・デ・ジェズスを仲介として、慶長三年（一五九八）、秀吉の死直後に始まるとされている。

しかし推定一五九六年九月付とされる、同会士マルティン・デ・ラ・アセンシオンの報告書には、「関東の王《レイ》、家康殿」から「メキシコへ船一、二艘を送るため、マニラの総督の朱印状《チャパ》すなわち通行許可状」を獲得するよう依頼された(5)とある。なお同年一〇月一七日にはスペイン船サン・フェリペ号の土佐漂着事件が起き、秀吉奉行の増田長盛がスペイン人からの情報をもとにルソン・メキシコ間を往来するガレオン船の航海図――関東付近を通る――を作成している(6)。同年その情報を家康も入手しスペイン貿易の着想に至った可能性もあり、アセンシオン報告書の成立はそれ以降のことかもしれない。

さらに推定一五九八年付、ジェズスのマニラのフランシスコ会管区長宛て書簡には、次の一節がある。

聖母マリア受胎の祝日の前夜、二年前の同夜には、私たちの聖兄弟たちが捕らえられたのですが、その夜、暴虐者（秀吉）の跡を継いだ国王（家康）から書面が到着して、彼に逢いに行くことを私に命じて来ました。（中略）（家康に言われたことは）「何も心配するな。今後は隠れていたり、聖服を脱いでいたりしなくてもよろしい。なぜなら、そなたを大いに必要としているからであり、カスティーリャ人がメキシコへ船で行くときには、毎年関東Quantoという私の領国の一島を通るのだから、水やその他の必要なものを取りに寄港するために、そこの港を見、私の家来と取引をさせ、そこにある銀の鉱山の仕事を家来に教えてくれることを非常に望んでいる。（後略）」[(7)]。

家康は秀吉の死後さっそくジェズスと接触を図り、スペイン船の関東寄港と銀鉱山の技術供与を希望したことがわかる。

すでに関東では、北条氏が三浦半島の三崎で唐船貿易を展開して小田原には唐人町が形成され、武田氏は領国内の金銀山を開発していた。豊臣政権下、最大の関東大名であった当時の家康には、これらにならい、領国経営に生かす考えがあったと見られる[(8)]。

2　日本人海賊（倭寇）の問題

家康はジェズスとともに、ルソンとの交渉に着手した。まず商人の五郎右衛門、次いでジェズスを総督フランシスコ・テーリョ・デ・グスマン（在任一五九六〜一六〇二年）のもとに送り、「そちらから船を自分の領国に送り、スペイン船の造船師とそれを操縦するための水夫、また領国にあるいくつかの銀鉱山を採掘・精錬する鉱夫を派遣させること。自国にはそれを理解する人物がいないため、切り拓けない」との要望を送った[(9)]。

しかしテーリョの回答は、日本人海賊の苦情についてであった。海賊は一五八〇年代前半、連年のようにルソン島北部を襲い、後半には幾分治まったようである。しかし一五九九年七月一二日付書簡で総督は本国に「以前は常々二、三艘来航するだけであったのに、本年は海賊船が七艘も現れてかなり損害を与えた」と報じた[(10)]。

これらの海賊は、この時期アジアの海上を跋扈したいわゆる後期倭寇を指す。倭寇は中国人の王直が有名だが、日本人海賊の出自は海岸を支配した土豪層であり、時には戦国大名の水軍に従事した、自律的な武装海戦集団だったようだ。秀吉は天正十六年（一五八八）海賊停止令を出し、その一部を朝鮮侵攻のための水軍に編入したが[11]、秀吉の死後、彼らは再び稼ぎ場をルソンに求めたのであろう。

総督の苦情に家康はどのように対処したのか。慶長六年（一六〇一）十月付総督宛て国書には、「旧年の日本人海賊はひと月の間に残らず誅殺し、海陸安静、国家康寧である」「本朝から出発する商船は、今後その地に到着したら、本書に押印した朱印をもって信用を表するであろう。それ以外は許可しないように」[12]とある。海賊の処刑と、いわゆる朱印船制度の開始を予防策として提案している。さらに総督の要望に応えて、年六艘（一六〇四年以降は四艘）のみの朱印船渡航を認める[13]。一六〇四年に総督ペドロ・ブラーボ・デ・アクーニャ（在任一六〇二〜〇六年）は、家康の措置により「日本人海賊の不安は回避されている」と本国に報告した[14]。その効果は実際にあったようだ。

しかし一六〇六〜〇九年、今度はルソンのマニラ市内で日本人による暴動が起き、一六〇八年総督ロドリゴ・デ・ビベロ（在任一六〇八〜〇九年）は、島内の日本人多数を国外追放した（『フィリピン諸島誌』）。この報を受けた家康は日本人暴徒の処刑を命じ、浦賀港にスペイン船を保護する旨の制札を出すことにした[15]。

3　宣教の問題

貿易交渉の過程で次に生じたのが、宣教の問題である。家康は慶長七年（一六〇二）、総督に宛てた朱印状で日本への渡航安全を保障したが、その中で「惣別異国人居住の儀、主次第たるべし、但し仏法広むる儀は固く禁制の事」との条項を加えた。この部分のポルトガル語訳文とスペイン語訳文を現代日本語に再訳すると「一般に外国人の滞在は任意であり彼らの望むとおりである、しかし法の公布は彼らに厳重に禁止されている」となり、正確に翻訳されたことがわかる[16]。

「仏法」「法」はこの場合、キリスト教を意味しており、これを報じたイエズス会士は「この条項によってキリスト教徒は恐怖に陥った」と述べた。[17] つまり家康はこのときはじめて禁教を内外に表明したのだが、宣教抜きで外国人の日本滞在を認める点は秀吉の伴天連追放令と同趣旨であり、その継承関係がうかがえる。

ところがルソン当局は本国向け文書でこの重要な禁令に全く言及していない。それどころか一六〇四年に総督アクーニャは、宣教師の保護を家康に願っている。国書奉呈の場に居合わせた明経博士の舟橋秀賢は、漢文訳されたこの書簡を読み、「本朝への通船は貿易ではなく「無極の大道」（キリスト教のこと）を知らせるためだというが、これは我が国を傾けるためではないのか」と思わず記したほどであった。[18]

このため家康は推定一六〇五年の総督宛て書簡で再び、「この地方（国）は、神国、つまり神々に捧げられた地方と呼ばれており（中略）この事実を私一人が破棄し去ることは出来ない」「いかなる形においても、あなたがたの宗教が日本で布教され説かれることは好ましくない」[19] と、重ねて禁教の意を述べた。「神国」は伴天連追放令で使用されたレトリックであるが、家康も継承するのだと明記している。ところがこの文書についてもルソン側の反応は不明であり、その関心の低さが見て取れる。これはなぜなのだろうか。

先の一六〇二年の禁教令を家康が出した契機は、ルソンの修道士が大挙して九州各地に到着したことにある。[20] これは彼らに日本行きを許可したルソン当局が「（家康は）修道士たちに非常に好意的な態度を示した」「ここから修道士が行くことを（フランシスコ会士に託した手紙で）望んだ」などと判断したからであった。一六〇四年にも家康の好意を得ているとの報告を日本から受けている。[21] すると、日本のフランシスコ会士が家康の「好意」を強調して伝えたことが原因にあげられそうである。

日本宣教は教皇令によってマカオから来るイエズス会の独占状態が続いたため、[22] ルソンの修道士はこれを打破するべく日本使節の名目で渡航し、宣教を半ば強引に開始した経緯があった。このため宣教の支障となるような禁教情報は十分に伝えず、その結果、ルソン当局が家康の禁教令を名目的なものと判断した可能性がある。

ただし修道士が報じた家康の「好意」に、根拠がなかったわけではない。一六〇二年、家康はイエズス会士に二通の特許状を交付して大坂・京都・長崎の施設存続を保障したほか[23]、一六〇四年に薩摩にいたドミニコ会士を引見し、一六〇六〜〇七年は日本司教ルイス・デ・セルケイラとイエズス会準管区長フランシスコ・パシオを、さらに一六〇八年にドミニコ会士を引見していた[24]。彼らの宣教活動を家康は無論知っていたであろうが、積極的な取締りはせず黙認している。このことは、ルソン側の誤解を助長したであろう。

家康の曖昧な態度は、この時期日本にいたすべての修道会士が南蛮貿易を仲介する役割を果たしていたからにすぎない[25]。家康としては一片の禁教令を通達すれば、宣教を抑止しつつ貿易を続行できると考えていたのであろうが、ルソン側の反応は、その判断が誤りであることを如実に示すものであった。この宣教の問題は、先に見た暴徒化する日本人の問題とともに、後々両国の関係に影を落とすことになる。

4　ルソン貿易掌握の意味

いずれにせよ前述の交渉の結果、家康は、スペイン貿易の一部であるルソン貿易を自らの統制下に置くことはできた。ルソンから派遣される使節船は、当初家康の依頼であった浦賀港への直航を試みて失敗したが、一六〇六年以降は連年のように入港に成功し、家康を満足させている。近世初期の古記録『当代記』には「ルスンの屋形」が「金襴、大段子、繻子、猩々皮（緋）」などの「進物」を、毎年のように家康に贈ったとある[26]。

ルソン貿易の掌握は、それ自体に重要な意味があった。第一に、実利面で大きな価値があった。一七世紀初頭に成立した『フィリピン諸島誌』には、日本人はルソンへ「マニラの必需品である非常に良質の小麦粉、高価な乾肉、美しい色調の絹布、油絵や金箔を置いた上品で立派に枠取りされた屏風、あらゆる種類の刃物、たくさんの武具（後略）」「多量の銀の板」をもたらし、日本へは「中国産生糸、金、鹿革、染料となる蘇芳、蜂蜜、加工した蜜蠟、椰子酒、スペインの葡萄酒、麝香猫、茶を入れておく壺、ガラス、布地、その他スペイン産の珍しい品物」を持ち帰ったとの記録が見える。[27]

右の輸入品のうち、家康の当初の関心は投機性の高い茶壺（真壺、ルソン壺）にあり、大名の取引を厳格に統制した。[28]しかし真壺は間もなく現地で枯渇したようであり、[29]以降は中国産生糸が取引の中心となる。一五六七年の明の海禁緩和策以降、ルソンに移住した華人の商業活動を背景に、一七世紀初頭にルソン船が日本へ運ぶ生糸量は、生糸貿易を主体とするポルトガル船に影響を与えるほどになっており、[30]この生糸を諸商人に先駆けていかに優先的に大量購入できるかは、国内統制の成否にも関わる問題であった。一六〇四年に家康はポルトガル船の輸入生糸を指定商人が優先的に取引し、国内商人に小口分配する糸割符を制定した。スペイン船にもパンカダ（一活取引）が適用されたようである。[31]

ルソン貿易を掌握した第二の意味は、家康の理想とする通交体制の構築にある。一六一〇年一二月、家康は断交状態にあった明国の福建道総督に宛て、修好と日明貿易の復活を求める書簡を家臣の本多正純の名で送らせた。そこには日本国主家康に「朝鮮、安南、交趾、占城、暹邏、呂宋、西洋、柬埔寨」等の「蛮夷之君長酋師」が、つまり朝鮮以下ルソンを含めた「蛮夷」すなわち野蛮な諸国の長が、国書と貢物を贈り来ると述べられていた。[32]ルソンからすれば対等な友好の使節に過ぎないが、家康政権は格下の国から進物が送られていると都合よく読み替えているのである。[33]

豊臣政権にかわる公儀権力を打ち立てようとしていた家康にとり、実利と名目の両面でルソン貿易は重要であった。それだけにその拡大版であるメキシコ貿易への期待も大きかったのであろう。倭寇の大量処刑や、禁教への曖昧な態度が示されたゆえんである。

5　スペイン人の反応

家康の貿易要求に対し、ルソン側の反応はどうであったか。総督アクーニャは、推定一六〇三年五月付の家康宛て文書で、スペイン国王に家康の貿易計画を伝えると述べていた[34]。事実、国王に宛て「メキシコ貿易を許可するのはほとんど不都合がなく、修道士の日本入国のためにも、（海賊や日本への漂着船に対する）フィリピンの不安のためにも、都合が良い」と書いた[35]。ビベロも明確に賛成の意を表した。そして彼独自の意見として、メキシコ商品の布類、藍、洋紅、毛布、コルドバ革、干果物、葡萄酒、絹布と日本銀の取引に利益が見込まれること、オランダ人対策に好都合であるといった賛成理由（後述）を、一六一〇年五月三日付の国王宛て書簡で述べている[36]。

後年、スペイン国王にこの件での対応を求めたインディアス諮問会議の記録を見ると、前述の利点のうち、日本での「聖福音の宣教」のみがあげられている。これを受け一六一三年フェリペ三世は、「殿下（家康）の方から提案されている諸事（修道士の入国・滞在許可）を遵守されるならば、メキシコの国から御地にないような品々を舶載した船一艘が毎年渡航する」と、家康に宛て、貿易了承の旨を返答するよう指示した[37]。

第二節　メキシコ貿易交渉の展開と転回

1　ビベロとの協定案

本章の主題である外交交渉に入ろう。一六〇九年（慶長十四）一〇月一日、総督の任期を終えメキシコに帰任するビベロの船が暴風に遭い、上総国岩和田に漂着した。ビベロは一一月末駿府の家康のもとを訪れたが、ここでメキシコ貿易交渉は急展開を見せる。

家康と話し合った後ビベロは、八項目から成る協定案（一二月二〇日付）を作成した。その概要を示すと、第一、スペイン人に関東の港を与え教会と修道者を置くこと。第二、スペイン船は日本全国に自由に入港でき安全が保障される。第三、スペイン船に公正な価格で糧食・職工の提供がなされること。第四、スペイン使節に名誉ある待遇を与え、スペイン船の商品はパンカダや統制価格を適用しない。第五、スペイン人鉱夫により採掘・精錬された銀について、スペイン側の取り分は四分の三とする。金鉱の採掘・精錬に必要な水銀は、適切な価格で日本に運搬する。第六、鉱山にスペイン人居住区を設け、スペイン使節かカピタンがスペイン人の裁治権を有する。第七、オランダ人を追放する。第八、全港の測量を許可する。以上は要するに、スペイン側の貿易条件を提示するものであった。(38)

2　銀の採掘・精錬をめぐる協定

このうち交渉の要点となった第五条の全訳を示そう。

五、殿下（家康）のほうからドン・ロドリゴ（・デ・ビベロ）に交渉を求めたのは、彼が国内に所有する多くの銀山の採掘・精錬のためのスペイン人鉱夫来日の件であった。（私は）その開始を困難と考える。しかし、ドン・フェリペ王に、一〇〇人ないしは二〇〇人を以下の条件で送るよう交渉する用意がある。つまり発見される鉱山について、採掘・精錬される銀の半分は鉱夫の取り分、残りの半分は二分して、日本の皇帝殿下と主人ドン・フェリペ王の取り分とする。荒廃したあるいは未発見のすべての鉱山のみならず、スペイン人の知識と技術によって発見されたすべての鉱山ではそのようにする。すでに採掘・精錬された鉱山では、その所有者は上述のスペイン人と新たに協定を結ぶ。もし水銀が必要なら、適切な価格でもってこちらに運搬し、その水銀を金鉱の採掘・精錬に用いる。(39)

家康の希望する「銀山の採掘・精錬のためのスペイン人鉱夫来日」について、最大で二〇〇人を送るようスペイン国王と交渉するが、家康の取り分の銀は四分の一とすることを条件にあげている。明らかに家康に不利な内容だが、ビベロはなぜこれほど強気になれたのだろうか。

この時期の家康にとって鉱山開発は、戦国大名段階とは異なる重要な意味合いを持っていた。とくに一六〇九年と翌年は、「公儀」として金銀貨の全国的な流通を打ち立てる目的で、金座・銀座に供給する地金を確保するための法を整備していた。なかでも銀貨は公儀の貿易取引の手段や外交儀礼の贈答品として、つまり威信財としても重要な意味があった(40)。灰吹法などの在来技術で銀は既に増産されていたが、家康はさらなる量産を望んでいると考えたからか、ビベロは「きっと認められる」と、第五条の受諾にはかなり自信を持っていたようである(41)。

ところが家康は、ビベロの協定案第五条を受諾しなかった。この事実は研究史上ほとんど顧みられていないが、鉱山技術の輸入が家康のスペイン通交の主要な動機の一つであったとすれば、それを断念した理由は以降の外交の推移に関わり重要であろう。直接はビベロの提示した条件が意に沿わなかったと考えられるが、次項ではもう少し広い視角で、協定案断念の要因を探ってみよう。

なお先行研究ではスペインの銀精錬技術であるアマルガム法に家康の関心があり、事実輸入されたとある(42)。しかし水銀を使用するアマルガム法自体は銀よりも金の精錬に向いた技術であり、しかも交渉時点ですでに佐渡相川鉱山で使用されていたとの指摘がある(43)。ビベロ自身も協定案第五条で「金鉱の精錬・採掘」のための水銀の輸入に言及していた。また日本の鉱山は、鉄製の道具が普及し採掘・採石技術全般が向上する中で増産が可能になったとされている(44)。とすると、家康はスペインの鉱山技術全般に興味を持っていたというべきである。過去に普及したビベロ報告の翻訳書を確認すると、「精錬」と「採掘」両方の意味を含む beneficiarse; el beneficio の訳語に「精錬」のみがあてられており、ここから誤解が生じたと考えられる。

協定案第五条の謝絶に大きく関連すると思われるのが、ビベロが同案の第七条にあげた、オランダ人の存在である。新教国のオランダとイギリスが日本にはじめて接触したのは、一六〇〇年オランダ船団リーフデ号の豊後臼杵湾漂着によってである。同船はマゼラン海峡を通過し太平洋経由でアジアに向かったが、それは英蘭共通の敵であるスペイン船を襲い、積荷を奪うためであった(45)。

3　オランダ、イギリス進出の影響

漂着者のうちオランダ人ヤン・ヨーステンとイギリス人ウィリアム・アダムスが家康の外交顧問となったことはよく知られている。彼らの仲介により、ビベロが漂着する二か月ほど前の一六〇九年八月一四日（旧暦七月十五日）、日本での商館設立を願うネーデルランド東インド会社の使節アブラハム・フアン・デン・ブルックとニコラス・ポイクが駿府城で家康に引見し、ここにオランダとの通交が決定した(46)。

一六〇二年三月に設立されたネーデルランド東インド特許会社は同年末にジャワのバンタンで商館を開設したが、日本に輸出する中国商品は、マカオに拠点を置く敵国のポルトガル船から奪取する方針であった。一六〇三・〇七年には東シナ海上を巡航して長崎に向かうマカオ船を欠航させている(47)。オランダ使節は家康に生糸、鉛を贈ったが、これはポルトガル船の代行能力をアピールする意味があったであろう。この状況を踏まえてビベロは、オランダ人追放を協定案に入れたのである。

しかし家康にとって新教国との通交開始は、従来問題の多かった旧教国との貿易を見直すことのできる、絶好の機会であったに違いない。オランダ船到着の二日前、マカオから長崎にポルトガル船ノッサ・セニョーラ・ダ・グラッサ号が来航すると、家康はただちに船の商品を長崎奉行の監視下に置き、自由貿易ではなく自身が先買いをするとの新規の貿易仕法を課した(48)。既述したように一六〇四年、家康はポルトガル船に糸割符制度を布いたが、キリシタン商人やポルトガル人側に立つイエズス会士が介在したために統制は骨抜き状態であり[49]、これに梃子入れしたのである。

しかしカピタンは新規の統制に抵抗し、長崎の生糸取引は停止してしまう。これを見た家康は一六一〇年一月六日（慶長十四年十二月十二日）に船の焼討を命じた[50]。この決断は、ビベロとの交渉でスペイン通交の見込みが立ったためという見方もできるが、家康がビベロ協定案を部分的に謝絶したのはその翌月のことである。一六一〇年一月二二日（慶長十四年十二月二十八日）、家康はフェリペ三世の側近レルマ公に宛てスペイン船の渡海許可状を、また慶長十五年（一六一〇）一月九日付で日本寄港時の安全を保障し修道士の全国居住を許可する旨の和平協定の覚書をレルマ公とメキシコ副王に宛て発給し、フランシスコ会士ルイス・ソテロを使節に任命した[51]。だが結局ビベロの要求した、「オランダ人と銀の件はなんら改められ」なかった[52]。一六一〇年初頭に家康は、スペイン船を含めて南蛮通交全般を見直し始めているのである。

この転回を可能にした背景としては、新教国だけではなく朝鮮との通交関係が再開し、琉球侵攻を通して間接的な中国通交の見込が立ったという変化ももちろん重要であろう。しかし南蛮貿易の競合者として現れ、その代替者の可能性を示したオランダ人との通交関係の成立は、結果として南蛮勢力を排除した「鎖国」の形成に大きく影響したとみるべきなのだ。

八月に入り、ビベロは家康がアダムスに命じて無理やり造らせた外洋船サン・ブエナ・ベントゥーラ号に乗り、病気のソテロにかわり使節となったフランシスコ会士アロンソ・ムニョスとともに、無事アカプルコに帰還した。家康はビベロに帰国船と資金の提供を自ら申し出、京都の商人田中勝介らを同乗させていた。一向に進展しないメキシコ貿易の既成事実を、自ら作ろうとしたのである。

第三節　交渉の破綻

1　ビスカイノ冷遇の原因をめぐって

翌一六一一年（慶長十六）七月四日、家康はメキシコ副王の答礼使節として来日したセバスティアン・ビスカイノを駿府で引見した。日本人商人も帰国したが、田中勝介を含め数名はメキシコで受洗し、キリシタンとなっていた。[53]

ビスカイノの報告書を見て第一に注目されるのは、家康はビスカイノを引見したものの、その後、駿府での使節の宿泊費用を支払っていないことである。帰国時には日本で新造したサン・セバスティアン号が座礁し、ビスカイノは家康に救済を求めるものの、このときも費用の用立てはない。このためやむなく仙台の伊達政宗に頼り、慶長遣欧使節の船で帰国の途についている（『探検報告』）。こうした使節への冷遇は、浦賀貿易構想の放棄を示唆するものである。

使節冷遇の原因として一般的には、ビスカイノがメキシコ副王から命じられた日本近海の金銀島探検の目的を隠して、日本沿海地図の作成許可を願い出たことをオランダ人から聞いた家康が警戒心を抱いたとされている。

しかしこの理解には疑問が残る。第一に、家康はオランダ人の讒言を聞くと「スペイン人がよってたかって押し寄せようが、自衛の兵力は十分あり、懸念はない」「そんな不確かのもの（金銀島のこと）を探しに行くのは大きな冒険である」[54]と述べたとある。一方家康は既述のように、ビベロがオランダ人追放を要請しても聞く耳を持たなかった。その相互の中傷に中立的な姿勢を貫いたのは、新旧教国間が戦争状態にあることをよく理解していたからであろう。その家康がオランダ側の情報のみを鵜呑みにしたとは考えにくい。

地図の一件については、家康はビスカイノだけではなく、アダムスに対しても関東貿易のために日本沿海地図を作成させている。また、イギリス人が北方航路を開拓する計画を聞くと非常に強い関心を示し、松前氏に紹介状を書くと提案した。(55)ビスカイノに対しては「その発見を目指す（金銀）島は彼（家康）の国に属するとすると、どこの島なのか、あるいはどの辺りにあって、それについてどんな情報を得、どんな富があるのか」(56)と尋ねている。要するにこの時期の家康は、ヨーロッパ人を警戒する国防よりもむしろ、提携して国富を拡大することに強い関心があったと見るべきであろう。

このような家康の対外姿勢は、「自衛の兵力は十分」との自信に支えられていた。一般的に秀吉と比較して家康は「和平外交」を展開したと言われるが、既述したポルトガル船焼討や琉球侵攻が示すように、本質的には秀吉と同様「武威」に依拠した外交なのである。その家康が、スペイン人の太平洋進出を警戒して貿易を断念したとは到底考えられない。

2　貿易構想の消滅

オランダ人讒言説が成立しないとなると、なぜ家康がビスカイノ来日の時点でスペイン貿易構想を放棄する態度を見せたのか、改めて検討しなければならない。

日本側の史料を見ると、田中ら帰国した商人が「数多羅紗・葡萄酒」「猩々緋」などを持ち帰ったが、同時に「日本人再ひ来るへからすと戒める」「重て日本人渡海無用の由、ノビスパンの者堅く日本人へしめす」(57)と、日本人へメキシコ渡航禁令が示されたと伝えている。この禁令自体はスペイン側史料に残っていないようであるが、フィリピン総督は一六一二年七月二〇日付書簡で、スペイン国王に宛て「メキシコ副王は日本からの渡航を禁じた」と明記しており、(58)事実と見られる。家康にとってはスペイン側の要求に応じて国内宣教の点で譲歩したにもかかわらず、貿易については統制権を奪われることを意味しており、通交を断念する大きな理由となったであろう。

ではなぜ日本人に渡航禁止令が発出されたのか。ビスカイノは最終的に支倉常長使節一行以下日本人一五〇人をメキシコに連れ帰ったが、メキシコ副王グアダルカサル侯爵は「他の災難を避けるために彼ら（日本人）を懇ろに処遇する一方」[59]、一六一四年三月四日、使節と船長、その随行員を除いた日本人全員から武器を取り上げ、翌日、日本人のメキシコ市内外での自由売買を認め、保護するとの布令を出した[60]。その二か月後にフェリペ三世に宛てた報告書には次のようにある。

かの国の人々（日本人）について認識するにしたがって、人々がこの国と望んでいる交渉については配慮と警戒がさらに必要であると日ごとに思えてきます。実際、特にアカプルコの港において生じた事態に際して経験したことです。そこで何が起きたかは当書翰に同封するその事件に関してなされた調書、（報告の）謄本によって、陛下は合点されるでしょう。そして他の災難を避けるために彼らを懇ろに処遇する一方で、彼らが舶載したものを販売するに際して守るべき訓令を与えて、彼らから武器を取り上げるように命じました。（中略）フィリピン（諸島）を通して修道者たちを補充することや今までの親交をこの先も維持することは適切なことであり得ましょう。私が理解している限りでは、他のことはすべて謝絶するのが良い（と存じ上げます）[61]。

アカプルコ港で日本人が騒動を引き起こしたため、副王は右の措置を取ったとし、日本貿易にも反対すると開陳している。スペイン人の間で暴徒化する日本人が問題となっていたことは既に見たところであるが、そのような日本との通交は、キリスト教改宗の見込みがあるからこそ維持する価値があったということを、副王の報告書はよく示唆している。

事実、一六一四年末にフェリペ三世はメキシコ副王から家康が禁教令を発令したとの報告を受けると、日本との貿易を認めると記した国書の一文を、現地で削除するよう命じた[62]。この禁教令は一六一二年四月、ビスカイノの滞在中に発令され、はじめて家康が全国的にキリシタン取締りを命じた法令として知られている。

おわりに

一六一五年（慶長二十）八月一五日、メキシコで修正された国書を携え、浦賀に到着したスペイン国王使節三名は、全員修道士であった。家康は拝謁を許しはしたが終始無言を貫き、秀忠は贈り物すら受理せず、以降スペインとの外交は、ルソンとの公貿易も含めて途絶えた。その後、ルソンのフィリピン総督府は一六二四年に使節船を日本に送り、貿易の再開を願った。オランダ対策で軍需品を調達する必要があったからである。しかし秀忠は、「伴天連之本国」は貿易を口実に「邪法」を弘める意図あり、と述べ、使節を追い返した。翌一六二五年には民間の通商関係も拒絶して、日本・スペイン関係は断絶する。(63)

断交の要因は、本章でも見たように、キリスト教をめぐる両国家の方針の違いにあった。カトリックのキリスト教共同体であることを国家の統治統合原理としたスペインの場合、異教徒との信頼関係の構築は、異教徒のキリスト教改宗が大きな意味を持っていた。とくに日本人に対しては、禁教令を発令した秀吉の強硬外交や倭寇襲撃を経験しただけに強烈な不信感があり、その改宗は必須条件となっていた。メキシコに渡航した田中勝介、支倉使節一行が現地で受洗したのはこのためであり、ルソン貿易に関わった日本人商人も同様であった。

それでもなおメキシコで日本人の渡海禁止令が発令された事実は、日本・スペイン貿易の成立には、恐らくは日本の国家規模の改宗が必要であったことを物語っている。しかしそれは、秀吉の禁教令を継承した家康には到底受け入れられない条件であった。

そして江戸幕府は後年、この禁教方針をもとにキリスト教を遮断する「鎖国」を形成した。西回りで登場したスペイン人との交渉の経緯が、「鎖国」への道を決定的に加速化させたのだ。

注

（1）史料上はNueva Españaと記載されるものも、本章ではすべてメキシコに統一する。

（2）家康のキリシタン禁令に関して現在は、慶長十七（一六一二）年三月が最初の全国令と修正されている。清水紘一「慶長十七年キリシタン禁止令の一考察―家康政権とキリシタン宗門―」（『キリシタン文化研究会会報』一五―一、一九七二年）。本書第四部補論参照。

（3）朝尾直弘『鎖国』（小学館、一九七五年）一〇八～一〇九頁。

（4）山本博文『鎖国と海禁の時代』（校倉書房、一九九五年）。
「鎖国」研究は伝統的にヨーロッパ諸国との関係が重視されてきたが、一九七〇年代以降は東アジア世界との関係を不可欠な要素と見ている（朝尾直弘「鎖国制の成立」『講座日本史　四』東京大学出版会、一九七〇年、荒野泰典『近世日本と東アジア』東京大学出版会、一九八八年、ロナルド・トビ『近世日本の国家形成と外交』速水融・永積洋子・川勝平太訳、創文社、一九九〇年）。最近年は「近世化」論が注目されている。岸本は一六世紀以降に大陸間交易が実現し、広域的に商業・軍事・宗教が伝播して共時的な反応が各地域で引き起こされ、近世日本の国家形成の動きもその一端であったとしている（岸本美緒「総論」、同編『銀の大流通と国家統合』山川出版社、二〇一九年）。本章は、太平洋航路の開通でいっそう活性化した異文化間交流の日本の反応として、「鎖国」の形成を見直すものである。

（5）José Luis Alvarez-Taladriz, *Relaciones e Informaciones: documentos franciscanos de la cristiandad de Japón (1593–1597); San Martin de la Ascensión y Fray Marcelo de Ribadeneira*, Osaka: [s.n.], pp. 142–143.

（6）松田毅一『太閤と外交』（桃源社、一九六六年）。

（7）Lorenzo Pérez, Fr. Jerónimo de Jesus, restaurador de las Misiones en el Japón, sus cartas y relaciones (1595–1604), Firenze: frazione QUARACCHI, 1929, pp. 314-315. を確認のうえ、アビラ・ヒロン『日本王国記』（佐久間正・会田由・岡田章雄訳、岩生成一注、岩波書店、一九六五年）六四七～六四八頁掲載の訳文に一部改訳を加えた。

（8）小川雄『徳川権力と海上軍事』（岩田書院、二〇一六年）三〇〇頁。

（9）「一五九九年日本報告」。AGI, FILIPINAS, 27.

（10）AGI, FILIPINAS, 6, R. 9, N. 161

(11) 宇田川武久『日本の海賊』（誠文堂新光社、一九八三年）。
(12) 「異国近年御草書案」（『異国日記　金地院崇伝外交文書集成　影印本』東京美術、一九八九年所収）。
(13) 「異国御朱印帳」（前掲『異国日記』所収）。モルガ『フィリピン諸島誌』（神吉敬三・箭内健次訳、岩波書店、一九六六年）。
(14) AGI, FILIPINAS, 7, R. 1, N. 17
(15) 中村孝也『新訂　徳川家康文書の研究（下巻之一）』（日本学術振興会、一九八〇年）五三六頁。
(16) 岸野久「徳川家康の初期フィリピン外交―エスピリトゥ・サント号事件について―」（『史苑』三五―一、一九七四年）三六頁。日本語部分は一六〇二年一一月一四日付、都発、「パードレ・オルガンチーノ他による一六〇二年日本に起った出来事の（証明）」（APTSI, L, 1051-8. ポルトガル語）の中に、アルファベットで記されている。スペイン語訳文は Ubaldo Iaccarino, *Comercio y diplomacia entre Japón y Filipinas en la era Keicho 1596–1615*, Germany: Otto Harrassowitz, p. 58.
(17) 前掲 APTSI, L, 1051-8. 岸野久氏から史料の提供を受けた。
(18) 『慶長日件録　一』（続群書類従完成会、一九八一年）一二〇〜一二一頁。慶長九年閏八月十二日条。
(19) モルガ前掲書、二七八頁。
(20) 五野井隆史『徳川初期キリシタン史研究　補訂版』（吉川弘文館、一九九二年）一五頁。
(21) 拙著『近世日本とルソン―「鎖国」形成史再考―』（東京堂出版、二〇一二年）五八〜六一頁。
(22) 五野井隆史『日本キリスト教史』（吉川弘文館、一九九〇年）一九〇頁。
(23) 五野井隆史前掲書（注（20））、一七頁。
(24) 五野井隆史前掲書（注（22））、一九七頁。
(25) 高瀬弘一郎『新訂増補　キリシタン時代対外関係の研究』（八木書店、二〇一七年）第五章。
(26) 『当代記　駿府記』（続群書類従完成会、一九九五年）。
(27) モルガ前掲書、三九一〜三九二頁。
(28) 上原兼善「初期徳川政権の貿易統制と島津氏の動向」（『社会経済史学』七一―五、二〇〇六年）。
(29) モルガ前掲書、三二六頁。
(30) 高瀬弘一郎『キリシタン時代の貿易と外交』（八木書店、二〇〇二年）第一部第三章。

（31）ファン・ヒル『イダルゴとサムライ――一六・一七世紀のイスパニアと日本――』（平山篤子訳、法政大学出版局、二〇〇四年）九五頁。

（32）「異国日記」。前掲『異国日記』所収。

（33）ここには尊大な国際秩序観から成る「日本型華夷意識」の萌芽を見て取ることができる。その自信の根拠は日本の「武威」にあった。朝尾直弘前掲「鎖国制の成立」。藤井譲治「一七世紀の日本――武家の国家の形成――」（『岩波講座日本通史12　近世2』岩波書店、一九九四年）。

（34）AFPI, F.A. B-407. 澤村るり子氏から史料の提供を受けた。

（35）AGI, FILIPINAS, 19, R. 3, N. 47.

（36）ロドリゴ・デ・ビベロ「日本見聞録」（『ドン・ロドリゴ日本見聞集・ビスカイノ金銀島探検報告』村上直次郎訳、駿南社、一九二九年所収）。近年の訳業に『日本見聞記：１６０９年』（大垣貴志郎監訳、ＪＴ中南米学術調査プロジェクト編、たばこと塩の博物館、一九九三年）。同書には最も良質な手稿原典（大英博物館所蔵本）の写真が掲載されている。平山篤子訳（ファン・ヒル前掲書所収）。

（37）『仙台市史　特別編八　慶長遣欧使節』（仙台市史編さん委員会編、仙台市、二〇一〇年）三二一・三三二号文書。『大日本史料　第十二編之十二』所収欧文二〇六号・二一〇号（とくに三九五頁）。

（38）AGI, FILIPINAS, 193, N. 3. ファン・ヒル前掲書、二二四～二二六頁。

（39）前掲注（38）。ファン・ヒル前掲書、二二五頁を一部改訳した。

（40）安国良一『日本近世貨幣史の研究』（思文閣出版、二〇一六年）。

（41）前掲「日本見聞録」。ファン・ヒル前掲書、一八四頁。

（42）小葉田淳『金銀貿易史の研究』（法政大学出版局、一九七六年）ほか。

（43）仲川隆夫「新潟県佐渡島相川鉱山の江戸時代初期のアマルガム法について――開発途上国における金の小規模採掘に着目した――」（日本地質学会学術大会講演要旨、二〇一九年）。

（44）山口啓二『鎖国と開国』（岩波書店、一九九三年）。

（45）フレデリック・クレインス『ウィリアム・アダムス――家康に愛された男・三浦按針――』（筑摩書房、二〇二一年）五三頁以下。

(46) 永積洋子『近世初期の外交』（創文社、一九九〇年）一〇三頁。
(47) C. R. Boxer, *Fidalgos in the Far East, 1550-1770*, Hong Kong: Oxford University Press (Reprint), 1968, pp. 58-63.
(48) 五野井隆史「慶長一四年（一六〇九）の生糸貿易について」（『史学雑誌』八一―一二、一九七二年）五三頁。
(49) マイケル・クーパー『通辞ロドリゲス―南蛮の冒険者と大航海時代の日本・中国―』（松本たま訳、原書房、一九九一年）二三六頁以下。
(50) 『通航一覧 五』（国書刊行会、一九一三年）一九頁。
(51) パブロ・パステルス『16―17世紀 日本・スペイン交渉史』（松田毅一訳、大修館書店、一九九四年）一九七頁。
(52) 前掲「日本見聞録」六四頁、ファン・ヒル前掲書、一八四頁。
(53) ファン・ヒル前掲書、二七七頁。
(54) ビスカイノ「金銀島探検報告」（前掲注（36）村上訳本）。ファン・ヒル前掲書、三八五〜三八六頁。
(55) 『慶元イギリス書翰』（岩生成一訳、雄松堂、一九六六年）三・七・八号文書。
(56) ビスカイノ「金銀島探検報告」。ファン・ヒル前掲書、三八五頁。
(57) 前掲『通航一覧 五』五四〜五五頁。
(58) 前掲拙著、七二頁。
(59) 前掲『仙台市史』七八号。『大日本史料12―12』欧文八号（四五頁〜）。
(60) 前掲『仙台市史』六九号。『大日本史料12―12』欧文五号（二九頁〜）。
(61) 前掲注（59）。
(62) 前掲『仙台市史』一三七号。『大日本史料12―12』欧文二一七号（四〇四頁〜）。
(63) 前掲拙著第七章。

第二章　唐船長崎集中令の発令

はじめに

唐船長崎集中令（以下集中令とする）は、寛永十一年（一六三四）八月、三代将軍家光政権が打ち出した法令である。同令はいわゆる「四つの口」の一角である長崎口を形成したきわめて重要な法令であり、その発令の経緯については、諸先学が九州大名島津氏と幕府との間でやり取りされた文書をもとに、解明を進めてきた。(1) 周知の通り、島津氏は古来領港での唐船発着が盛んであり、集中令を直接交付された当事者である。

長らく集中令は幕府の貿易統制の一環と理解されてきたが、近年その評価は変わりつつある。山本博文は同令の要因について、「当時唐船を介してキリスト教関係の書籍が日本にもたらされていたことが考えられる」と、はじめてキリシタン対策としての可能性を示した。(2) 筆者は、唐船による宣教師の密入国が原因であると指摘した。(3) 木土博成も山本説を批判的に継承し、家光政権はキリシタン禁制という国是のため人・モノの管理をする目的で唐船を警戒し、日本列島南端を領国とする島津氏に対して集中令を発令する必要があったと述べている。(4)

ただし集中令とキリシタン禁制は家康以来の方針であり、なぜ家光政権の寛永期に全面的に打ち出され成立したかは依然不明である。その要因としては、後背の海域状況が十分に踏まえられていないことが関係していると考える。(5) とくに当該時期はルソンを中心とする東南アジア各地から宣教師が日本への密入国をくりかえしており、(6) 集中令との関係の有無は検討されておくべきであろう。そこで本章では、とくにこの問題に注意を払いつつ、同令の発令経緯をあらためて解明することにしたい。

なお島津氏が同令を受け入れた理由については、曽根勇二が、徳川家光政権段階においては「将軍権力」が一段と強化したために（①）、領内の唐船交易が「天下之御法度」と島津氏に次第に認識され（②）、「鎖国」令（集中令）が受容されるにいたった（③）、と述べている[(7)]。しかし①〜③はその順をたどったというより、ほぼ同時にあらわれているようにも見え、それぞれの因果関係についてまだ深堀りする余地があると考える。

以上の問題を念頭に、第一節では家康と秀忠各政権の関連政策と基本法令を整理し、本論の前提とする。第二節では集中令が発令され島津氏に受容される経緯を、日本側と宣教師側双方の史料を用いて解明する。第三節では、集中令成立の背後にある宣教師の密入国の動向を詳しく取り上げ、最後に議論をまとめることにしたい。

第一節　幕府の貿易統制の意向と失敗

はじめに、唐船の長崎集中令は徳川家康の日明貿易構想を出発点にしていると考えられるため、先行研究によりつつ同構想とその後の展開について整理しておこう。

1　徳川家康政権の日明公貿易構想

家康は江戸幕府を開設する以前、五大老筆頭として豊臣秀吉の死後外交権を掌握した段階で島津氏に働きかけ、それまで断絶していた明との公貿易を復活させるべく交渉に着手する。この交渉役をつとめた鳥原宗安は北京に到り、毎年福州船二船の往来を約束したが、慶長六年（一六〇一）に明朝から遣わされた船が和泉堺の商人伊丹屋助四郎に硫黄島付近で襲われたため、不成立に終わる。

その後慶長十四年、島津氏は琉球に出兵し属領とした琉球王国を仲介して明交渉に着手するが、相手にされず失敗に終わる。一方で家康もまた、同十五年十二月十六日、福建の商人周性如が五島に来着した機会をとらえ勘合貿易復活を願う内容の書状(8)を福建総督陳子貞に託したが、返事を得ることはできず、日明貿易の再開は失敗に帰した。

ところでこの書状で注目されるのは、①貿易船は倭寇取締りのため朱印状を携帯する、②長崎を貿易港とする、と述べている点である。これによれば家康の構想した日明公貿易とは、「勘合貿易」といっても、中世に執り行われていたそれと同じ形態ではなかった。すなわち①では、貿易船が明朝から発給される勘合だけではなく、家康の発給する朱印状を携帯するとしており、豊臣秀吉が着手し家康が整えつつあった日本側の公貿易制度、すなわち朱印船制度との組み合わせが想定されている。これは上記したように当該時期に海上で大きな被害を与えていた後期倭寇対策を対外的に示す必要があったからであるが、国内的には、家康による貿易船の管理掌握を意味している。

②では日本での交易地を長崎と指定している。周知のように当該時期の長崎はポルトガル船、唐船ほかが出入りする国際貿易港であり、天正十五年（一五八七）豊臣秀吉が長崎代官を派遣して以降、同政権の管理下に置かれていた。しかし慶長八年（一六〇三）、家康は秀吉時代の奉行寺沢広高に代えて腹心の小笠原一庵を任命し、また翌年には輸入品の生糸に対して糸割符制度を設けるなど、長崎の支配に乗り出していた。よってそれに続く長崎港の指定には、家康政権による日明貿易掌握の意図を見ることができる。

しかし一方で家康は、慶長十五年、既述の福建商人および同年に来航した広東商船に対して、日本の着岸場所がどこであろうとその場での商売を許可する、との趣旨の朱印状(9)を与えている。当面は自由貿易の余地を与えて私商船を日本へ誘致し、貿易全般を活性化する意図があったのだろう。

とはいえ児玉太刀男によれば、家康もゆくゆくは長崎港で対明貿易のすべてを独占的に掌握するつもりであった。

というのも、慶長十一年三月二十七日付で島津氏に対し、「今度其元御領分之内、唐船着岸付而者、長谷川左兵衛（藤広）断可被申候間、其心得可被成候」(10)と島津領内の唐船に長崎奉行が介入することを告げ、政権の監視下においたからである。また編纂史料であり注意を要するが、同十六年十一月二十八日、中国商船に対し、悉く長崎で商売するようにと命じている。(11)さらに家康死後の元和二年（一六一六）六月、家康政権の遺老が後継の秀忠政権の中枢で影響力を残す状況で、中国商人に対し長崎以外繋船を許さないとする将軍（徳川秀忠）の唐船長崎集中令を改めて発したこと、などがあげられる。(12)

2　徳川秀忠政権の集中令解除

新政権内で家康の影響力が後退すると、貿易政策に変化が生じている。先の集中令の二か月後、元和二年八月八日付老中連署奉書(13)すなわちヨーロッパ船平戸・長崎二港制限令が発令され、集中令が事実上撤回されたのである。元和二年令は第一条により家康が発した禁教令を秀忠政権が継承し、厳格化したといわれるが、(14)本章で注目すべきは追伸部分の「追て唐船之儀は、何方へ着候共、舟主次第売買可仕旨被　仰出候」であり、唐船には自由貿易を認めるとしている。

ただし、その代替措置なのであろう、秀忠政権は推定元和三年正月十日付、幕府老中酒井忠世ほかの島津家久宛て書状で、(15)領内に唐船が着岸したおりには荷物や乗船人員などを届け出る義務を課し、間接的に管理下に置く措置をとった。

とはいえ集中令がわずか二か月で解除されてしまったその要因とは何か。児玉は秀忠政権の内部で家康政権の遺老本多正純の影響力が低下したことで、キリシタン禁制を第一義とする秀忠政権の外交政策が集中令を解除してもよいという判断にいたったと述べている。(16)他方木土が述べるように、大坂の役で勝利した徳川家が、軍需品を独占して購入する必要がなくなったという状況の変化も考慮に入れるべきであろう(17)。しかし直接的な要因としては、幕府の統制に対する中国商人や島津氏側の抵抗が予想される。とりわけ唐船貿易を「お家芸」とした島津氏には集中令に対する強い抵抗があったと考えられ(18)、秀忠政権としてはこの段階でなお島津氏独自の領主権力に基づく外交・貿易権を尊重せざるをえず、条件つきの解除を指示したのではないだろうか。

第二節　集中令成立の経緯

前節までに述べた状況において、家光政権期に島津氏が集中令を受容したのはなぜなのだろうか。

1　長崎奉行の指令

大御所徳川秀忠が寛永九年（一六三二）正月に死去し家光が実権を掌握すると、島津氏は早くも中国貿易に関する政策の情報を収集しており、同年四月二十二日付の島津久元の「覚」では、「来春唐口之商買も難成由、相聞へ候、そこよりハ、はたと御国之作法を可被成御替儀ニ候(19)」と、翌年春より島津領内で中国貿易はできなくなるとの予測を立てている。

はたして寛永十年二月二十八日付で、家光政権は新たに任命した長崎奉行に赴任先での業務命令（いわゆる「第一次寛永鎖国令(20)」）を示し、同政権の「鎖国」政策を指示したのであるが、同文に唐船長崎集中令は盛り込まれていなかった。集中令の島津氏への通知は寛永十一年八月である。まずはその契機となった史料を提示してみたい。

【史料1】寛永十年（一六三三）六月七日付、長崎奉行の薩摩藩家老宛て書状(21)

已上

態以使札申入候、
一今程唐船入津時分候間、御穿鑿候而、若伴天連并日本人乗来候者、先籠舎被仰付、急度可預御左右候事、
一其地へ着岸之唐船荷物商売之儀、当所入津之舟糸之ね段相究候以後、長崎ね段之ことく可被仰付候、定而従江戸仰渡可有之候得共、為御心得申入候事、
一貴理師旦すゝめを仕候九郎兵衛と申者、当所より欠落仕、其元ニ罷在候付而、此地之宿尋罷越、先月白波町与兵衛と申者ニ預ケ置候由申候間、御穿鑿候而、此者可有御渡候、則右与兵衛ニ預置候当所之者、進之候事、猶口上申含候、恐々謹言、

（寛永十年）六月七日　　曽我又左衛門尉　古祐〔判〕

今村伝四郎　正長〔花押〕

喜入摂津守殿
川上左近将監殿
人々御中

長崎奉行が寛永十年（一六三三）六月七日付で島津氏家老に宛てた書状である。第一条では唐船の渡航シーズンとなるから、宣教師と日本人が乗船していたならば牢に入れ、ただちに通知するようにとある。第二条は唐船積載生糸の値段を長崎に準じるようにと命じる。第三条はやや難解であるが、キリスト教宣教をする「九郎兵衛」が長崎から逃亡し薩摩へ行ったが、先月は白波町の「与兵衛」という人物に長崎の者を預け置いたというので、この者を探し出し渡すように、との趣旨であろう。

すると第一、二条は長崎奉行から島津氏へ、幕府老中より申し渡された既述の「鎖国」令を個別に伝達したものと

言えそうであるが、第三条から、当時宣教師に関わる事件が実際に起きたことがわかり、第一条目の唐船による伴天連潜入の警戒は、その関連においてとくに島津氏に命じられたと考えられる。

2　ドミニコ会関係史料の検討

そこでこの時期の宣教師潜入に関連する事件を調べたところ、次の史料を見出すことができた。

【史料2】ディエゴ・アドゥアルテ著『ロザリオ聖母管区の歴史』（部分）(22)

今回の航海に我々の（ドミニコ）会から二人が変装して加わった。一人は日本人であるから日本の着物を着て刀をさして変装した。彼はマニラの聖ドミニコ修道院で着衣をし司祭の叙階を受け、ヤコボ・デ・サンタ・マリア修道士といった。（中略、もう一人のジョルダン・デ・サン・エステバン修道士の情報等）この両パードレと他の諸修道会の三名か四名のパードレを運んだ中国人が利益の争いから彼らの間で日本でけんかを始め、要求を容れてくれない船長に復讐をするため、長崎奉行の所へ行って、船長がフィリピンから日本へ司祭を運んだことを訴えたものがいた。これは船長および共犯者を死刑にする充分な理由である。（中略）（ヤコボ神父は）信仰のない中国人の一舢板《サンパン》（champán）(23)に乗り、二〇日間の航行距離であるのに五か月間海上にいたので多大の苦労に遭遇し、その間たびたびの嵐や食糧・水・薪の不足に苦しんだ。

朝鮮まで到達したが、航海中の苦労が大きかったので、白髪の年令でもなく乗船の時は白くなかった頭髪が白くなっていた。しかし神は彼に殉教の栄冠を準備し給うたのであるから、海上で飢渇のために死ぬことを望まず、五か月後に薩摩に着いた。しかし迫害が酷しいので管区長代理と連絡がとれず、今年（一六三三年）三月まで薩摩に留まっていた。

そこから長崎に来て、ドミンゴ・デ・エルキシア神父に会い、管区長の許可証を見せた。三か月近く市内に匿れていて、あの苦しんでいるキリシタンたちのためによく司牧の仕事をした。その間にパードレ・フライ・ヤコボの従僕《クリアド》のミゲル・キビョウエが逮捕され、パードレの居所を自白させるため水責めの拷問を受けた。苦しみに堪えられず自白したので、この年の七月四日にパードレ・フライ・ヤコボが捕えられた。八月一四日まで大村の牢に投獄され、一四日に大村から長崎へ連れて来られて、翌八月一五日に牢から出されると伴侶と共に馬で長崎市中を引き回された後、穴吊りにされて、三日間生きていたが、八月一七日に死んだ。

この史料は、一六四〇年にマニラで刊行された、ドミニコ会士アドゥアルテによるフィリピン宣教史の一節である。引用部分を要約すると、同会のヤコボ神父とジョルダン神父二名が、他の修道会士とともにフィリピン諸島から宣教のために唐船に乗って日本に向かった。ヤコボ神父は朝鮮に漂流するなど苦難の末、五か月後にようやく薩摩に上陸し、その後長崎宣教に従事したが、神父の従僕の自白のため捕らえられ、大村牢に投獄ののち、長崎で一六三三年八月一七日（寛永十年七月十三日）に処刑されたとある。ヤコボ神父がいつフィリピンを出発したかは引用部分に明記されていないが、処刑日から逆算すると、一六三二年末頃となろう。

ところで教会史料は信憑性の点でたびたび問題にされ、さらに当該史料に関しては編纂物からの引用であるため、考証を要する。そこで次に、ヤコボ神父の長崎での捕縛と大村入牢に関連する日本側史料を検討しよう。

【史料3】『見聞集　十三』(24)

①　伴天連御預り之事、

覚

一、純信公御代、寛永年中伴天連御預、左之通

大村領永井ニ而

一、南蛮伴天連壱人　（南蛮名どミんごす
　　　　　　　　　　（日本名太右衛門
　　同宿弐人　　　　（正右衛門
　　　　　　　　　　（茂左衛門

（中略）

長崎之内、外町ニ而
一、日本伴天連壱人　（南蛮名じやこうべ
　　　　　　　　　　（日本名五郎兵衛
　　同宿壱人　　　　　九郎兵衛

肥前不動山ニ而
一、いるまん壱人　不動山四郎右衛門
　　以上

右之人数拾五人、慥ニ受取申候、大村江召連籠舎可申付候、何時成共御用次第相渡可申候、以上

　寛永十年五月廿八日　　　　大村松千代内（純信）嶺伊右衛門
　　　　　　　　　　　　　　　　　　　　今道茂右衛門

　　今村伝四郎（正長）様
　　曽我又左衛門（古祐）様

② 芳札令拝見候、(25)

（中略）

一、日本伴天連　五兵衛
一、同宿　　九郎兵衛
右之五人慥ニ受取申候、切々御太儀共ニ候、恐々謹言、
七月十日　　今村伝四郎（正長）
曽我又左衛門（古祐）
大村内匠殿

①は大村藩が幕命により預かった宣教師らについて作成した記録のひとつであり、寛永十年五月二十八日に長崎奉行が大村藩の役人に一五名の宣教師を引き取らせていたことが明らかとなる。[26] 注目すべきは、宣教師「日本伴天連」の「じやこうべ（日本名五郎兵衛）」が、「同宿九郎兵衛」とともに、長崎外町で捕縛されたとの条項であり、その日付は、史料2に見える、日本人ヤコボ神父の捕縛日当日（一六三三年七月四日）と一致する。「じやこうべ」が史料2の「ヤコボ」神父であることはまず確実であり、[27] さらに彼が大村牢から出され長崎に送られたという史料2「八月一四日」の日付についても、史料3②で長崎奉行が大村氏に「日本伴天連　五兵衛（五郎兵衛と同一人物であろう）」「同宿　九郎兵衛」の受け取りの確認をした日付と一致している。

「九郎兵衛」に関しては、史料1の薩摩に行ったという同名の「貴理師旦すゝめを仕」人物とおそらく一致しよう。つまり史料2の述べる、ドミニコ会神父が唐船で薩摩に上陸し、宣教し、寛永十年に長崎で捕縛され大村牢に入れられたという事実の痕跡が、史料1と史料3に残されていると考えるのである。

以上三点の史料から事実関係を整理すると、長崎奉行は唐船からの訴えをきっかけに寛永十年五月二十八日長崎で宣教師を捕縛し、唐船で薩摩に上陸した旨の情報を得たため、渡航唐船に宣教師がいないかよく取り調べるよう、六月七日に島津氏に命じたということになる。

3　唐船への警戒

翌寛永十一年の唐船来航シーズン直前の五月、長崎で唐人に向け、宣教師の渡航に関する禁制（「西洋耶蘇会人載渡日本国事」[28]）が示される。これは前年の宣教師による潜入事件を受けてのものであっただろう。そして七月になると長崎奉行は次のように島津氏に問い合わせ、不審な唐船と宣教師の密航について警戒を促した。

【史料4】寛永十一年（一六三四）七月十日付、長崎奉行の薩摩藩家老宛て書状[29]

以上

急度申入候、仍大明国之内福州之船壱艘、是者多加佐古之内たいわんより参由候て、六月朔日ニ至長崎入津仕候、
然者此船より、五月廿六日ニ薩摩国阿久根へ唐人弐人上ケ申由候、爰元ニ而穿鑿仕候へ者、右之船主有之儘ニ申出
候間、於其元御穿鑿候て、早々此方へ御越可有候、其外も被入御念御穿鑿尤候、

一、去年曽我又左衛門（古祐）・今村伝四郎（正長）所より其地へ人を添預ケ被申候、唐人五人右之同類其元ニ拾人御座候由、都
合拾五人爰許江可被下候、相尋申儀御座候間、如此候、

一、異国船商売之儀、長崎之ね段立候てより可被仰付候、

一、伴天連之儀、従　公儀之御法度弥堅被　仰出候間、御領分嶋々迄御穿鑿被成、伴天連乗渡り候ハヽ、御捕御
注進尤存候、右両条於京都　上意之趣、大隅守殿（島津家久）へ直ニ申入候、為御心得如此候、恐惶謹言、

（寛永十一年）
七月十日　　神尾内記
元勝
榊原飛驒守
（職直）

松平大隅守（家久）殿

老中

冒頭で長崎奉行は、台湾（「多加佐古之内たいわん」）から長崎に入津した唐船が途中薩摩国阿久根に唐人二名を上陸させたということであるが取り調べるようにと述べている。唐船は前年に事件を起こし、しかも台湾は当該時期にスペイン人が進出し要塞を築城して宣教拠点を設けていたから（後述）、とくに警戒されたのであろう。そして次の条項では、昨年の長崎奉行から唐人の取り調べを引き継いだことが述べられ、薩摩に彼らの仲間がいるから都合一五名を引き渡すように、と命じている。この条項に関しては不詳であり、キリシタン潜入との関係を断定することはできない。

　しかしながら、当該時期の政権内部で、唐船による伴天連潜入が警戒され、問題にされていた事実は、既述した同年五月の唐人向け法令の存在から明らかである。残り二条では、島津家久は京都で①島津領での異国船商売、および②領分への伴天連潜入の二点について将軍から直接命じられたとあるが、これもそのことを示していると考える。

　①の条項は、唐船の長崎集中令の発令がない旨を島津家久が「上意」すなわち家光の口から直接確認したことを想定させる。実は家久はその二か月前の五月二十九日付老中奉書で、領分に入津した異国船の商売は長崎での糸の値段決定後にせよとの命令を受けているので[30]、再度の確認ということになるのであるが、集中令の発令が予想されたためにこのような行動を取ったのであろう。しかし七月の段階で集中令は発令されず、②の条項にある、領内の島々にいたるまで「伴天連乗渡り」への警戒を家久に命じるにとどまっている。

　こうして島津氏側では危機的状況を脱したかに見えるが、わずかひと月後に将軍の命令は覆され、集中令が発令された。

【史料5】寛永十一年八月二十二日付、長崎奉行の島津家久宛て書状[31]

御使札忝拝見仕候、然者於上方御仕合能此中御帰国被成、緩々と御休息被遊候由、珍重奉存候、随而爰元別条無御座候、将又従当年御領分江異国船着岸之儀、弥御法度ニ被仰付候旨、奉得其意候、御分国へ唐船六艘致入津候間、当地へ御廻之由、従御家老中被仰越候、右六艘之内壱艘者先日此表へ致着岸候、かゝやん出之舟弐艘、御使者被差添、昨日入津仕候、残而三艘之船未爰元へ不致参着候、其段御使者へも申入候、猶期後音之節候、恐惶謹言、

（寛永十一年）八月廿二日　　神尾内記元勝（花押）

榊原飛驒守職直（花押）

松大隅守様
尊報

傍線部で唐船着岸は御法度だと明記しており、長崎への廻航が命じられているが、わずか一か月で上意が覆された理由とは何であろうか。この史料からは「かゝやん」すなわちフィリピン・ルソン島北部のカガヤンを出た唐船が島津領に入港したことがわかる。ここで特にこの情報が記されているのは、幕府が伴天連潜入を警戒したからであろう。現段階ではそれ以上の確定的な史料を見出しえないが、とりあえずはこの間に長崎奉行による唐船の取調べが続いていたという事実に注目しておこう。次の史料は、大村藩の記録である。

【史料6】『見聞集　十一』(32)

唐人御預り之事

覚

一、るそん内ほくとうより参候ふね、船頭林省仁、唐人数七拾八人、但船頭共ニ慥ニ受取申候、以上

寛永十一年七月十二日　　一瀬四郎助（花押）
　　　　　　　　　　　大村太左衛門（花押）

靍田彦兵衛殿
通事陳久官　まいる

覚

一、るそんの内まりろふ船、せんとうちんぴんかう、唐人数弐拾七人、但船頭共ニ慥ニ受取申候、以上

寛永十一年七月十二日　　一瀬四郎助　判
　　　　　　　　　　　大村太左衛門　判

頭知　井手久右衛門殿
通事　陳久官殿

長崎奉行が唐船の船頭以下の乗員を大村藩に引き渡していることがわかる。いずれもフィリピン諸島のルソン島から出航した船であり、伴天連乗船を取り調べるための引き渡しであったと推定される。史料4で薩摩に照会していた唐人情報とあわせ、長崎奉行が取り調べの結果どのような情報を取得したのか現段階では不明であるが、以上の唐船の渡航自体が、幕府のさらなる警戒を喚起したと考えることも十分可能である。

第三節　宣教師の密入国手段

国外追放以降、日本を目指した宣教師たちが唐船を渡航手段として薩摩に密入国するようになるのはいつ頃からであり、またなぜそのような状況にいたったのだろうか。

1　長崎港の警戒強化

表5は、一六一四年以降、日本に密入国した宣教師の出航地をまとめたものであり[33]、これによると追放後数年間は、日本への渡航経路が複数存在したことがわかる。しかし元和八年（一六二二）以降はマニラに一本化している。その理由は一六二〇年頃から、長崎奉行がマカオ経由の密入国を警戒しはじめたからである。同年長崎にいたイエズス会士コウロスは、これを受け次のように述べている。

【史料7】一六二〇年三月二〇日付、長崎発、マテウス・デ・コウロスの総会長宛て書簡[34]（部分）

この点において、フィリピンの修道士たちは我々よりも利点を有している。なぜなら、当地の奉行の船主たちが彼ら（日本人）を罰する懸念ゆえに、（修道士たちを）乗せる日本人の船が彼らを（日本に）連れて行くことを望まなくても、彼らは兵士の服装でパンガシナンと呼ばれる同じ島々の土地に行くからである。そこはより日本に近く、司教とドミニコ会の修道士がおり、ここ（日本）からあの地域へ交易に行く中国人のソマ船に乗ってここに渡る。

私は巡察師神父に、マカオで極秘裏に何人かの中国人と相談し、広東のソマ船が行くように手配させるのが良い、との文書をしたためた。（そのソマ船で）私たち（の神父）が乗船し、長崎ではなく薩摩や肥後その他の地に来ることができるように。そこでは彼らの到着が中断しないうちに、（彼らは）容易に（各地に）散らばることができるだろう。

また、毎年ここから出航する日本船に乗りコーチシナ経由で来ることのできる者もいるかもしれないが、（日本船が）彼らを連れて来たがるかどうかは分からない。

これによるとコウロスは、日本入国はマカオのポルトガル船ではなく、フィリピンかマカオの唐船に乗り、薩摩と肥

表5　日本潜入宣教師の出航地一覧

入国年	氏　　名	所属	出航地
1615	フランシスコ・ボルドリノ	SJ	マカオ
	フランシスコ・パシェコ	SJ	同上
	ジョアン・バウティスタ・ゾラ	SJ	同上
	マテウス・デ・コウロス	SJ	同上
	セバスティアン・ヴィエイラ	SJ	マニラ
	式見マルティニョ	SJ	同上
	荒木トマス	CL	マカオ
1616	アントニオ・デ・ソウザ	SJ	コーチシナ
	ディオゴ・カルヴァリョ	SJ	コーチシナ
	伊予シスト	SJ	マラッカ
	結城ディオゴ	SJ	マニラ
	トマス・ドス・アンジョス	CL	マニラ？
1617	フランシスコ・ガルベス	OFM	マカオ
	リカルド・デ・サンタ・アナ	OFM	マニラ
	アントニオ・フェルナンデス	SJ	マカオ
	ヤコブ・アントニオ・ジャンノネ	SJ	同上
	マノエル・バレト	SJ	同上
1618	バルトロメオ・グティエレス	OA	マニラ
	ペドロ・デ・スニガ	OA	同上
	フランシスコ・ヴィエイラ	SJ	マカオ
	ジョアン・マティウス・アダミ	SJ	同上
	辻トメ	SJ	同上
	アンヘロ・フェレル・オルスチ	OP	マニラ
	フアン・デ・サント・ドミンゴ	OP	同上
	アントニオ・デ・ブエナベントゥラ	OFM	同上
	ディエゴ・デ・サン・フランシスコ	OFM	同上
	某	CL	マカオ？
1619	ディエゴ・コリャド	OP	マニラ
	ディエゴ・デ・ラ・クルス・パロマレス	OFM	同上
	フランシスコ・デ・バラハス	OFM	同上
	フランシスコ・デ・サン・アンドレス	OFM	同上
	ペドロ・デ・アビラ	OFM	同上
1620	ペドロ・デ・スニガ	OA	マニラ
	ルイス・フロレス	OP	同上
	ガスパル・クラスト	SJ	マカオ
	式見マルティニョ	SJ	マニラ
	宮崎ジョアン	CL	同上
1621	ドミンゴ・カステリェト	OP	マニラ
	ペドロ・バスケス・デ・サンタ・カタリナ	OP	同上
	アントニオ・デ・ソウザ	SJ	マラッカ
	カミロ・コンスタンソ	SJ	マカオ
	ジョアン・ダ・コスタ	SJ	マニラ
	マノエル・ボルジェス	SJ	マカオ
	ミゲル・カルヴァリョ	SJ	マニラ

1622	ルイス・ソテロ	OFM	マニラ
	笹田ルイス・サン・フランシスコ	OFM	同上
1623	フランシスコ・デ・ヘスス	OA	マニラ
	ビセンテ・カルヴァリョ	OA	同上
	ドミンゴ・デ・エルキシア	OP	同上
	ルイス・ベルトラン	OP	同上
	ルカス・デル・エスピリト・サント	OP	同上
	ベルナルド・デ・サン・ホセ	OFM	同上
	フランシスコ・デ・サンタ・マリア	OFM	同上
	フアン・デ・サン・フェリペ	OFM	同上
1624	フアン・デ・ルエダ	OP	マニラ
1629	西トマス・デ・サン・ハシント	OP	マニラ
1630	松田ミゲル	SJ	マニラ
	岐部カスイ・ペドロ	SJ	同上
	金鍔トマス・デ・サン・アグスティノ	OA	同上
1631	伊予（城）ヘロニモ・デ・ラ・クルス	CL	マニラ
1632	セバスティアン・ヴィエイラ	SJ	マニラ
	ジョルダン・デ・サン・エステバン	OP	同上
	ヒネス・デ・ケサダ	OFM	同上
	フアン・トレリャ	OFM	同上
	ミゲル・デ・サン・ホセ	OA	同上
	フランシスコ・デ・ガルシア	OA	同上
	ヤコボ・デ・サンタ・マリア朝長	OP	同上
	マンショ小西	SJ	同上
	パウロ斎藤	SJ	同上
	ベルシオル・デ・サン・アグスティノ	OA	同上
	マルティノ・デ・サン・ニコラス	OA	同上
1636	アントニオ・ゴンサレス	OP	マニラ
	ギリェルモ・クールテット	OP	同上
	ミゲル・デ・オサラッサ	OP	同上
	塩塚ビセンテ・デ・ラ・クルス	CL	同上
1637	マルチェロ・マストリリ	SJ	マニラ
1642	アントニオ・ルビノ	SJ	マニラ
	アントニオ・カペチェ	SJ	同上
	アルベルト・メチンスキー	SJ	同上
	ディエゴ・デ・モラレス	SJ	同上
	フランシスコ・マルケス	SJ	同上
1643	ペドロ・マルケス	SJ	マニラ
	アロンソ・デ・アロヨ	SJ	同上
	フランシスコ・カソラ	SJ	同上
	ジュセッペ・キアラ	SJ	同上

SJ＝イエズス会，CL＝教区司祭，OFM＝フランシスコ会，OA＝アウグスチノ会，OP＝ドミニコ会

（出典）J. F. Schütle, *Monumenta Historica Japoniae*, 1（Roma, 1975）. 五野井隆史『徳川初期キリシタン史研究補訂版』（吉川弘文館，1992年）.

後に上陸することで可能だと考えていたことがわかる。また、当該時期にはコーチシナを往来する日本船の利用も不可能ではなかった。

以降も長崎では年々水際対策が強化された(36)。一六二三年三月までに外国人登録を推進する統制と、全港湾での厳重な監視が布かれたため、イエズス会はマカオから宣教師を送れなくなった。翌年には長崎に在留するヨーロッパ人の規制も強化されている。これにより外国人宣教師の日本渡航はほぼ不可能と人びとに受け取られたことが、ルソン側の史料からもうかがえる(37)。

さらに一六二五年夏には平山常陳船事件と前年の使節船来航を受け、ルソンを発着するスペイン船に対して渡航禁止令が発令され(38)、それ以外の発着船管理も一段と強化された。同年一〇月三〇日付、日本発、コウロスの書簡には、シャム、カンボジア、コーチシナ等に渡航する日本人のいかなる船も、まず長崎の奉行の面前で棄教しないキリスト教徒については何人も乗船させないとある(39)。多数の日本船が就航していた東南アジア経由で宣教師が密航することを警戒した措置であろう。一六二五年一一月五日付、ジョアン・バウティスタ・ゾラの書簡にも、長崎ではヨーロッパ船同様、日本・唐船の全船舶に対して、入港時は役人の到着以前に人が船に近寄ること、キリスト教関係の物品を招来することを禁止した、とあり、船籍を問わず取り調べが強化された様子がうかがえる(40)。

ペトロ岐部カスイ神父は一六二七年からシャムのアユタヤで二年間日本渡航の機会をうかがったが、断念せざるをえなかった(41)。カスイ自身は報告書でその理由を次のように記している。

日本では国王（将軍）の命令により、異教徒（仏教徒）の何らかの宗派に属することを公言し、自らの印を押して誓約しなければ、日本人も、いわんや外国人も、たとい外国の土地で数年間過した者であっても、異教徒もキリスト教徒も悉く船で渡航することができない(42)。

これは将軍の直轄港である長崎のことを述べていると思われ、当該時期には外国人を含むすべての渡航者に誓約書を提出させていたことがわかる。

2　宣教師密入国の動向

長崎における査検体制の強化に伴い、宣教師の潜入は一六二四年ドミニコ会士のファン・デ・ルエダが琉球に渡航したのを最後に、一六二九年まで途絶えた。しかし以降は密入国が復活している。これはなぜであろうか。同年以降の実例をみてみよう。

一六二九年一一月一〇日、日本人でドミニコ会士の西トマス・デ・サン・ハシント神父が、台湾、琉球経由で潜入した。上陸地は史料上不明であるが、チースリクはトマスが長崎の同僚ドミンゴ・デ・エルキシアと会えていないため、少なくとも長崎ではなかったと推定している[43]。たしかに既述したように当該時期の長崎上陸は極めて困難であったと考えられ、出航地が琉球とすると、薩摩の可能性が高いのではないだろうか。

なお西は台湾まで管区長と渡航したが、その経緯について、ドミニコ会士のアドゥアルテは次の重要な証言をしている。

【史料8】ディエゴ・アドゥアルテ著『ロザリオ聖母管区の歴史』[44]（部分）

（ドミニコ会の聖ロザリオ）管区長（バルトロメ・マルティネス神父）は台湾についた。順調に進んでその島の住民のみならず、中国人や日本人を改宗させるために計画が進められていた。そのために人員が準備されていたのであり、二人は中国に入るため、二人は日本へ、四人はこの島に留まることになっていた。台湾は前記の改宗事業のために修道士を派遣する基地になるはずであった。

迫害が酷しいため日本への入国は非常に困難であった。だから費用にかまわず数多の方法を考えたけれども、日本へ敢えて修道士を運ぼうとする者がいなかったので、特別な手段を用い日本人の服を着て変装したトマス神父を、管区長自らが連れて、日本に従属している琉球の島へ行かなければならなかった。これによると、ルソンのドミニコ会は中国と日本の布教を推進するため、まず台湾に人員を送った。同地では一六二九年五月一六日にスペイン人が北部の社寮島を占領し、サン・サルバドル要塞の開設を宣言した。その際従軍司祭として前記ドミニコ会管区長ほかも同行し、トドス・ロス・サントス教会と修道院を建設していたから、このような構想が可能だったのである。(45) すなわち密入国が復活した要因の一つには、ルソンのドミニコ会による台湾の一時的な宣教拠点化があげられる。そして台湾では琉球経由の航路が選択され、西神父の日本入国にいたったと考えられる。(46)

密入国が成功した要因には、遭難という偶発的要素もある。一六三〇年、シャムからルソンに移動していたペトロ岐部カスイ神父と松田ミゲル神父は、日本人キリシタン数名とともに日本商船に偽装した中古船に乗り、フィリピン・ルバング島を出発した。しかし一行は嵐に遭難し、七島付近で小型の日本船一隻に乗り換え、薩摩坊津に上陸して取り調べを受けたが、商人として入国が認められた。(47) 五野井が指摘するように、遭難し積み荷を失っていたため、偽装を看破されなかったと考えられる。

同年、ルソンからアウグスチノ会士の金鍔次兵衛（トマス・デ・サン・アウグスティノ）神父もまた日本に渡航した。次のアウグスチノ会士による教会史の一節に、渡航手段と経緯が記されている。

【史料9】ホセ・シカルド著『日本のキリシタン教会』（マドリード、一六九八年版）(48)（部分）

神の僕（金鍔神父）は日本に入る決意を固め、旅のために何よりも祈りの準備をしてから、一六三〇年の聖母の御潔めの祝日に乗船した。（中略）しかし、彼の熱心な活動の成果を恐れた悪魔は、それを妨害しようとして暴風を捲き起し、短時間のうちに舢板《チャンパン》〔当時船をこのようによんだ〕は、マリベレス島の近くで沈没し、日本の宣教師たちの為に積んでいた祭服《オルナメントス》などの支援物資は失われてしまった。（中略）（しかし）一日本人キリシタン〔マニラの住人で金持ちであった〕の配慮で、日本に行く別の船に乗ることができ、風にも恵まれ、（神父は）短期間であの王国（日本）に到達した。

見つからないように港から離れたところで船を下り、数日隠れていた。上陸後は着物を変えたばかりでなく、土地のことばを用い、宣教師と悟られないようにした。

神父は最初舢板に乗ったが遭難したため、マニラに住む日本人キリシタンの所有する船に乗り、港から離れたところで船を下り、日本に上陸したとある。その港の名は不明だが、史料の続きを読むと上陸後は長崎に潜入している。

一六三一年、マニラから日本へ帰国したフランシスコ会第三会員の伊予へロニモ・デ・ラ・クルスの詳細は不明だが、同神父は翌年九月三日に火刑に処されている。(49)

一六三二年は、全修道会から成る総勢一一名の宣教師が日本に密入国した。史料で追跡する限り、彼らは三〜四班に分かれ、おそらく全員が唐船に分乗し、マニラから日本に渡航して、一部は同年のうちに捕らえられている。自らの渡航経験を記したイエズス会士セバスティアン・ヴィエイラ神父の書簡には、マニラの総督府が渡航計画に反対したが、中国商人が多額の銀と引き換えに渡航援助を申し出たため、中国人に変装して行ったとある。(50)ヴィエイラの船には日本人ドミニコ会士のジョルダン・デ・サン・エステバン、フランシスコ会士ヒネス・デ・ケサダおよびファン・トレリャも同乗し、ともに日本を目指した。またこの船には「有馬《アリマ》殿《ドノ》」（松倉勝家）の家臣数名が乗り組み、日本人一一名のうち九名はキリシタンであったという。同船は嵐に遭遇したが台湾と平戸の群島を無事通過し、五島列島の一島に停泊した。ヴィエイラはそこから島原の薪を売る商船に乗り、八月一三日、上方への渡航に成功している。(51)

一方シカルドの教会史に、跣足のアウグスチノ会士で豊後出身の日本人司祭ミゲル・デ・サン・ホセと同会のフランシスコ・デ・ガルシアが八月四日マニラを出発し、日本に到着して長崎に入ったが、彼らの来航は中国人《サングレイス》が船賃の配分をめぐり喧嘩をしたこと、あるいは間諜の追跡のためにすぐに将軍の知るところとなったとある。(52)その後の彼らの宣教活動は不明であり、わずかにチースリクが一六三六年か翌年にミゲル神父が殉教したと述べるにとどまる。(53)

一六三二年の末頃、ドミニコ会のヤコボ・デ・サンタ・マリア朝長、イエズス会のマンショ小西、パウロ斎藤が中国の舢板に乗り、日本に向け出発した。彼らが嵐のため朝鮮を経由して翌年薩摩に上陸し、ヤコボ神父が捕らえられたきっかけは、史料2でアドゥアルテが詳述した通り、仲間うちで喧嘩をはじめた唐人の告発によるものであった(54)。

再びシカルドによれば、アウグスチノ会士のベルシオル・デ・サン・アグスティノとマルティノ・デ・サン・ニコラスもまた同年八月にマニラを出航し長崎に到着したが、彼らは一〇月二日捕らえられ、同月一一日に生きながら火刑に処されたとある(55)。それ以上の詳細は不明であり、二人の処刑日を一二月一一日とする研究もある(56)。しかし彼らが同年の上陸後まもなく捕縛・処刑されたことはほぼ確実であり、それは既述のように仲間割れをした唐人の船に乗っていたためと思われる。シカルドは、彼らが日本人のドミニコ会士二名すなわちジョルダンとヤコボ神父と同時に出発したように記している(57)。

以上のように、長崎での水際での警戒が厳しくなると、宣教師たちはルソンから日本船か唐船に乗り、一部は台湾、琉球を経由して、査検の厳しい長崎への直行を避け、薩摩を含む他の港から密入国を試みるようになった。かかる状況で、宣教師らの利用した船が日本船か唐船に絞られていることに注目したい。これは直接的には、徳川秀忠が発令した元和二年（一六一六）八月八日付法令により、長崎と平戸以外にヨーロッパ船が寄港することが禁止されていたからである。

3　東〜東南アジアの貿易状況

次に、宣教師の渡航を可能にした交易状況を確認したい。以下に述べる状況で、当該時期の唐船・日本船による貿易の需要は相当高まっていたと考えられる。

一六二五年に幕府がスペイン船渡航禁止令を出し、スペインとの断交が確定的となった(58)。その後は国際紛争に日本船が巻き込まれる事件が続く。一六二八年五月一四日にはシャムのメナム川河口で朱印船（高木作右衛門船）が、スペイン船による襲撃・焼き討ちを受けた。(59)これにより幕府は同年からポルトガル船を二年間余りにわたり長崎港に抑留している。さらに同一六二八年六月、タイオワンに渡航した末次平蔵船の船長浜田弥兵衛とオランダ人の長官ピーテル・ノイツとの間で、契約した生糸をめぐり紛争が生じた（タイオワン事件）。永積洋子はその伏線として、タイオワンでは澎湖島周辺の海賊のため生糸が払底しており、オランダ東インド会社と日本人の間で競合が生じていたこと、オランダ人が一六二五年同港に新しい町の建設を始めたのを口実として、日本船に関税をかけたこと、などを指摘している。(60)この事件は一六三〇年六月二四日に末次平蔵が死ぬことで解決するが、この間平戸のオランダ商館は閉鎖され、オランダ船も抑留されて貿易は停止した。

右の事件を受け、寛永六年（一六二九）幕府は茶屋四郎次郎に発給した渡海朱印状を召し上げ、同八年六月にベトナムとカンボジア方面に渡航先を限定した奉書船制度を設けるまで、朱印船の海外渡航を停止した。(61)加藤榮一によるとその意図は、紛争に朱印船が巻き込まれることを事前に回避し、将軍権威を護持することにあった。(62)しかしポルトガル船、オランダ船の貿易停止に加えてのこの措置は、日本でもはや必需品となっていた生糸・絹織物の不足をもたらし、かえって私貿易船の渡航の機会を増やしたはずである。(63)一六三一年四月二一日付で平戸からコルネリス・ファン・ナイエンローデが、タイオワンのスペインの要塞あるいは海賊の所に船を送る危険を冒す日本人がいる、(64)と東インド総督に報告したことも、そうした状況を想定させる。

永積洋子、武田万里子によると、かかる危険な渡航を可能にしたのが長崎奉行竹中重義であり、彼は自らの采配で台湾を含む東南アジア各所に日本船および唐船を出航させた。(65)寛永七年（一六三〇）と翌年、すなわちヨーロッパ船の停止によりもっとも交易商品が不足したと思われる期間には、こともあろうに幕府が断交を通告していたルソンへ、二隻の「偵察船」を派遣している。(66)

この使節船でマニラに渡航した川淵久左衛門の記録「呂宋覚書」[67]によると、最初の航海は寛永七年である。しかし次の史料によると、久左衛門が乗った船は西暦では一六三一年に目的地に到着し、商取引をしたことがわかる。

【史料10】一六三二年七月八日付、フィリピン総督ファン・ニーニョ・デ・タボーラのスペイン国王宛て書簡[68]（部分）

去る年、二艘の船が到来した。彼らの提案と文書に与えた我々の返答に彼らは十分満足し、今年また二艘の船と長崎奉行の書状を送って来た。彼（長崎奉行）は私の書簡に答えて、貿易は以前のように開けており、当地（マニラ）から船が行き、あちら（日本）から船が来るだろうと書いている。（中略）彼らが良き時に来て、（今年）行なっているように小麦や軍需物資をもたらさんことを。私は彼らをここで歓迎したので、彼らが商品から利益を得、時間がたてば、すべて落着するだろう。

右によると一六三二年にも重義は船を再送し、ルソンとの交易継続希望を総督に表明している[69]。かかる「越権行為」のため、寛永十一年二月二十二日に重義は子とともに切腹を命じられるのであり、ここには武田万里子が指摘するように、幕府の対外政策を骨抜きにする彼の「危機管理能力」の欠如が認められる[70]。

しかし本章で注目したいのは、そのさらに背後にあった、当該時期の東~東南アジアの貿易状況である。台湾の生糸をめぐるオランダ人と日本人間の争いに明らかなように、一六三〇年代の交易はまだ活況を呈し[71]、競合に湧く貿易を背景に一連の海外紛争が起き、幕府に貿易の一時停止措置を取らせた。そしてそのことは結果として本来幕府の管理対象ではなかった私貿易船の通交を促し、宣教師の密入国につながったと考える。これを見た幕府は、船籍にかかわらず日本に出入りするあらゆる私貿易船の管理・掌握に着手せざるをえなかったであろう。すなわち唐船集中令は前代までの貿易統制策とは異なり、当該時期の海域状況と宣教師の動向の変化に対処するため打ち出された法令と評価されるのであり、このため寛永期に発令されたとみなすことができる。

おわりに

本章では、東〜東南アジア貿易の活況のもとで起きた宣教師の密入国事件をきっかけに、その阻止を目的として唐船長崎集中令が寛永年間に成立したことを明らかにした。

そもそも集中令の発令は徳川家康の日明公貿易構想を出発点としていたが、唐船による貿易を「お家芸」としてきた島津氏にとって当然受け入れがたいものであり、その抵抗は根強く、容易には成立しなかった。

島津氏が集中令を受け入れた理由については、右の海域の状況変化により生じた、キリシタン禁教令のもつ「重み」に求められるのではないのだろうか。江戸幕府のキリシタン禁教令は「国是」であり、国家的な危機意識をうたった慶長十八年十二月（一六一四年一月）付、全国令の「伴天連追放之文」を出発点としていた[72]。一方、同令を守るために打ち出された伴天連の潜入に関する個別法令――例えば本文でも述べた寛永十一年（一六三四）五月付の漢文法令には、唐人に対して「西洋耶蘇会人載渡日本国事」と宣教師の渡航補助を禁止し、違反すれば処罰するとうたっていた。これは家康の時代、日本人とともに海賊行為を働いた唐人の処刑を外国人であることを理由に見送ったことと較べると[73]、きわめて強い対外姿勢といえる。キリシタン禁制違反の重大性は、このことによっても一般に広く認識されたであろう。

島津氏にとり、かかる状況で国家の敵とされた伴天連の領内潜入が発覚することは、島津氏自身の水際管理の不手際を殊更に追及される怖れのある、まことに厄介な問題であったはずである。最後まで集中令に抵抗し続けたものの、結局受け入れたのは、その重責から免れることのできる利点のほうを採ったからではなかったか。

ここで冒頭の曽根の指摘に立ち帰ると、将軍権力の強化が直接島津氏に集中令を受容させたというよりも、問題の背後にあるキリシタン禁教令が島津氏に幕府令への服従を余儀なくさせ、そのことは、結果として将軍権力を強化したとみなせる。島津氏の「天下之御法度」という認識は、集中令がキリシタン禁制という「国是」に関係していたからであろう。

右の構造によりキリシタン禁制はこれまで、幕藩制国家を強固に維持する「梃子」の役割を果たしたと評価されてきた[74]。しかしこの言葉には、キリシタン禁制をあたかも幕府にとって諸藩を従わせる便利な道具であり、それ自体は意味をなさないイメージがある。しかし本章で検討したように島津氏が集中令を受け入れ「鎖国」が成立したのは、禁教令下にもかかわらず宣教師の潜入事件が続き、「国是」とされたキリシタン禁制がゆらぐ危機的状況が実際にあったからであった。よって、「梃子」という表現は不適切と筆者は考える。

本章で検討した宣教師の密入国事件の数々は、家光の親政開始直前、活況にわく交易によって発生した複数の国際紛争を伏線としており、結果としてキリシタン禁制の維持と全貿易船の管理という困難な課題をまだ若い政権に突きつけたことがわかった。家光政権が寛永十年（一六三三）以降、一連の「鎖国令」を打ち出した契機とも関わる問題であるが、その詳細の解明は、今後の課題である。

注

（1）『鹿児島県史 1』（鹿児島県、一九三九年）。武野要子『藩貿易史の研究』（ミネルヴァ書房、一九七九年）。児玉太刀男「島津藩の中国貿易と鎖国」（箭内健次編『鎖国日本と国際関係　上巻』吉川弘文館、一九八八年）。曽根勇二「近世前期における幕府の対外政策」（同・木村直也編『新しい近世史 2』（新人物往来社、一九九六年）。木崎弘美『長崎貿易と寛永鎖国』（東京堂出版、二〇〇三年）。

（2）山本博文『寛永時代』（吉川弘文館、一九八九年）五一頁。

（3）拙稿「近世日本のキリシタン禁制―地球的世界と国家・民衆―」（『歴史学研究』九二四、二〇一四年）七三頁。

（4）木土博成『近世日琉関係の形成―附庸と異国のはざまで―』（名古屋大学出版会、二〇二三年）第五章（初出二〇一八年）。

（5）荒野泰典「海禁・華夷秩序体制の形成」（同・石井正敏・村井章介編『日本の対外関係5　地球的世界の成立』吉川弘文館、二〇一三年）は、当該時期の海域状況は「倭寇的状況」であり、秀忠・家光政権はそれを克服し、国内的には将軍権力を確立して、海禁・華夷秩序体制を構築したとするが、長崎集中令については、「大名統制が進んだ一六三五年にようやく実現した」と述べるにとどまる（一三七頁）。このほか深瀬公一郎は寛永期の唐船へのキリシタン禁令の背景に「多層的なシナ海域世界」があるとし、宣教師の潜入と唐船が不可分であったと述べるが、前掲拙稿（注（3））を踏まえていない（深瀬「寛永期の唐船キリシタン禁令」『長崎歴史文化博物館研究紀要』一六、二〇二二年）。

（6）拙著『近世日本とルソン―「鎖国」形成史再考―』（東京堂出版、二〇一二年）

（7）曽根勇二前掲論文、三八～四〇頁。曽根は、寛永十一年八月令は島津氏への個別通達であり法令とはみなせず、寛永十一年段階で実効性もなかったとしているが（三八頁）、八月令以降の違反事例が示されていないので、この点は疑問である。

（8）『林羅山文集　上巻』（京都史蹟会編纂、ぺりかん社、一九七九年）一三〇頁。

（9）『影印本異国日記　金地院崇伝外交文書集成』（中村質解説、東京美術、一九八九年）一四頁。

（10）『旧記雑録後編　第四』（鹿児島県、一九八四年）一七六号文書（六二頁）。

（11）『通航一覧　第五』（国書刊行会、一九一二年）二二七頁（巻一九八）ではこの集中令について「駿府記」「大三川記（大三河志か）」を引用するが、いずれも編纂物である。なお同令に関連して、慶長十九年（一六一四）五月十七日付、長崎奉行長谷川左兵衛の島津家久宛て書状に「次唐船之儀被仰下候、着岸之時分者、何様にも唐人次第可被仰付候」とあり、「唐人次第」の文言からこれは集中令を解除したものとみなされている。

（12）児玉太刀男前掲論文、三〇四～三〇五頁。

（13）『御当家令条』（石井良助編、近世法制史料叢書、創文社、一九五九年）二一九号ほかを参照。

（14）木﨑弘美前掲書を参照。

（15）木﨑弘美前掲書、一〇一～一〇二頁の考証による。この書状は『旧記雑録後編　第四』、七八四号文書（三〇七頁）では慶長十六年と比定されているが、元和三年（一六一七）である。

（16）児玉太刀男前掲論文、三一一頁。

（17）木土博成前掲書。

(18) 武野要子前掲書、一一三頁。
(19) 『旧記雑録後編　第五』（鹿児島県、一九八五年）五〇七号文書（二六三頁）。
(20) 『武家厳制録』（石井良助編、創文社、近世法制史料叢書、一九五九年）二二二号文書ほか。
(21) 『旧記雑録後編　第五』六二二号文書（三六六〜三六七頁）。東京大学史料編纂所所蔵底本にもとづき、一部改めた。また刊本で修正・補充されている部分はそのまま反映した。
(22) *Historia de la Provincia del Santo Rosario de la Orden de Predicadores en Filipinas, Japón, y China*, por Diego de Aduarte, Manila: 1640, pp. 290–291; 295–296. 翻訳は、フェレーロ版の該当箇所（edición preparada por Manuel Ferrero, Madrid: Consejo Superior de Investigaciones Científicas, Departamento de Misionología Española, 1962–1963, pp. 399–400; 405–406.）も参照し、邦訳版の該当箇所（ディエゴ・アドゥアルテ『日本の聖ドミニコ　ロザリオの聖母管区の歴史（1581年〜1637年）』ホセ・デルガード・ガルシーア編注、佐久間正・安藤弥生共訳、カトリック聖ドミニコ会ロザリオの聖母管区、一九九〇年、四〇三〜四〇四・四〇八頁）を引用の上、一部改訳した。
(23) 舢板（サンパン）は、「上海・香港・広州各地の河川や近海で用いられる中国式の小船」（『中日辞典』）の意味である。
(24) 藤野保・清水紘一編『大村見聞集』（高科書店、一九九四年）一六八頁。大村市歴史資料館所蔵の原本を確認し、若干の修正を加えた。
(25) 前掲『大村見聞集』、一七〇〜一七一頁。同右。
(26) 既述の寛永十年二月二十八日付の下知状で、長崎奉行には「一、伴天連之宗旨弘候南蛮人、其外悪名之者有之時は、如前々大村之籠に可入置事」との指令が与えられていた。
(27) アドゥアルテの刊本には Iacobo とある。日本語版で朝長神父の名は「ヤコボ」と訳出されているが、彼はイエズス会出身であるため、当時はポルトガル語風の発音で「ジャコボ」と呼ばれたか。なお史料2の「キビョウエ」（Quibioye）は、日本語版で史料3を根拠に同宿の「九郎兵衛」と同一人物と考証され、「クロビョウエ」と改訳されている。筆者も当初そのように考えていたが、転記の際の誤りを考慮してもなお名前の発音が著しく異なっていること、「従僕」と「同宿」は異なる身分であること、史料3で九郎兵衛は神父と同時に捕縛されたはずであるが、史料2でキビョウエはその前に既に捕らえられていたはずであることを考えると、「九郎兵衛」と比定することは難しい。
(28) 前掲『林羅山文集　下巻』六九〇頁。清水紘一・木﨑弘美・柳田光弘・氏家毅編『近世長崎法制史料集　1　天正八年〜享保元年』(岩田書院、二〇一四年）一五六頁。

（29）『旧記雑録後編　第五』所収六三四号文書（三七三〜三七四頁）。同書で「寛永十年」と比定されているが誤り。翻刻に修正を加えた。

（30）『旧記雑録後編　第五』所収七二二号文書（四二九頁）。

（31）『旧記雑録後編　第五』所収七六五号文書（四四六〜四四七頁）。

（32）前掲『大村見聞集』、一三八頁の翻刻文に若干の修正を加えた。

（33）前掲拙著『近世日本とルソン』一〇一〜一〇二頁より転載した。

（34）ARSI, Jap. Sin. 35, f. 140v.

Nesta parte os Frades das Philippinas tem mais comodidade que os nossos: porque dado q não os queirem trazer os navios de Japoes que levam, pollo temor que tem os capitaes do governador daqui os castigar; elles em trajes de soldados se vem a certa terra das mesmas ilhas chamada Pangasinan q fica mais parte de Japam, aonde ha Bispo, e frades Dominicos, e dali se embarcam em somas de Chinas q daqui vam contratar aquellas partes, e assi passam cá. Ao Pe Visitador escreve q me parece q em Macao con grande secreto seria bem concertarse com alguns Chinas, e fazer q venha alguma soma de Cantao, emq os nossos se possam embarcar, e não vir a Nagasaqui, senão ou a Satçuma, ou as terras do Fingo, e outras; donde depois sera fácil espalharem se antes q se rompa sua vinda; também pode ser q per via de Cochinchina p（　）vir alguns nos navios de Japoes q daqui la vam cada anno, mas devido se os quereram trazer.

（35）ポルトガル語のソマ船（Soma）は、「漳州（Chincheu）で用いられた小船」の意味である。António de Morais Silva, *Novo diccionário compacto da lingua portuguesa*, vol. 5, 1999, p. 180.

（36）五野井隆史前掲書『徳川初期キリシタン史研究　補訂版』(吉川弘文館、一九九二年）一九九〜二〇〇頁。

（37）一六二三年、長崎のキリシタンたちは、日本人宣教師の養成をマニラ司教に請願する文書を送付するにいたる。前掲拙著『近世日本とルソン』一一二頁〜。

（38）前掲拙著『近世日本とルソン』二三三頁〜。

（39）五野井隆史前掲書『徳川初期キリシタン史研究　補訂版』、二〇一頁。

（40）前掲注（39）。

(41) 五野井隆史『ペトロ岐部カスイ』（H・チースリク監修、大分県教育委員会、一九九七年）二一一頁。

(42) 『大分県先哲叢書　ペトロ岐部カスイ資料集』「Ⅱ欧文資料翻訳」三五号。

(43) H・チースリク著、高祖敏明監修『キリシタン時代の日本人司祭』（教文館、二〇〇四年）三六二頁。

(44) 前掲注（22）掲載の原版三三二〜三三三頁、フェレーロ版四五五頁を確認の上、アドゥアルテ前掲書『日本の聖ドミニコ』四二四〜四二五頁を一部改訳して引用させていただいた。

(45) José Eugenio Borao Mateo, *Spaniards in Taiwan Vol. I: 1582–1641* (revised edition), 南天書局有限公司, 2014, pp. 75–76 (Doc. 25). ただし台湾でも日本のキリシタン禁制はよく知られており、琉球に渡ることはできても、史料7にあるように、日本への直行便は得られなかった。このあたりは、「附庸」でありながら同時に「異国」であった琉球の位置づけが関係しているのであろう。木土博成前掲書。

(46) 真栄平房昭「「鎖国」形成期のキリシタン禁制と琉球―徳川政権のマニラ出兵計画の背景―」（同『琉球海域史論（下）―海防・情報・近代―』榕樹書林、二〇二〇年）。初出一九八八年。

(47) H・チースリク前掲書『キリシタン時代の日本人司祭』、二九七頁以降。五野井隆史前掲書『ペトロ岐部カスイ』、第七章。

(48) Joseph Sicardo, *Christiandad del Japón, y dilatada persecución que padecio: memorias sacras de los martyres de las ilustres religiones de Santo Domingo, San Francisco, Compañia de Jesus; y crecido numero de Seglares, y con especialidad de los Religiosos del Orden de N. P. S. Augustin*, Madrid, 1698, p. 302. 原文を確認のうえ、片岡弥吉「金鍔次兵衛（トマス・デ・サン・アウグスチノ神父）一件資料」（『長崎学会叢書　第八輯』一九六二年）一三頁の訳文を一部改訳し、引用させていただいた。

(49) 「一六三二年三月十四日、日本諸事報告」(ARSI, Jap. Sin. 18I, ff. 136–136v.)。「一六三二年、イエズス会士がマニラから送った日本教界についての状況報告」(ARSI, Jap. Sin. 29, f. 117.)。

(50) BRAH, 9/3657, N. 7.「イエズス会の聖殉教者ヴィエイラ神父の書簡」と題した手稿文。ヴィエイラは日本渡航の詳細な経緯を総会長に長文で報告すると述べたが（ARSI, Jap. Sin. 38, f. 305.)、その原文書の所在は不明となっている。木﨑孝嘉「南欧文書館に眠るセバスティアン・ヴィエイラ関係文書―所蔵の整理とプロクラドール研究の展望―」（大橋幸泰編『近世日本のキリシタンと異文化交流』勉誠社、二〇二三年）。本文書を入手するにあたり、木﨑孝嘉氏の協力を得た。

(51) アドゥアルテ前掲書『日本の聖ドミニコ』、四〇三頁〜。四一四頁のホセ・デルガード・ガルシーアによる解説も参照のこと。

(52) Sicardo, op. cit., pp. 286, 316.
(53) チースリク前掲書、四七五頁。
(54) ホセ・デルガード・ガルシーアによる解説。アドゥアルテ前掲書『日本の聖ドミニコ』、四一四頁。
(55) Sicardo, op. cit., p. 283.
(56) *Fuentes sobre los misioneros Agustinos Recoletos martirizados en el Japón*, por Romualdo Rodrigo, Publicaciones del Institutum Historicum Augustinianorum Recollectorum; Serie I: Subsidia 6, p. 244. Sicardo, op. cit., p. 183.
(57) Sicardo, op. cit., p. 283.
(58) 前掲拙著『近世日本とルソン』、第七章。
(59) 詳細は平山篤子「シャムにおけるイスパニア人による「朱印船ジャンク焼き討ち事件（1628年）（1）」」（『帝塚山経済・経営論集』一〇、二〇〇〇年）。
(60) 永積洋子『朱印船』（吉川弘文館、二〇〇一年）一七〇頁～。
(61) 武田万里子『鎖国と国境の成立』（同成社、二〇〇五年）九五頁。
(62) 加藤榮一「八幡船・朱印船・奉書船―幕藩制国家の形成と対外関係―」（紙屋敦之・木村直也編『海禁と鎖国』東京堂出版、二〇〇二年、初出一九八六年）。
(63) 永積洋子前掲書『朱印船』、一八〇・一八七頁。
(64) 『平戸オランダ商館の日記　第二輯』（永積洋子訳、一九八〇年）二二頁。
(65) 永積洋子前掲書、八六頁。武田万里子前掲書、七五頁。
(66) 最初の派遣船で重義は松倉重政とともに使節を送ったが、その目的はマニラを攻略するための偵察と現地で受け取られ、警戒された。なお重政は寛永七年重義との面会後に謎の急死をとげており、この偵察船派遣との関連が疑われる。シュワーデ、アルカディオ「松倉重政の呂宋島遠征計画」（『史学雑誌』四五―九、一九三四年）。岩生成一「松倉重政の呂宋島遠征計画とその死」（『キリシタン文化研究会会報』一、一九六三年）。
(67) 「呂宋覚書」（同志社大学所蔵本）二丁目表。『海表叢書　巻六』（更生閣書店、一九二八年）二頁。
(68) AGI, Filipinas, 8, R. 1, N. 17.
(69) なお武田は、おそらくパジェスを根拠に使節船がマニラから日本に帰港する際宣教師四名が便乗したと述べるが（武田万里子前掲書、七九頁）、チースリクによると、使節らの通訳をつとめた金鍔トマス神父の日本渡航は使節船の帰国後でのことであり（チースリク前掲書、三九九頁）、後考を要する。
(70)　武田万里子前掲書、七五頁。
(71)　東南アジアでは一六四〇年代から長距離貿易の衰退が始まり、一五世紀から続いた「交易の時代」が終焉する。アンソニー・リード『世界史のなかの東南アジア　上』（太田淳・長田紀之監訳、青山和佳・今村真央・蓮田隆志訳、名古屋大学出版会、二〇二一年）二二九頁。
(72)　徳川家康が将軍徳川秀忠の名で発令した。法文内容と発布状況は、清水紘一「伴天連追放文の発令過程」（『長崎歴史文化博物館研究紀要』三、二〇〇八年）に詳しい。
(73)　一五九九年の海賊船については、ポルトガル人とスペイン人を除き日本人のみが磔刑に処された。前掲拙著『近世日本とルソン』、三七三頁。
(74)　朝尾直弘「鎖国制の成立」（『講座日本史　四』、東京大学出版会、一九七〇年）。村井早苗『幕藩制成立とキリシタン禁制』（文献出版、一九八七年）。

〔付記〕本章は、修正を加えた注（3）の一部と、二〇一六年第七回高麗大学校・明治大学国際学術会議および同年の駿台史学会大会で口頭発表した内容をもとに作成した。

補論　朝尾直弘『鎖国』の現在

はじめに

本論では、一九七五年に刊行された朝尾直弘の『鎖国』[1]をとりあげる。同書で獲得された成果とともに、いくつかの問題点を提示し、それを足掛かりにいま「鎖国」はどのように描くべきか、また描きうるのか、素描を試みるものである。

『鎖国』は、当時四〇代半ばを迎えた朝尾が最初に執筆した一般書である。朝尾自身は、「内容の独創性とその裏づけをいかに確保し、わかりやすく叙述するかといった問題に集中と緊張を強いられた」（ⅲ頁）と回顧している。その甲斐もあってといえようか、本書は以降の近世史研究を活性化させた名著として、今なお不動の位置を占めている。研究史上に与えた意義は二点に整理されると思われる。第一は、従来のようにヨーロッパの進出への日本の対抗的措置としてではなく、東アジア世界を媒介とした対応として「鎖国」の形成をとらえたことにある。この視点の転換により、「日本型華夷意識」という新しい概念が示され、近世日本の強力な集権的封建制の成立を解く鍵が得られた。この学説は後年の荒野泰典の「海禁・華夷秩序」説に取り入れられたほか、多くの研究書に引用され、定説化している[2]。

第二は、対外情勢だけではなく、日本国内の民衆の動向と幕府政治の展開を叙述に組み込み、日本の近世国家の形成要素としての「鎖国」を描き出すことに成功した点にある。幕藩制国家の成立・確立にいたる日本国内の政治の諸過程が丁寧に描出され、とりわけ徳川家光政権期の、島原・天草一揆前後に「国郡人民統治」（三〇三頁）の体制を作り上げた画期性の指摘は、初期の幕府政治を解明した重要な成果である。また叙述にあたり、幕府側の政治の論理だけではなく、対極にある民衆の心の「大きないたみ」（一五五頁）までをとらえた視角の深さは、右の東アジア世界の指摘と比べあまり注目されないが、これもまた大きな特徴であるといえよう。

このように分野を横断し以降の研究に多大な影響を与えた本書『鎖国』の魅力は、従来の分析視角と比較して、第一に横軸となる日本の国際環境を、第二に縦軸としての日本国内の政治情況のそれぞれを、大胆に見直しただけではなく、相互の関係性を鋭くとらえたからであろう。その結果、従来の得失論やヨーロッパ関係に拘泥して描かれて来た鎖国論を大きく転換・修正して、日本の近世国家の本質に迫る新たな「鎖国」像を我々に与えることになった。

先に見た朝尾の本書へのこだわりは成功に終わったといえよう。それでも、その後の約四〇年間に輩出された関連研究を踏まえると、本書にはいくつかの問題点もまた見えてくる。そこで以下本文では、はじめに近世日本の国際環境、次いで国内政治に焦点をあわせて、筆者の専門の範囲で見出した本書の問題点を指摘し、それをふまえて「鎖国」は現在どのように描きうるのか、若干の提言を試みたい。

第一節　「近世東アジア世界」のヨーロッパ勢力

朝尾自身は、従来の鎖国研究の問題点について、「世界が日本にとって外在的である」ことを述べた（iii～iv頁）。つまり鎖国は従来、ヨーロッパ勢力の侵略と植民地支配が展開する世界への日本の対抗的措置として描かれてきたが、本書の時代背景となる一九六〇～七〇年代前半にかけて、世界情勢は転換していた。非ヨーロッパ地域の民族と国家の独立は普遍的になりつつあり、何より韓国、中国との国交正常化や沖縄返還が実現して、日本との関係再構築が意識されたことも、朝尾の視角転換の背景にあったであろう。すなわち日本のあり方を規定させた内在的な問題として、注目された新しい「世界」は、東アジアであった。

しかしそれゆえにというべきか、本書に登場するヨーロッパ勢力は、相変わらず「外在的」に描かれていた。一部のイエズス会士は中国・日本征服論を表明し、その背後には、「レコンキスタからデマルカシオンへ展開するなかで形成された、イベリア半島キリスト教民族国家の「強力な国家意志」」（五七・五九頁）があったとされる。ルソンに来たスペイン勢力については、「フェリペ二世の旗のもと、いっさいの異教徒を征服・教化してやまない（この二つがむすびつく奇妙さはおくとして）姿勢で中国と日本にあい対した」（六三頁）と説明されている。こうしたヨーロッパ勢力像は日本の近世史研究において伝統的なものであり、近年も平川新、深谷克己がイベリア・インパクト論で強調したことは記憶に新しい(3)。

しかしながら、対外関係史研究ではここ四〇年の間に、東アジア世界とヨーロッパ勢力に対する見方は大きな変化をとげている。まず、ブローデルや明清時代史、リードの研究の影響を受け、研究者の視野は陸上国家だけではなく、シナ（東〜東南アジア）海域へと広がっていた(4)。荒野はこの海域において、諸民族が雑居し私的勢力が活躍する「倭寇的状況」が展開したとみなした(5)。そしてここに参画したヨーロッパ勢力に関しては、「強力な国家意志」を発揮したことよりも、後期倭寇に便乗し、日本銀や新大陸銀の運び手となって、「世界の一体化」に貢献した点が評価されている。つまり、海域アジア世界における「内在者」としての側面が、以前より評価されるようになったといえよう。

筆者自身は当該時期のスペイン勢力を研究対象としているが、研究を始めた当初から、右の「倭寇的状況」論の影響を受けている。このため本書の先の記述も含め、スペイン人の東アジア世界での実態が検討されないままの、伝統的なヨーロッパ勢力像には疑問があった。そこで拙論ではルソンのスペイン人の役人や日本の宣教師の文書を用いて

「現場」での実態を研究したが、明らかになった諸事実は次のようになる。(6)

まずイエズス会士の日本征服論に関しては、イエズス会総会長の明確な禁止命令が出て会の方針とはなりえず、日本での宣教は武力を伴わない「適応主義」が終始一貫していた。(7)ルソンでは当初こそ総督や司教が中国・日本征服論を国王に訴えたが、本国に却下され、(8)その後は諸島防衛の観点から、豊臣政権の威嚇外交に応じる方針に転換した。いわゆる二十六聖人殉教事件で宣教師が処刑された後も、豊臣政権側が「聘礼」と受け取る友好的な使節を派遣すらしている。(9)

徳川政権期には、家康の強い要請に応じてルソンは日本との貿易関係を強化したが、これは宣教のためというよりも、家康が総督府の悩みの種であった海賊統制に成功したからである。禁教令が出るとルソンは日本に密入国する宣教師の海外拠点と化したが、宣教師がそれを実行した原動力のひとつは、日本の信徒からの強い要請にある。逆にルソンのフィリピン総督府では、諸島宣教を優先するために宣教師の日本渡航を禁止することもあった。このように、スペイン勢力の対日姿勢は終始消極的であり、結局東アジア世界で「強い国家意志」を発揮しえたといえるのは、ルソン島および一時期の台湾のみである。

近年発表されたポルトガル勢力とオランダ勢力に関する研究も、(10)「国家意志」の発揮情況についてはおよそ同様の評価である。それではこれらの成果が日本近世史研究に活かされず、今もなおヨーロッパ勢力像に懸隔が生じているのはなぜであろうか。それは近世史研究者側に、この問題に関してはなぜか、実態よりも理論（中世のレコンキスタにまで遡及するスペイン人の征服侵略の一貫性）を優先する研究思潮があるということと、一六～一九世紀を同一の時代とみなす歴史観が強く影響しているからではないだろうか。事実朝尾は「一六世紀から一九世紀にかけて、近代世界は人類に普遍的な、すぐれた思想・文化を生み出した一方、貪欲な侵略と植民地的隷属を非ヨーロッパ地域に強制した」（ⅳ頁）と述べた。つまり一六世紀のヨーロッパ勢力に、一九世紀にあらわれた西洋列強との連続性を見ているのであるが、両者の基準は、深谷がウェスタン・インパクトになぞらえたイベリア・インパクトの名称を与えたように、一九世紀を基準としているように見える。(11)

しかし一六世紀と一九世紀とでは当然だが色々な点が違う。ポルトガルのインド支配の実態を研究したピアスンは、ヨーロッパ人のアジア進出の四段階のうち、一六世紀は港を占領もしくは獲得し、そこに要塞を建設する第三の段階にとどまり、第四の、広大な陸地を征服する段階への到達は、一八世紀末であったと指摘した。(12)このような歴史的段階性はヨーロッパ勢力側の条件だけではなく、無論、進出先の東アジア世界の情況変化にも規定されている。しかし日本近世史の研究者には、このようなヨーロッパ勢力の実態に基づく歴史的段階性は、ほとんど意識されていないように思える。

なぜ筆者がこの問題を指摘するかというと、現状ではむしろ、「鎖国」研究において朝尾が問題とした、日本とヨーロッパの直接対立的な歴史観が蘇生しかねないと危惧するからである。したがって今後は、「近世東アジア世界」におけるヨーロッパ勢力の実態的研究を深める必要があると考える。海外で発表された関連研究を邦訳し紹介することも有意義であろう。それにより、近代とは異なる「近世東アジア世界」の特性が浮き彫りとなり、実態にそぐわない誤ったイメージは是正されていくと考える。ヨーロッパ勢力を研究することは、ヨーロッパ中心史観の増長との批判を受けそうだがそうではなく、むしろその陥穽を回避するために必要である。キリスト教に関しても、ヨーロッパ純正の宣教方法でそのまま持ち込まれ受容されたわけではなく、適応主義によって現地での変化を遂げているはずであるし、そもそも我々が「ヨーロッパ純正」とイメージしているそのものが、現実と隔離しているかもしれない。(13)

なお近代のイメージを排除した「近世東アジア世界」の見直しにあたっては、一六〜一七世紀のヨーロッパ人の行動を規定した国家以外の要素に注目することが、実態に即しており有効であると考える。この点、シナ海域にいた多くのポルトガル商人の出自が改宗ユダヤ人であったとする岡美穂子の指摘は興味深い。(14)カトリック宣教師に関しては、一七世紀に入り独自の布教聖省を設立して国家と距離を置き始めた、ローマ教皇庁の政治的動向が注目される。ミジャンによると、このヨーロッパ内で生じた変化が中国や日本に波及し、現地の宣教を先鋭化させ殉教者を輩出したという。[15]このような近世に入り活性化した世界宣教の動向を視野に入れることは、山口啓二の言う「地球的世界」の中で「鎖国」をとらえる、一つの試みになると考える。[16]

第二節　「鎖国」の形成過程

朝尾は内田銀蔵の学説[17]を批判的に継承し、「鎖国」令は内容的に「キリシタン禁令」と「貿易統制」の二つがあるとした。したがって最初の「鎖国」令は、この二つが結合した、元和二年（一六一六）八月令であったとする（一二頁）。

この定義は現在も有効であるが、キリシタン禁令と貿易統制との「結合」から一歩踏み込んで、「鎖国」は前者の禁令の問題が中心であり、後者は副次的であった、と考えられるようになった。[18]そこでここでは改めてキリシタン禁令に関する本書の叙述に視点をあわせ、時系列に問題点を指摘して、「鎖国」へと傾斜する幕府政治の道筋を見直しておきたい。

本書『鎖国』の問題点とは、掲出された禁令のいくつかに関して、その後の研究の進展により、法令の存在自体を含めて見直しがなされていることにある。しかし朝尾は禁令に連動する政治外交問題まで視野に入れ、いくつも重要な解釈を提示しているので、以下ではそれらがどのように再解釈されうるかを含め、筆者の考えを述べることにしたい。

1　慶長十六年八月令

朝尾は、徳川将軍家がキリシタンの取締りにはじめて乗り出したのは、慶長十六年（一六一一）八月であったとしている（二八頁）。

これは『徳川実紀』（「東照宮御実紀附録」）の「慶長十六年八月、はじめて将軍家より耶蘇は夷狄の邪法なるをもて、厳禁せらるゝ由令せられ（後略）」に依拠した見解であるが、現在この禁令は、後年編纂の当該史料のみに見えることなどから、存在しなかったとされている。[19][20] 筆者も「イエズス会日本年報」に言及がないのは決定的であり、慶長十六年令は『実紀』編纂者の誤解であろうと思う。

それでは最初の禁令とはいつか。家康政権は慶長七年と同十年にルソンに対して国内での宣教を禁じ、[21] また淀殿の訴えを受け慶長十一年四月二十日に大坂城下で武士の改宗を禁じる法令を出してはいたが、[22] 最初の本格的な、全国的な広がりを見せた禁令といえるのは、岡本大八事件後の、慶長十七年三月の禁令である。[23] よってたとえ右の誤りがあったとしても、わずか半年の誤差にすぎない。しかし朝尾自身も述べているように、この発令時期の問題は、次のように初期の政治外交問題に複雑に関わってくるために重要である。

朝尾によれば、この時期の幕府は、「キリシタンの取締りを口実に、大名・寺社への統制を強めようと」していた（一七頁）。すなわち家康は、慶長十六年四月、西国諸大名に三か条の法令を出し、将軍家の命に背かない旨の誓詞を求め、同年八月に最初の禁令を出した。翌十七年正月には西国大名宛てとほぼ同内容の三か条を東国諸大名へ通達し、家中に反逆者を抱え置かないよう命じた。そして同年三月にキリシタン禁令を再令したが、その内容は諸大名に与えた法令に従うかを試す内容となっていた（以上一六～一七頁）。

以上の流れを見れば家康は、諸大名へ命令を発したその都度キリシタン禁令を出してその法令効果を試したと推定されるのであり、キリシタン禁令は、大名統制に利用するための「口実」であったといえそうである。しかし慶長十六年八月令が存在しなかったとすると、この学説は再考の余地がある。

さて、最初の本格的禁教令の発令時期は、家康がかねてからのスペイン貿易計画を断念した時期の指標としても重要であり、朝尾も言及している（九四～九五頁）。家康は関東の浦賀にスペイン船を招致し、ルソン、メキシコとの貿易を構想していたが、スペイン人に宛てた書簡の内容から、朝尾は慶長十四年十月から同十六年九月の間に構想は消えたのではないかと推定し、その原因として、長崎貿易の掌握に成功したことをあげている。長崎貿易の掌握とは、慶長十六年七月、ノッサ・セニョーラ・ダ・グラサ号（マードレ・デ・デウス号）事件で途絶していたポルトガル貿易の再開にあたり、ゴアの使節に糸割符制の遵守を誓約させたこと、そして八月のキリシタン禁令である。

しかしこの禁令が幻であったとすると、家康は慶長十六年段階で、ある程度ポルトガル貿易を掌握することには成功していたが、ポルトガル人がもっとも嫌がる禁教令を出して貿易に支障が生じる可能性は避けたことになる。スペイン貿易についても同様である。だがポルトガル船を焼討するといった比較的強い態度に出ることができたのは、慶長十四年七月にオランダ人に渡海許可朱印状を発布し、貿易関係をこの頃には成立させていたことが大きいのであろう。[24]

スペイン貿易に関しては、慶長十六年時点ではスペイン国王へ派遣した使節が貿易許可の返答を得て帰国する可能性があり、決めかねていたであろう。しかしその返答を待つ間の八月に唐船数艘が長崎に来航し、十一月には明国商人に対して長崎での貿易を許可した。[25]つまり家康は、同慶長十六年暮れには西国のオランダ、中国貿易を一通り掌握していたといえる。このことは、翌年以降キリシタン禁令の発令と強化に踏み切った、重要な背景のひとつといえるのではないか。[26]

要するに慶長十六年の家康は、南蛮貿易を含めて複数の貿易ルートを確保・掌握する方針であり、このためキリシタン禁令の発令に踏み切る段階にはなかったと考えられる。つまり徳川政権発足当初から同年までは、豊臣外交の後遺症として貿易問題を優先せざるをえない政治外交状況があり、これが禁令の発令を抑制していたと考える。ひるがえって「大名統制のための禁令発令」という学説は、やはり成立し難い。キリシタン禁令は単なる口実ではなく、当初から懸案であったキリシタン問題そのものへの対抗的措置として、貿易問題に目途がつき、発令のきっかけが生じた時点で打ち出されたのであろう。その契機が、慶長十七年一月の岡本大八事件であった。

『鎖国』にもある通り、慶長十七年三月のキリシタン禁令の実施状況は、キリシタン武士の改易を諸国に通達し、京都の教会堂を一部破壊するなど、なお部分的であった。しかし翌十八年九月イギリスに通商を許可した家康には、もはや宣教師を国外追放することに何のためらいもなかったはずである。十二月には将軍徳川秀忠の名で「伴天連追放之文」を出し、追放を実施することとなる。

以上の検討により、家康政権期に幕府が西国の外国貿易を一通り掌握し、かねての懸案であった全国的なキリシタン禁令に踏み切った過程が看取される。

2　元和二年八月令

元和二年（一六一六）八月八日、徳川秀忠は島津氏ら西国大名に宛てた老中奉書において、キリシタンの取締りをいっそう強化し、ポルトガル船とイギリス船の貿易を平戸と長崎の二港に限定せよと命じた。既述の通り朝尾は同令をキリシタン禁令と貿易統制が結合した「最初の「鎖国」令」と重視したが、『鎖国』ではこの時点でヨーロッパ船貿易のもたらす軍需物資を統制する必要性が中心に述べられており、禁教に関してはほとんど見解が示されていない（二一一～二一九頁）。

この法令に関してはかつて筆者も指摘したことがあるので、[27] 以下では簡単にその趣旨を述べるにとどめたい。私見の要点は、同令は貿易統制も重要な意味を持つが、キリシタン禁令に関しても口実などではなく、現実に対処する重みを持っていたと、いうことである。

イエズス会の「一六一六年度日本年報」によると、八月八日令の発令直前に南蛮船が多数来航し、宣教師の上陸が江戸へ伝えられている。この時期の宣教師潜入問題は、幕府にとって看過しえない問題であっただろう。第一にかつて将軍秀忠自らの名で慶長十八年十二月に発令した禁教令への違反として、政権の代始めの時期にあたり、厳格な姿勢で対処する必要があったと考えられるからである。

同令の発令直後には、江戸でキリシタンの摘発が行われている。またイギリス商館長リチャード・コックスの記録によると、八月八日前後に江戸で渡航許可証の再交付を待っていたにもかかわらず、同令を手交されていない。正式な交付は八月二十三日となっている。八月七日にコックスは老中秘書から宣教師と接触しないよう注意を受け、同九日には宣教師との関係を疑われている。すると、幕府はキリシタン問題のためにイギリス人に対する同令の交付を白紙に戻し、断交を含めたより厳しい措置を幕府内で協議した可能性がある。

以上のように元和二年八月令は、現実に起きた宣教師密入国という事態への対処の側面もあった。この禁教と朝尾の指摘した軍需品統制の目的により、家康以来自由を保障していたヨーロッパ船貿易を、はじめて制限することとなったのである。

3　寛永十二年令

朝尾は寛永十二年（一六三五）六月二十一日に改訂された「武家諸法度」に、キリシタン禁令を含んでいたとの従来の解釈は誤りであり、最初の掲載は寛文三年（一六六三）令においてであったと指摘した。これは「徳川幕府が島原の乱がおきるまでは、キリシタンを国内の大きな問題とは認識していなかったことを示唆する点で重要な事実」であり、同時期の五人組制度の拡充とあわせて、家光単独政権が発足した当初の政治課題は主に小農民対策にあった、との解釈が引き出されている（以上一九三～一九四頁）。

たしかに家光政権はキリシタン禁令を寛永令に入れてはいない。しかし同寛永十二年の八月二十七日に諸大名に対し、「伴天連ならびに切支丹宗旨」は以前より厳禁であるが未だ断絶していないため、領内をよく穿鑿し、宗旨のある場合はこれを捕えて報告せよとの命令を通達している(28)。これを受け小浜藩では、藩主酒井忠勝が領民に寺請形式と俗請形式での宗門改めを命じたことが知られている(29)。このように当該法令は全国的に宗門改めを促進した画期があるが、要するにキリシタン問題が、同年の重要な政治課題のひとつであったことに変わりはない。この事実を踏まえ、しかしなお「武家諸法度」に掲載されるにはいたらなかった禁令の位置づけを次に少し考えてみたい。

この禁令の少し前の寛永十二年五月二十八日、いわゆる第三次寛永鎖国令において、家光政権は日本船の海外渡航と、海外在留者の帰国を一切禁止した。これはオランダ側史料によれば、海外渡航者が武器輸出や宣教師潜入を幇助することへの対抗措置であった(30)。すると幕府は自国が海外紛争に巻き込まれる可能性とともに、宣教師が流入する問題への対処として五月に海外への出入り口を閉じ、八月末に国内のキリシタン殲滅を図ったということになる。

事実その少し前の、寛永十年から翌十一年にかけて、幕府内で宣教師の密入国が問題となり、集中的に水際の対策が取られている(31)。長崎奉行は寛永十年五月二十八日、長崎で捕縛した宣教師から、唐船で薩摩に上陸した旨の情報を得、このため六月七日に島津氏に連絡し、渡航中国船に宣教師がいないかよく取り調べるようにと命じた。翌十一年春に長崎の有力町人に築島（出島）の築造を命じて市中ポルトガル人の隔離を図り(32)、五月の渡航シーズンには、長崎に「西洋耶蘇会人載渡日本国事」と、唐船に対して宣教師の乗船を禁止したほか、大村氏と島津氏に対してバテレン潜入の警戒を命じる奉書を出している(33)。七月、ルソンからの不審唐船が相次いで長崎奉行の取り調べを受け、長崎奉行は不審唐船について島津氏に問い合わせるとともに宣教師密航の警戒を促し、八月にはついに領内の異国船着岸を禁止するにいたった。いわゆる唐船長崎集中令である。

いずれにせよ、右の宣教師の密入国問題は、家光政権が寛永九年に長崎奉行を更迭し新奉行の職務条項を明記するなど長崎の掌握強化を図った後に発覚しており、よって政権から看過しえない問題と認識され、唐船集中令、そして寛永十二年令の発令にいたったと考えることができる。しかし同年の「武家諸法度」に禁教が記載されなかったのは、上記した同年の一連の「鎖国」政策を取り、キリシタンを国内で穿鑿するよう命じれば、問題は間もなく解決するとの見通しが持たれたためではないだろうか。

しかしその後幕府は島原・天草一揆や、潜伏キリシタンを大量に処刑するにいたった大村崩れ（一六五七年）と豊後崩れ（一六六〇年〜）を経験し、キリシタンを領主間が共有する恒常的な問題とみなすようになった。寛文令で取り上げるにいたったのは、そのためと考えられる。

小括すると、家光政権期の段階で貿易統制はやはり、キリシタン禁令に従属した位置づけとなる。もしも貿易統制が単独で重要問題であったならば、幕府は「四つの口」それぞれを直轄化していたことであろう。[34] 換言すれば最終的に「鎖国」は近年の指摘通り、キリシタン禁令によって形づくられたということができ（本書序章参照）、よって朝尾が述べた、キリシタン禁令を大名統制の口実や「梃子」とする見方は修正が必要である。

以上、家康政権から家光政権にかけてのキリシタン禁令問題と「鎖国」の形成過程を見たが、あらためて元和二年八月令を最初の「鎖国」令と評価しうるのか、疑問が生じる。というのも「（近世の貿易は）公儀権力を主体とし、その統制のもとに掌握されていたことが明瞭に見えてきた」（vi頁）とあるように、朝尾の言う「貿易統制」とは、日本での貿易を許可したり、貿易港を制限したりする権限をも含めた、「将軍権力による貿易管理」のより広い意味であったと理解される。すると、家康の貿易掌握も「統制」とみなしてよいのではないか。荒野説で「鎖国」は国を鎖すことではなく、管理貿易体制である点が強調されたのも、この朝尾の考え方が継承されたからであろう。しかし内田銀蔵が元和二年令を最初の「鎖国」令としたのは、「貿易統制」をそういった広い意味ではなく、ヨーロッパ船貿易を制限したという狭い意味での「統制」ととらえたからではないのだろうか。

その上であらためて二つの要素からなる「鎖国」令を見直すと、その法制上の出発点は元和二年令ではなく、天正十五年（一五八七）六月十九日付の豊臣秀吉の伴天連追放令に遡りうる。なぜなら秀吉は同令で、実効性がなかったとはいえキリスト教は「邪法」であるから伴天連を追放する、とキリシタン禁令を表明し、それとともに、「黒船之儀ハ（中略）年月を経、諸事売買いたすへき事」[35]と、ポルトガル貿易を管理しようとする姿勢を見せたからである。追放令後に長崎に代官として鍋島直茂を派遣し[36]、直轄化したことも見逃せない事実である。「鎖国」は、豊臣政権期にその萌芽が認められるのではないか。

おわりに

朝尾著『鎖国』の問題点を足掛かりに、「鎖国」の国際環境と形成過程をあらためて考えてみた。要点をまとめると、次のようになる。

第一に、「鎖国」の国際環境について、現在の研究状況では、ヨーロッパ勢力のありようを含めた「近世東アジア世界」の実態を追究する必要があると述べた。本書から現在にいたるまで、一六〜一七世紀のヨーロッパ勢力は、中世（レコンキスタ）や近代（欧米諸国によるアジア進出）の侵略者の像でとらえられているが、近世のシナ海域におけるヨーロッパ勢力の動向について実証的研究を積み重ね、誤ったイメージがあれば是正していく必要がある。それは、ヨーロッパ中心史観の軛から我々が自由になるために、むしろ必要な作業であろう。

当該時期は、「地球的世界」が形成され、日本だけではなく様々な地域の諸勢力が相互に「異文化」を経験し、従来の価値観を大きく転換させた、歴史上重要な転換期である。ヨーロッパ勢力への着目は、こうしたより広い視角で「鎖国」をとらえ直すことにもつながる。このことは、「東アジア世界」をこえ、それこそ「地球的世界」の規模での異文化交流が身近なものとなってきた、現代日本の課題に即しているのではないだろうか。

第二に、朝尾の「鎖国」令の定義を取り上げ、キリシタン禁令の位置づけを再検討した。また、「貿易統制」の本来の意味に立ち戻ると、法制上の始点は元和二年令ではなく、豊臣政権の伴天連追放令に遡りうるのではないかとの私見を述べた。

最後にもうひとつの課題を付け加えておきたい。朝尾は、「鎖国」日本が「われわれに負わせ、刻印しているもの」として、厳格な身分制や天皇制の問題をあげた。しかしキリスト教が深く民衆間に浸透したことも含めて、それは「日本人自身の内部の問題」であるとも言った（以上三七六頁）。

この部分を読んで筆者が思うのは、将軍権力に従った民衆が結果としてこの「鎖国」を支持したという問題である。そのことがなければ、その後長期間、民衆自身が本来持つ旺盛な知識欲や活動を抑制した「鎖国」は、継続しえなかったであろう。

「鎖国」の理解にいたるには、そうした不可解な民衆内部の論理を、今後なお追究する必要があると考える。

注

（1）小学館より刊行。『朝尾直弘著作集第五巻　鎖国』（岩波書店、二〇〇四年）に再録。なお本文に引用した（頁数）は著作集のものである。

（2）荒野泰典『近世日本と東アジア』（東京大学出版会、一九八八年）。この議論を経たのち、「鎖国」が海禁のいわば日本版であるとの理解はもはや常識となり、広く定着したように思われる。

（3）深谷克己『東アジア法文明圏の中の日本』（岩波書店、二〇一二年）。

（4）桃木至朗編『海域アジア史研究入門』（岩波書店、二〇〇八年）。
（5）荒野泰典「日本型華夷秩序の形成」（朝尾直弘他編『日本の社会史1　列島内外の交通と国家』岩波書店、一九八七年）。
（6）とくに断りのない限り、拙著『近世日本とルソン—「鎖国」形成史再考—』（東京堂出版、二〇一二年）による。
（7）本書第一部第一章。適応主義は日本社会の固有の文化や慣習にあわせた宣教方針であるが、これはそうしなければ、自国の風習を第一とする日本人に相手にしてもらえなかったからである。ヴァリニャーノ『日本巡察記』（松田毅一他訳、平凡社、一九七三年）二六頁。
（8）本書第一部第二章。
（9）本書第三部第三章。
（10）岡美穂子『商人と宣教師—南蛮貿易の世界—』（東京大学出版会、二〇一〇年）。Adam Clulow, *The Company and the Shogun: The Dutch Encounter with Tokugawa Japan* (New York: Columbia University Press, 2014). 松方冬子「書評　Adam Clulow, *The Company and the Shogun: The Dutch Encounter with Tokugawa Japan*」（『洋学』二三、二〇一五年）
（11）深谷克己前掲書。またこの点については、「鎖国研究会」（於東京大学史料編纂所、二〇一八年一〇月三〇日）における討論で、松方冬子氏の発言から示唆を得るところがあった。
（12）M・N・ピアスン『ポルトガルとインド—中世グジャラートの商人と支配者—』（岩波書店、一九八四年）二六～二七頁。
（13）例えば踊は、近世ヨーロッパのキリスト教世界に内在する、「土俗と迷信の地下水脈」に目が向けられていないと指摘する。踊共二「創られたドイツ宗教改革—現代史的考察—」（『武蔵大学人文学会雑誌』五〇—一、二〇一八年）二八頁。
（14）岡美穂子前掲書、五頁。
（15）ホセ・マルティネス・ミジャン「フェリペ三世統治期におけるスペイン王国の転換—〝普遍君主政〟からカトリック王政へ—」（松原典子編『フェリペ三世のスペイン—その歴史的意義と評価を考える—』上智大学ヨーロッパ研究所、二〇一五年）二五～二七頁。宣教は「鎖国」に多大な影響を与えた事象であるから、その意味において宣教師の行動を規定したローマ教皇庁の動向はもっと研究されねばならない。近年の研究に、川村信三・清水有子編、キリシタン文化研究会監修『キリシタン1622：殉教・列聖・布教聖省　400年目の省察』（教文館、二〇二二年）。
（16）山口啓二『鎖国と開国』（岩波書店、一九九三年）。なお同著の視点を継承した拙論（「近世日本のキリシタン禁制—地球的世界と国家・民衆—」『歴史学研究』九二四、二〇一四年）に対して、キリスト教問題への着目は地球的世界ではなくヨーロッパ世界への回帰ではないのかという批判をいただいた（藤井譲治『「鎖国」の捉え方―その変遷と現在の課題―」辻本雅史・劉序楓編『鎖国と開国―近世日本の内と外―』国立台湾大学出版中心、二〇一七年）。つまり西洋中心史観への回帰ではないかとの指摘と考えるが、まず筆者の考えの前提を述べれば、一六世紀に「地球的世界」とよべるレベルのヒト、モノ、情報の流通が実現したことは、日欧交渉の事例において明らかである。そしてこの世界への包摂が日本にとって重要であったのは、中世段階にはない「異文化」を経験し、それゆえに「鎖国」という反応も見られたということにある。この歴史的意義ゆえに、ヨーロッパ勢力との交流関係は研究する価値があると考えている。ただしその際には、東アジア世界におけるヨーロッパ勢力の実態（ありのまま）を踏まえなければならない。

西洋中心史観という批判は、実態をまげてヨーロッパ勢力、文物の存在感や優位性を誇張したときになされるべきであると思う。現在の研究状況において、かかる批判はむしろ慎重になされるべきではないか。なぜならヨーロッパ勢力を扱った研究の低調を招き、本文で述べたように、結果としてゆがんだ西洋観をもたらすのではないかと危惧されるからである。

(17)　内田銀蔵『日本近世史　第一巻　上冊　第一』（富山房、一九〇三年）。

(18)　山本博文『鎖国と海禁の時代』（校倉書房、一九九五年）。前掲注（16）拙論。木土博成『近世日琉関係の形成―附庸と異国のはざまで―』（名古屋大学出版会、二〇二三年）第五章（初出二〇一八年）。

(19)　『徳川実紀　一』（吉川弘文館、一九七六年）三三六頁。

(20)　清水紘一「慶長十七年キリシタン禁止令の一考察―家康政権とキリシタン宗門―」（『キリシタン文化研究会会報』一五―一、一九七二年）九七～九八頁。

(21)　ただしこの法令は、ルソン側の反応を示す史料がない。前掲拙著、九三～九四頁。その理由については本書第四部第一章で述べた。

(22)　藤井譲治「慶長十一年のキリシタン禁制の一史料」（『近世史小論集―古文書と共に―』思文閣出版、二〇一二年）。

(23)　専論に清水紘一前掲論文がある。

(24)　『通航一覧　六』（国書刊行会、一九一三年）一八四頁。

(25)　『通航一覧　五』（国書刊行会、一九一三年）二三六頁。

(26)　とくにオランダの重要性について、本書第四部第一章。

(27)　前掲注（16）拙論、七二～七三頁。

(28) 藤井讓治『徳川家光』(吉川弘文館、一九九七年) 一五七頁。
(29)『福井県史 通史編三 近世一』(福井県、一九九四年) 六四五頁。
(30)『日本関係海外史料 オランダ商館長日記 訳文編之一 (下)』(東京大学、一九七六年) 六九～七〇頁。
(31) 以下、本書第四部第二章も参照のこと。
(32) 前掲『通航一覧 五』一四五頁。
(33) この奉書の専論に木土博成前掲書がある。
(34)「四つの口」については、鶴田啓「近世日本の「四つの口」」(高木昭作・杉森哲也編『近世日本の歴史』放送大学教育振興会、二〇〇三年) が問題点を整理している。
(35)「松浦文書」(松浦史料博物館所蔵)。
(36) 佐賀県史編纂委員会編刊『佐賀県史料集成 三』(佐賀県立図書館、一九五八年) 二七八頁。

終章　近世日本の形成と南蛮・キリシタン

はじめに

近世日本の形成と南蛮・キリシタンとの関係について、次の二つの評価が知られている。第一に、ヨーロッパ勢力を「倭寇的状況」の枠組みでとらえ、東アジア世界では独自の影響力を発揮しなかったという荒野泰典の所説であり、ヨーロッパ中心史観に対する批判的意味が込められている。[(1)] 第二に、一部の宣教師史料に依拠し、イベリア勢力（ポルトガル・スペイン）は軍事的脅威という「衝撃」を与えたため日本は反動として東アジア世界の中枢を目指し、強い近世国家が生み出され、植民地化を回避することができたという平川新、深谷克己の「イベリア・インパクト」論である。[(2)]

両説では、方法論的特徴から南蛮との交流の実態面（貿易・宣教）と在来の社会状況との関連は十分に検討されていない。一方近年、異文化（多文化）共生社会という現代的課題を反映しているのか、キリスト教宣教に焦点をあわせて、異文化との共存や排斥を論じる傾向は顕著である。[(3)] しかし、その視角や成果は現状として近世国家形成論にはほとんど取り入れられていない。

そこで最後に本章では南蛮・キリシタンを東アジア世界とは異なる文化・思想をバックボーンに持った他者すなわち「異文化」と位置づけ、その交流（受容・摩擦・排除）が近世国家の形成に多大な影響を与えたと仮定し、国内独自の社会変動との関連を重視して――すなわち異文化交流を外来文化の一方的な流入現象としてではなく、受け手となる国内の自生的な社会変動との相互作用の過程としてとらえ――論証することを目的としている。

第一の論点は、近世国家を形成した統一政権が南蛮やキリシタンについていかなる認識を持っていたのか、その時々の社会状況と政治課題を意識して明らかにすることにある。第二に、次の大桑斉による近世国家モデルを参考に、キリシタンの社会的位置づけとその変遷を明らかにしていく。(4)

近世日本＝神国仏国（正統・異端）・周縁 ⇕〈南蛮＝キリシタン〉（異教＝邪教）

大桑によると国家は一定地域を領域として限り、内部・周縁・外部を画している。近世国家の内部は領民の日常性が宗教によっているため王が神の威光によって統治し、その威力の及ぶ領域であり、外部には対外的契機その他により、「全く異質な世界」とみなされた〈南蛮＝キリシタン〉が対置される。するとキリシタンの外部化＝異教化が国家形成のポイントになるといえようが、それはいついかなる事情によるのだろうか。

第三に、キリシタンが外部の異教に位置づけられるにあたり、戦国期宗教勢力の宗派・教団化、王法と仏法をめぐる戦争を経た末の宗教秩序の再編など、これまで指摘されている当該時期の社会状況の変化とは具体的にどのように関わるのか。(5)

以上三点を三名の天下人（織田信長・豊臣秀吉・徳川家康）の統治期に分け、これまでの本論で明らかにしたことも一部踏まえつつ、順に論じていく。

第一節　戦国京都の社会状況とキリスト教

統一期のキリスト教の社会的位置づけと天下人の認識・政策を検討する前提として、はじめに戦国京都の宣教状況を確認しておく。

1　京都社会の反応

永禄二年十月（一五五九年一一月初旬）、ヴィレラ神父と日本人修道士ロレンソが入京し宣教を開始した。一五六〇年六月二日付の報告書でロレンソは入京後年末までに十数名が入信した経緯を詳しく述べており、[6] 最初期の京都の人びとの反応がうかがえる。注目すべきは第一に「僧俗問わず多くの者達が聴聞や、宗論のため（宣教師の住居に）押寄せ」たとの一節である。結果として改宗者はほとんどいなかったというが、このような人びとの宗教への関心の高さは「戦国期宗教勢力」を生み出しキリスト教の受容を可能にした日本の社会的前提として重要であろう。

第二に日本人は宣教師の教えを宗教として認識するにあたり、「真言宗の者達は、我々が説いているのは彼等の説く大日（Denichi）のことであると言い、禅宗の者達は（それが）彼等（の教義）にある方便（Fouben）のことで、瞑想することでその悟りに至ると言います。また、法華宗の者達は彼等の説く慈悲のことであると言い、浄土宗の者達は、（それは）阿弥陀のことであると言います。神道の者達は彼等（の教義）にある苦行（Cogio）のことであると言います」とあるように、自ら理解できる仏教用語、概念に置き換えていた。宣教師は当初京都で「南蛮人」ではなく「天竺人」すなわち仏教の祖国から来た人と呼ばれたともあり、[7] 既に指摘があるように、キリスト教は仏教の一派と誤解され受容された側面がある。[8] ただし仏教との違いは宣教師が説法の中で力を入れて日本人に理解させようとした教えの一つであり、[9] あらゆるキリシタンが誤解したままとみるべきではない。

第三に「ある者は我々を疫病神と呼び、別の者は詐欺師と呼んでおりました。その後、我々を悪魔憑きとか、人間を食べる奴等と呼んでいました」との人びとの誹謗中傷のため、神父らが何度も転居を余儀なくされた点である。異文化のキリスト教は宗教とみなされたものの、戦国京都の人びとにそうたやすく受容され「戦国期宗教勢力」化したわけではなかった。それでは教勢発展の転機は何であったのか、次に検討したい。

2　武家権力者の宣教保護

キリスト教入信が増加に転じたきっかけは、宣教師が永禄三年（一五六〇）足利義輝を訪問し、年末に允許状（禁制）を獲得したことにある。「一、甲乙人等乱入狼藉事」[10]で始まる三か条の同状を写した板を戸口に掲示後、誹謗中傷は止まり宣教師の家への投石がなくなったとあり[11]、実際に宣教活動を保護する効果があったことがわかる。その後京都の実力者三好長慶、松永久秀からも允許を得、ヴィレラ神父が永禄七年春に河内国飯盛城を訪れると、長慶は家臣六〇名の受洗について承認を与えている。これにより三好氏の勢力圏で改宗が進行し、夏には「都の周辺にある他の五カ所の城塞にそれぞれ教会を設け」[12]た。同年延暦寺が松永久秀に伴天連の追放を提言するが、久秀は既に保護を与えたことを理由に却下している[13]。宣教は順調であった。

しかし長慶の後継者三好義継は翌永禄八年足利義輝を殺害し、七月五日、「大うす」（＝宣教師）を京都から追放するため正親町天皇に女房奉書発給を申請した（『言継卿記』『お湯殿の上の日記』）。これにより宣教師は堺へ逃れ、キリスト教は「異端」化する。この追放令については禁裏（天皇）の政治的意志が重視されているが[14]、最初に追放を働きかけたのは武家側であった。では先代の長慶の意向を排して義継は、なぜ排耶に転じたのか。

この点についてフロイスは「法華宗の新たな派」を開こうとした法華宗徒で公家の竹内季治が、法華僧侶たちと相談して宣教師の殺害を決め[15]、当時義継と連携していた松永久秀を説得したと記しており、注目される[16]。「新たな派」とは、法華宗が同年六月十三日に設立した、京都法華寺院の結合体「会合」を指すのであろう。「会合」は追放令の翌月、竹内と三好長逸に音物を贈っており[17]、法華教団と義継・長逸・久秀ら武家権力者側が排耶で連携したことはまず確実である。ところが宣教師殺害計画を聞いた三好家のキリシタン家臣六〇名が武装し、飯盛城から教会の護衛に赴く事態となった。[18]

以上の経緯を踏まえると義継らは、天文法華一揆以来洛中で再燃しそうな宗教抗争を――この場合は法華宗対キリシタンであるが――追放令申請によって解消する狙いがあったと思われる。つまり宣教師の京都追放令は宗教勢力間の抗争の所産であり、武家権力者は抗争の一方の加担者として追放を命じたにすぎない。よって永禄の追放令は、後年の統一政権によるそれとは一線を画した、中世段階の法と理解される。

さて追放令のため堺に避難していたフロイスは、永禄十二年（一五六九）足利義昭・織田信長の連合政権から允許状[19]を獲得し、全国的宣教の保証を得ることに成功した。正親町天皇はただちに追放の綸旨を再交付したが、信長・義昭は改めて保護を表明し、これによりキリシタンは「正統」性を回復し、京都宣教を再開している。

以上のように武家権力者は外来の宣教師を凡そ保護したが、その理由と考えられるのが、宗教者を介した新文化摂取の利点である。三好一族は宣教師以外にも、海外との交易ルートを持つ法華宗日隆門流寺院・臨済宗大徳寺北派を保護して学者・豪商が集うサロンを形成し、築城・茶道の知識を涵養したという。[20]宣教師は足利義輝、織田信長との会見時に洋装し、砂時計など日本にはない舶来品々を進呈したが、このようなアピールは、武家の允許状獲得に有利に働いたと考えられる。

第二節　織田信長政権と宣教師

1　キリシタン教団の形成と拡大

織田政権期のキリシタンは弱小で取るに足りなかったと一般に言われるが、むしろ急拡大した時期である。イエズス会の宣教長フランシスコ・カブラル（在任一五七〇～八〇年）は領主権力に依拠した宣教方針をとり、信徒数は約二万人から約一〇万人へ、教会数は約四〇から約一五〇へと躍進した。[21] 九州肥前（大村・有馬・天草）、豊後各地では大名の指導による領国規模での改宗が進み、「キリシタン大名領国」が出現する。[22] 当該時期、全国的規模で発展したキリシタン教団は「戦国期宗教勢力」と呼ぶに値し、特徴としては本願寺教団との類似性（門徒・教団組織、一神教的要素など）が指摘されている。[23]

畿内では一向宗、法華宗の寺内町形成と同様に、都市を拠点とした広がりを見せている。[24] 例えば摂津高槻の城下町は堀と城壁で集落を囲んだ惣構構造を有した。領主高山氏は、城内の「かつて神の社があった所に自費で木造の大きな教会」[25]を建設している。さらに一五七六年、摂津国の支配者荒木村重による阿弥陀信仰強制（一国奉加か）[26]をきっかけに領民二〇〇〇名の改宗を進め、改宗者には賦課免除の特権を与え、信仰組織を作るなど、高山氏は宣教師の役割も担った。[27] 高槻は本来荒木の「一職支配」下にあったが、キリスト教を紐帯に一定程度の自立性を維持しており、領主的支配論理から脱却する傾向が看取される。

キリシタン町形成の次段階として、町を単位とした超領域的な宗教的連携が生じている。フロイスは一五七六年の京都南蛮寺完成後、高槻・岡山・三箇・若江といったキリシタン町の間で、宗教的儀式（「美しく豪華な公開行列」）を介した交流があったと報告している。[28] 地図（本書九六頁）で確認するとこれらの町は貿易港堺と京都を結ぶライン上に点在し、貿易の活況に沸く東アジア海域の影響と畿内の地域的構造との関連が想定される。[29]

かかる交易状況は宣教政策にも反映し、一五七九年に来日したイエズス会巡察師のアレッサンドロ・ヴァリニャーノは畿内と九州を結ぶ「キリシタン・ベルト」を構想したとされる。[30] ヴァリニャーノ自身は南蛮貿易が改宗の直接的動機となっていた九州とそうではない畿内キリシタンとの間にある信仰の質の差を指摘したが、[31] 先の武家による保護の理由を勘案すると、当該時期の東アジア貿易の活性化が畿内宣教の成功をもたらし、教線の拡大に寄与したとみられ、あまり大きな差はないように見受けられる。

2　宣教師との会見、その影響

信長は生涯で宣教師と計三一回（京都一五、安土一二、岐阜四）接触したとされている。[32]宣教師による会見記録は管見の限り一七点残存しており、[33]ここに描かれる会見の傾向の変遷をとらえると、以下四期に区分される。

第Ⅰ期は永禄十二年（一五六九）以降（第二部第二章史料①〜④）であり、会見は南蛮情報を中心に長時間の議論を伴った点が特徴的である。第Ⅱ期の元亀四年（一五七三）以降（史料⑤〜⑦）、信長は宣教師に好意的な態度を示すが、以前のような会話の記録はなく、多くは短時間の儀礼的会見と見受けられる。第Ⅲ期の天正五年（一五七七）以降（史料⑧〜⑫）は、一転して教義を中心とする長い議論が復活し、また、荒木村重事件につき宣教師と交渉する場面も見られる。第Ⅳ期は天正八年（一五八〇）以降となり（史料⑬〜⑰）、この間は安土の教会建設やヴァリニャーノ引見のため、頻繁に宣教師と会っている。

全ての会見記録を通して第一に注目されるのは、信長の対外観の変化である。第Ⅰ期の会見で宣教師はポルトガル領インドを「南蛮（Nãbão）」と翻訳して紹介し、信長は遠方にある「大国」と認識した（史料①）。第Ⅳ期には地球儀を使った説明を受けた（史料⑬）がその際、地図上のユーラシア大陸やアフリカ大陸、南北アメリカ大陸、その中に位置する日本を確認したはずである。[34]つまり信長は会見初期の段階で「地球的世界観」を獲得したが、このことは従来の三国世界観を構成していた大国の唐、天竺を相対視し、自己が天下統一を達成しつつある日本を旧世界の中心におく、自己意識の高揚をもたらしたと考えられる。それは東アジア世界の伝統的な秩序観を踏まえた「日本型華夷意識」につながるものであり、かかる意識変革を経た信長は、晩年海外征服を志向するようになった。そしてその発想は、秀吉の大陸侵攻に影響を与えたのではないかと考える。[35]

第二はキリシタン観の変化である。第Ⅳ期初年の「一五八〇年度日本年報」で宣教師は信長から厚遇されたと記す一方、「彼はデウスと霊魂の存在について絶えず大きな疑問を抱いており、或は司祭らもまた日本の宗旨の仏僧が常にそうであるように、来世と救いはあると説きながら、後に深く教えの道に進んだ者には、彼らが説くことはすべて人民をよく支配する（gobernar）ためであって、この世以外に他の世界も来世もないことを明かすのと同じではないかと考えている」[36]と、宣教師は仏僧と同様に人民支配をもくろんでいるのではないかと警戒する様子を報告している。これは第Ⅰ～Ⅲ期を通じて、信長が比叡山焼討、一向一揆との戦争（一五七〇年～）、本願寺と連携した別所長治・荒木村重の謀反（一五七八年～）など、宗教勢力との対峙を経験したことを踏まえた変化と思われる。とくに山門焼討以降の信長は、一五七九年に安土宗論で法華宗を統制し、八〇年本願寺と「講和」するなど[37]、宗教勢力の統制を課題としたことがうかがわれる[38]。キリシタン勢力に対しては、宣教長カブラルとの会見（一五七一・七四年）、河内キリシタン領主との会見（一五七五年）、京都の南蛮寺建設許可（一五七六年）を経て、九州に本部を置き畿内で拡大中の教団組織であることをよく理解していた。このため次第に警戒するようになり、第Ⅲ期の長い議論（審問）を経、第Ⅳ期の報告書記載にいたったとみることができる。

一方で宣教師側の態度はどうであったか。荒木村重の謀反（一五七八年）に際して、信長は村重の家臣高山右近の離反説得をオルガンティーノに依頼した（史料⑩）。神父はこれに応じ、最終的に右近は信長へ投降したため褒美を得ている[39]。また信長の意向を忖度したキリシタン領主たちの意見を入れ、安土城下の教会建設を願い出もした（一五八〇年）[40]。このような「適応主義」的な対応が第Ⅳ期の良好な関係をもたらし、宣教師は警戒されながらも、最後まで信長に弾圧されることはなかったと考えられる。

第三節　豊臣秀吉政権の南蛮認識と外交

本節では主に秀吉政権のキリシタンと南蛮に対する認識を明らかにし、禁教令の発令と大陸侵攻の動向が、イベリア・インパクト論で主張されているような外圧の反動ではなかったことを述べる。

1　秀吉の特許状と大陸侵略構想

天正十四年（一五八六）三月十六日、関白秀吉は大坂城でイエズス会準管区長ガスパル・コエリョを引見した。会見後、秀吉はコエリョの希望に応じ、賦課免除の特権を教会に認める「特許状」を五月四日付で交付したが、フロイスによると人びとの反応は「関白殿がそのような特許状を出すことはあり得ぬように思われた」[41]というものであり、特別待遇であったことがわかる。ではなぜこのように宣教師を厚遇したのか。

会見当日、秀吉はコエリョに大陸侵略の構想を具体的に語り、中国・日本宣教の支援とひきかえに南蛮船二艘の購入と乗組員を斡旋するよう依頼していた。その後自ら天守閣内を案内し、財宝を見せて歓待し、九州国分の構想を語った。南蛮船の提供はコエリョから申し出た可能性があるが[42]、秀吉がこのように宣教保護の言質を与え、自己の財力、権力をアピールしていることから、南蛮船の購入に前向きであったことに間違いはない。会見の翌月、秀吉は毛利氏に「高麗御渡海事」を伝え[43]、翌天正十五年五月九日〜六月一日、博多に御座所を移し、ここを大陸侵略基地として外国船を集中させる構想を表明した[44]。そして南蛮船長には別途、南蛮船を博多に回航させるよう指示を出している[45]。

するとと最初のコエリョの南蛮船提供の約束は、博多基地化構想を推し進め、大陸侵略プランを具体化するうえで秀吉にとって極めて重要な意味を持ったと考えられる。とするならば、秀吉がイエズス会に「特許状」を与えた政治的意味は、先学が指摘するように、南蛮への外交アピール等も考えられるが、直接には宣教師が侵略戦争に奉仕することへの「見返り」であったととらえられる。そしてこの点は、次の禁教令の発令にかかわってくる。

2 伴天連追放令の発令

秀吉がイエズス会に特許状を交付した影響はただちに現れ、宇喜多秀家、毛利輝元、小早川隆景ほかの大名が領内の宣教を許可する允許状を次々に発給し[46]、教線はさらに拡大するにいたった。この状況でまず、天正十五年六月十八日付「覚」一一か条[47]（以下十八日令）が発令される。同令の趣旨は、「国郡在所を御扶持ニ被遣候を、其知行中之寺庵・百姓已下を心さしも無之所、押而給人伴天連門徒可成由申理不尽成候段、曲事候事」（第二条）と強制改宗を問題視し、このため「弐百町二三千貫より上之者」（第四条）の入信を制限するという、宣教拡大の抑止策にあった。第六条でその理由を「一向宗其国郡ニ寺内をして給人へ年貢を不成、幷加賀一国門徒ニ成候而、国主之富樫を追出、一向宗之坊主もとへ令知行、其上越前迄取候而、天下之さはりニ成候儀、無其隠候事」と、一向宗の坊主が加賀一国を門徒にして国主を追い出した事例をあげ、「天下の障り」であるから、と述べる。同条の冒頭「伴天連門徒之儀ハ一向宗よりも外ニ申合候由被聞召候」は、一向宗以上に超領域的に連携する、キリシタンの社会的実態を指摘した部分と解される。

本願寺については、上昇志向を持ち武家支配を否定する門徒百姓から成る一向一揆を率いて将軍権力の創出に関わったとする朝尾直弘説を踏まえ、遠藤一は統一政権と対峙した最後の寺家権門と評価した[48]。本章では武家権力ならぬ「宗教権力」とよんでおこう。近年の研究では本願寺の近世への連続面が注目され、抵抗主体としての見方は低調であるが、かかる宗教権力は本願寺法王国のような「教権主導型の統一国家」を創出する可能性があり[49]、武家権力にとって深刻な競合相手であったといってよい。

織田政権は本願寺の制圧に成功したものの、既述したようにキリシタン教団は武家権力者の保護を受け続けた結果、短期間で本願寺と比較されるほど著しく宗教権力化していた。秀吉は九州に赴き、イエズス会が貿易港長崎を知行し多数のキリシタン門徒を率いる教団であることを、すなわち本願寺並みの宗教権力であることを把握し、十八日令をもって従来の保護策から統制策へと転換した。かかる宗教権力への介入・統制は、将軍権力を頂点とする幕藩体制の確立過程においては不可欠な国内政策である。後年の「新儀の八宗」の指定[50]と同様に、十八日令もまた、統一政策の一環として発令されたと考える。

なお十八日令第一〇条の日本人の海外輸出禁令は禁教令の原因として注目されることが多いが、豊臣政権と江戸幕府は人身売買禁令を全国に向けたびたび公布しており[51]、南蛮貿易に固有の問題ではない。ただし南蛮船を介した日本人の海外流出の事実を知ったこと自体は、秀吉の日本国主としての自意識とともに、南蛮に対する他者意識を強化するきっかけの一つになったと考えられる。

さて翌六月十九日には「定」五か条、いわゆる伴天連追放令[52]（以下十九日令）が発令される。この追放令の直接的契機は、秀吉が希望した南蛮船の博多港への回航を南蛮船長が拒絶したことにある。これにより博多基地化構想が破綻し、秀吉の中で特許状を交付した意味が失われた。そこで同日中に高山右近に棄教を迫ったが拒絶され、準管区長のガスパル・コエリョもまた秀吉が提示した統制策に抵抗する姿勢を示した。このため秀吉は十八日令による宣教統制策を断念し、十九日付で伴天連追放令を作成・発令して、日本での宣教禁止令すなわち禁教令に踏み切る[53]。

同令の画期は、第一条で「日本ハ神国たる処、きりしたん国より邪法を授候儀、太以不可然候事」と、キリスト教を「きりしたん国」の「邪法」すなわち外国の異教と断定し、「日本ハ神国」を対置したことにある。現実には南蛮貿易と一体化した宣教を禁止しえなかった点でこの法令に実効性はなく、神国宣言もこの段階では政治的レトリックとして強調されたにすぎない[54]。しかし秀吉が禁教令をきっかけに自他意識を強化している点は重要であり、この点は、彼の大陸侵攻の動向とも無関係ではないであろう[55]。

なおその後秀吉は、イエズス会領であった長崎に代官として鍋島直茂を派遣し、公領に組み入れた。これは十九日令の第四条と第五条で南蛮貿易の続行希望を表明したが、その南蛮貿易の主導権をイエズス会から取り上げ自らの手に移す目的があり、同時に、宗教権力イエズス会の無力化を念頭に置いた措置でもあっただろう。このように禁教と貿易統制の二要素を含んだ追放令は、「鎖国」の萌芽的法令と位置づけられる[56]。

3　南蛮征服の文言

大陸侵攻前後の秀吉が南蛮もまた征服対象としたという点は通説化しており[57]、イベリア・インパクト論の重要な論拠にもなっている。しかしそれは本当にそうなのであろうか。

肥後国一揆時、九州の諸大名に一斉に発せられた天正十五年（一五八七）十月十三～十四日付秀吉朱印状[58]の内容はほぼ同文であり、一揆鎮圧のため小早川氏以下の軍勢を派遣する、秀吉は「唐国」まで征服するのであるから九州は五畿内同前だと主張している。ところが対馬の宗氏宛て文書のみ、「唐・南蛮・高麗国迄可被仰付候、然者高麗国之儀、以最前筋目、急度相究可申越候[59]」と征服対象に「南蛮」が加わり、これに続いて朝鮮国王を参洛させるようにと命じている。すると宗氏への「南蛮征服」文言は、外国の王向けに秀吉の威厳をより強調するための技巧として使用されたとみられる。

翌年も秀吉は島津氏を介して琉球国王に「既に高麗よりは、御朱印拝領し、驄て出頭の議定まり候。唐土・南蛮両州は、音使舟渉の巷説半ばに候[60]」すなわち「高麗は既に秀吉の朱印を拝領し『唐土・南蛮』も使者船を派遣してくるようだ」と述べるが、そのような事実はなく、琉球に服属を促すための嘘であることがわかる。

そもそも「唐・高麗・南蛮」の三国セットは中世末期から用例が確認され、文脈上「世界」を意味する慣用的表現であったと考えられる。例えば『看聞日記』応永二十六年（一四一九）五月二十三日条の「大唐国・南蛮・高麗等、日本ニ可責来云々」[61]、太田牛一著『信長公記』の「大坂は凡そ日本一の境地なり。（中略）日本の地は申すに及ばず、唐土・高麗・南蛮の舟海上に出入り」「今度、一天下の面目失ひ候儀、唐土・高麗・南蛮国までも其隠れ有間敷候事」[62]などがある。つまり秀吉が唐入り、高麗の征服を語る際に壮言大語として南蛮は深く意図せずとも対象として語られてしまうのであって、対抗意識からではない。

天正十五年十月二十一日付秀吉朱印状は、肥後国近隣諸将の大友氏（豊後）、相良氏（肥後）、新納氏（薩摩）、北郷氏（日向）に宛てたほぼ同文の文書であり[63]、秀吉の命令に背いた佐々成政を長文で責めたあと、一律に「唐・南蛮国」征服に言及し、九州は五畿内同前であり毛利の軍勢を派遣する、それに従い派兵するようにと述べている。しかし前記の朱印状からわずか八日で征服目標が拡大したとは考え難い。九州統治の危機的状況の中で上記した諸将に派兵させるため、彼らになじみの深い南蛮を征服対象に加え、九州を五畿内同前に統治する必然性をさらに強調したのでこの表現になったのだろう。

天正十九年閏一月、インド副王使節としてヴァリニャーノ一行が来日し、副王の国書と進上品を秀吉に渡した。秀吉は七月二十五日付で副王宛ての返書を作成したが、「不日泛楼船、到中華者、如指掌矣、以其便路、可赴其地、何作遠近異同之隔乎」「只有欲修好於此地之心、則海上已無盗賊艱難、域中幸許商賈往還、思之」と、前半部分で明を征服すれば南蛮と接近し通交することができる、後半では日本との通交を望むのならば海上に盗賊なく貿易は自由である、と通交の希望を述べている。このうち前半は南蛮に対する征服意欲を示唆した部分と言われているが、秀吉が所持したとされる世界地図屏風[64]を見ると、南蛮は大明のさらに西方（現インド）に位置している。よって「明を征服すれば南蛮と近接する」という文言は、客観的事実を述べているにすぎないと考える。最後の「何作遠近異同之隔乎」が示す通り、当該部分で秀吉は、隣国となる南蛮との親交の希望を表明しているのである。

この国書ではとくに宣教師に対して「重又来于此界、欲作化導、則不遣種類可族滅之、勿噬臍」と激烈に非難する文言が認められる。しかしそれは日本での宣教を防止するためであり、禁教を強調するのは、それを条件とした南蛮国との将来にわたる通交を希望しているからである。結局のところ秀吉はイエズス会側の要望に応じ、宣教師一〇名の残留を人質名目で許して自ら禁教令の不徹底を招いたのであるが、南蛮貿易を円滑に続行するためにはやむをえない措置であった(65)。このような南蛮貿易と宣教との不可分な実態があるからこそ先の激烈な禁教文言が発せられているのであり、南蛮が征服対象であったからではない。

秀吉がそこまで南蛮貿易に固執したのは、実益だけではなく政治的な利点が見出されたからであろう。公家の西洞院時慶はインド副王使節について「南蛮人、殿下へ御礼申し入る(66)」と記したが、これは使節一行がアラビア馬などの豪華な進呈品を持参するなど、聘礼使節の体裁を整え秀吉との引見の儀式に臨んだからであった。イエズス会側には使節派遣を機に伴天連追放令を撤回させたい思惑があり、秀吉の意向に最大限配慮したためそうなったのではあるが、かかる南蛮交易の継続こそ、秀吉の希望に沿うものであった。

したがって、天正二十年五月十八日付のいわゆる「三国国割構想(67)」で、秀吉は大唐、高麗、日本の国割とともに「天竺近き国とも」を切り取ると述べたが、そこに南蛮が登場しないのは当然である。有名な同年六月三十日付、毛利輝元宛て秀吉朱印状の「処女の如き大明国を誅伐すべきは、山が卵を圧するが如かるべき者也。啻に大明のみ匪ず、況や亦、天竺・南蛮此の如かるべし(68)」に登場する南蛮征服文言も、具体的構想を反映させたものではなく、秀吉の偉大さを毛利氏に示すための、技巧的文言と解される。

平川新は秀吉の征服対象に南蛮と天竺をあげ、南蛮を「東南アジア」、天竺を「インド」と説明し、侵略戦争はイベリア勢力の軍事的脅威への対抗であったと述べたが(69)、南蛮はインドであり、征服対象でもなかった。また天竺は、宣教師が「シャム」と解釈した通り、当該時期は現タイ王国付近に位置すると考えられており(70)、イベリア勢力とは関係がない。したがって、右の平川説は成立しないと考える。

4　サン・フェリペ号事件後に変化した南蛮認識

天正十九年（一五九一）九月、秀吉は商人原田喜右衛門を通じてルソンの軍備が脆弱であること、かつ本国から遠方にあることを知り、服属を求める国書をフィリピン総督に送った。[71] 使節の来日は朝鮮半島進軍の時期に見込まれることから、このルソン外交には、進軍する諸将の士気を高める目的があったと思われる。

これを受けルソンのスペイン人は、文禄三年（一五九四）まで連年、秀吉に使節として托鉢修道会士を派遣した。その使節が残した文書を見ると、ルソンと南蛮（ポルトガル領インド）の関係を、当初秀吉は把握していなかったことがわかる。

文禄二年六月、使節ペドロ・バウティスタは秀吉との会見の際、君主スペイン国王がポルトガル国王を兼任していると「同君連合」を説明し、マカオ貿易を禁止することもできると主張した。しかし「関白（秀吉）は何も知らなかった」と述べている。[72] 同年十一月二日付小琉球（ルソン）宛て秀吉朱印状には、「予所指示、可告諸々于糸蠟、々々亦以海路雲水遠、莫軽予言」とあるから、秀吉は、遠方にあるルソンの本国「糸蠟（カスティーリャ）」を知っていたことがわかる。そうした情報はバウティスタが提供したのであろう。しかしそれでも、カスティーリャすなわちスペインの国王が南蛮（ポルトガル領インド）の王を兼ねるという事実については、理解できなかったようである。

高野友理香によると、文禄五年（一五九六）十月、スペイン船サン・フェリペ号が土佐沖に漂着した後、バウティスタは五奉行の一人前田玄以に使者を派遣し、同君連合を説明して、秀吉に没収された船の積み荷の返還を求めた。当初漂着船はポルトガル船の可能性もあると日本側が主張したためである。しかし玄以は同君連合について「まったく初めて聞いたという様子で、どうして今まで言わなかったのか、（自分たちが）知る機会も無かったのか」と言い、

「私たちの王が支配する全てのところを描いて渡すよう求め」ており、[73] このときはじめて政権がルソンと南蛮の関係を理解したとわかる。秀吉にはイエズス会士ジョアン・ロドリゲスが近侍していたが、イエズス会は余計な疑惑を招かぬよう、同君連合の事実は伝えていなかった。[74]

かかる情報操作に加えて、スペイン人は使節派遣の際、服属したとの誤解を避けるため貧相な身なりをした托鉢修道会士に質素な進呈品を持たせていたから、壮麗なインド副王使節と君主が同一であるなど、秀吉には信じられなかったのであろう。[75] しかしサン・フェリペ号事件後、ルソンでは事前に日本軍が侵攻するかもしれないとの情報を入手し、慶長二年（一五九七）、偵察のため、はじめて修道士ではなく船長ルイス・デ・ナバレテを使節に任命し、黒象、銀食器などの豪華な進呈品を携行させた。[76] 日本側がこのたびのルソン使節を「進献」「進貢」使節とはじめて表現したのはそうした事情があったからであり、[77] 南蛮（インド）とのイメージの乖離が解消されることで秀吉は、同君連合を受け入れることができたと考える。その認識の転換は、次の慶長二年（一五九七）七月付フィリピン総督宛て朱印状[78]の変化に表れる。宛名は「小琉球」から「呂宋国」となり、従来の征伐文言は消え、かわりにインド副王宛て国書と同じ貿易・禁教が記された。[79]

この国書で秀吉は、「窃聞其国以教法為権謀、而欲治外国」と宣教活動が征服のための手段である旨を聞いたといわゆる宣教征服論にはじめて言及しており、イベリア・インパクト論でも注目されている。しかしそれと同時に、「往歳伴天連徒説異国法、魔魅本邦下賤男女、易風移俗而欲乱人情、以害国政、堅禁之厳制之。雖然前度所来之僧侶、不帰其国、入県入邑、為賤士奴隷、密説異法。予不忍聴之、即誅戮之」と国政を害する宣教師を処刑した理由と正当性を強調し、「此時本邦土州之海上有漂泊之破船、不散舟中貨財、合付与之、其国既違法令、故不得保全之」とサン・フェリペ号の積み荷を返却する義務はないとの自己弁護を展開している。

サン・フェリペ号は大量の積み荷を積載していたが、秀吉はそれらを没収して「摂家・清花・諸大夫・御馬廻・京堺南都ノ町人」(80)に配付していた。「金配り」は秀吉政治の特徴とされるが、とくに当該時期は大地震などの天変地異を引き金に、長引く対外戦争、後継者問題、うち続く普請など、政権の施政に対する畿内の人びとの不満や批判が高まっており、(81)それらをかわす狙いがあったと考えられる。

しかしこのたび南蛮と判明したルソンは豊臣政権に対して宣教師の遺体と積み荷の返却を要求してきたのであり、貿易を破綻させないためにも、政権内で正当化の論理が模索されたことは確実である。交易の需要は朝鮮再侵略の当該時期にはさらに重みを増していたと考えられ、弁明は必至であった。この状況で宣教征服論は、スペイン船の積み荷没収と続く二六人の宣教師処刑を弁明するため、意図的に取り上げられたのである。(82)

家康政権期にイエズス会日本管区長マテウス・デ・コウロス（一五九〇年来日、一六三二年大村で死去）は「その意見（宣教征服論）はすでに太閤の時代からあり、彼が聖フランシスコ会の修道士たちを磔刑に処すよう命じたとき広まった」(83)と記した。このように宣教征服論はサン・フェリペ号事件以後流布し、結果として日本人の南蛮やキリスト教のイメージを形成するにいたる。しかしルソンへの弁明や宣教師を弾圧する格好の理由として政権が強調したきわめて政治色の濃い「言説」であることを考えると、現実の政治的課題であったとみなすことはできない。

なお増田長盛がサン・フェリペ号事件時にスペイン人の地図情報を取り入れて作成させた世界地図には、「日本」「高麗」「大明国」「天竺」が記されているが、「南蛮」はない。かわりにポルトガル、スペインの首都、メキシコ、ルソン、モルッカ、マラッカ、ゴア等の植民地や航路が記入されている。(84)このように詳細な南蛮情報を入手しようとする姿勢は、既述した前田玄以の指示とも重なる。やはりこの時点まで秀吉政権はスペイン帝国による広大な規模の植民地支配について実態を知らなかったと考えるのが自然であり、したがって、イベリア・インパクト論は成立しないと考える。

第四節　徳川家康政権のスペイン交渉と「鎖国」

1　家康のスペイン貿易交渉

徳川家康は慶長元年（一五九六）太平洋を往来するスペイン船と関東で交易する構想を表明し、秀吉死後、ルソンに使節を派遣して交渉に着手した。[85]交渉先はメキシコ副王庁や本国スペインの王宮に及び、その過程で政権の南蛮認識は実態に近づいている。[86]

後期倭寇の来襲や秀吉の強硬外交を経験したスペイン人側には日本人に対する強い警戒感があり、交易の開始は慎重に議論された。この間家康は、慶長十四年七月駿府城でオランダ使節に通商を許可し、その直後にポルトガル船を焼き打ちした。イギリスとともに登場した新教国の存在は南蛮貿易の価値を低下させ、家康は同十六年メキシコから帰国した商人から、同地で日本人渡航禁止令が発令されたと知ると、スペインとの貿易交渉を断念した。これにより貿易のために黙認していたキリシタン宣教師の本格的排除に踏み切り、同十七年武士層を対象にしたキリシタン禁令を、翌年には全国全階層に向けた禁教令（「伴天連追放之文」）を発令する。同文の意義については後述しよう。

後継の秀忠政権は、元和二年（一六一六）八月八日に家康の禁教令を理由にヨーロッパ船の寄港地を平戸・長崎に限定した。同八年八月五日、いわゆる元和大殉教で宣教師と信徒ら五五名を長崎西坂で処刑したが、これはルソンに在住する日本人キリシタン平山常陳の商船で托鉢修道会士が密入国した事件を受けた措置であり、翌年にはキリシタン海外渡航禁令を発し、はじめて日本人の海外渡航を制限した。寛永元年（一六二四）、貿易再開嘆願のためルソンから使節が来日すると謁見を拒絶し、翌年私貿易船を含む全スペイン船の来航禁止令を発令して、スペインと断交する。[87]

要するに秀忠政権の「鎖国」政策は、家康政権の対スペイン交渉を出発点としていた。

さて、その交渉の過程で家康政権期に托鉢修道会（フランシスコ会、ドミニコ会、アウグスチノ会）がルソン経由で多数来日した。これらの修道会は日本渡航を教皇令によって禁止されていたが[88]、貿易交渉を宣教開始の好機ととらえたのである。家康政権期だけでも三修道会あわせて延べ六七名が来日したが[89]、当該時期に日本に在留したイエズス会の司祭数（年間）が一〇七〜一三九人であったから、決して少数といえない。そして修道士らが江戸、伏見、大坂、長崎、佐賀、薩摩などで展開した宣教は、キリシタンの信心活動に重大な変化をもたらすことになる。

2 「伴天連追放之文」の発令

家康は慶長十八年十二月（一六一四年一月）、将軍秀忠名で「伴天連追放之文」[90]を発令した。冒頭で日本が震旦（儒教）・天竺（仏教）に優越する三教一致の神国であると述べ[91]、「仁義之道」による刑政を実施しているが、そこに①「吉利支丹徒党」が「叨りに邪法を広め、正宗を惑はし、域中の政号を改め、己の有と作さんと欲す。是れ大禍の萌し也」と、宣教征服論に言及している。また②「刑人有るを見れば、載ち欣び載ち奔る。自ら拝し自ら礼し、是れを以て宗の本懐と為す。邪法に非ずして何ぞや」と、キリシタンの殉教崇拝を非難し、「邪法」であるから日本から国外追放する、とした。この命令は実施され、一六一四年一一月初旬、宣教師と高山右近ら「伴天連」は、福田港から四艘の船でマカオ、マニラ、インドシナに追放された[92]。このように伴天連追放文の発令には、キリシタンの「異教」化を実施した画期が見出せる。

キリシタン法制史上、①のキリシタン＝徒党観は豊臣政権の六月十八日令での一向一揆糾弾を先例としており、宣教征服論への非難は、既述した慶長二年のフィリピン総督宛て朱印状で既に表明されていた。しかし②のキリシタンの殉教者崇拝＝邪教観は初出である。当該の部分は、慶長十八年の三つのキリシタン刑死にかかわる事件——七月一、二日江戸鳥越でのキリシタン二二名の処刑、さらに九月に肥前有馬、十一月に京都でそれぞれキリシタンが処刑され、刑場に信徒が群集し遺体を崇拝するなどした事件を受け作成された[93]。このうち最初の江戸の事件は、徳川政権がはじめて信仰を理由に一般信徒を大量に処刑し、教会に「殉教」と認定された点で重要である。ではなぜ江戸の殉教事件は起きたのか。

江戸の処刑者は、同地で宣教を展開したフランシスコ会士が作った信徒組織（コンフラリア、組）の指導者八名と会員一四名であった。処刑者の罪科は、「此拾四人もの此已然きりしたん御あらための時、宗ていをかへ申候由一札を致指上、又今度きりしたんに罷成候間如此也[94]」といったん棄教し一札を提出した者が、再度キリシタンになったということであった。事実彼らを指導したフランシスコ会士は棄教した信徒に対し、「お前の町（Machi）の者たちのところへ行って去年背教いたしますと証文をかかされたけれども、（中略）キリシタンで背教した罪を悔い改めたといいなさい」と棄教取り消しを公言することを求めたとある[95]。

イエズス会は一般信徒に対して棄教する罪の重さや殉教の意義を教えたが、日本の宣教状況を考慮して聖職者を除き殉教の実践までは求めない宣教方針をとり[96]、罪を犯しても心からの後悔「こんちりさん」をすればよしとする信心教育を行っていたため[97]、迫害が始まると棄教者が続出する状況であった[98]。これに対して新来の托鉢修道会は教義の究極的実践である殉教を一般信徒に求めた。フランシスコ会と同様ドミニコ会にもまた、公的な棄教の取り消し宣言を一般信徒に求めたとの記録が散見される[99]。

このような厳しさにもかかわらず、托鉢修道会の教えは驚くべきことに一部の日本の信徒に受け入れられた。長崎ではドミニコ会系の信徒組織である「ロザリオのコンフラリア」が繁栄し、死を覚悟して潜伏宣教師の世話をすることを規約に掲げた「ヌメロの会」が設立された。既述した元和の大殉教で処刑された長崎の一般信徒は宣教師の宿主とその家族三四名であったが、そのうちドミニコ会系のコンフラリア会員は実に二一名にのぼっている[100]。その原因の一つは、政商の問題に係り過ぎたイエズス会への批判が内外で高まり[101]、宣教の求心力を低下させていたこともあげられるだろう。

しかし「殉教」の現場には大勢のキリシタンが参集し処刑者を崇拝しており、これも托鉢修道会の教えが少なからず影響したのであろうが、かかる行動を実際に起こした信徒側の論理とは、どのようなものであったのか。第一に、自ら殉教を実践できなくとも、せめて処刑場に集まり、殉教者を崇拝することで救いにあずかりたいという個々の心性が存在したと考えられる。いずれの会派であってもコンフラリアで定期的な会合を開き、信心書を講読するなどして、キリストにならう殉教精神や聖遺物信仰が一般信徒間に広く浸透していたからである[102]。第二に信徒は処刑される際に「創造主に仕えているので将軍様は怖くない」とか、「犯罪人だから死ぬのではない[103]」、などと言ったとある。これを参考にすれば、刑場に群集するという行為は、キリシタンなりに将軍に対して信仰を禁止されることへの抵抗姿勢を示そうとの集団心性が働いたのではないだろうか。

一方の徳川政権はキリシタンを異教と断じる理由について、「正法」に依拠した自らの国家統治と相容れないその信仰実践のありようが奪国に結びつくからだ、と追放文で論じている。この場合「奪国」とは、伴天連の教導により将軍よりもキリストを最善・至高とするキリスト教共同体的社会秩序が日本を覆うことを意味しており、南蛮（宗主国スペイン）が軍隊を派遣することではない。本願寺との戦いを経験した日本の武家権力は、宗教権力が民の心を支配し、統治することを何よりも問題としていた。キリシタンの異教化はその恐れの実現性を根本原因としていたのであり、だからこそ結果として「全く異質な世界」に追いやられはしたが、異質性だけが理由ではなかったのである。

おわりに

本章で考察した点を総括すると次のようになる。第一に、南蛮との接触は天下人の世界観を大きく変容させ、そのことが統一政策に少なからず影響した。信長が南蛮を介して獲得した地球的世界観は、旧来の唐・天竺を大国とする三国世界観の相対化と自己意識の高揚をもたらし、東アジアの伝統的な秩序観をふまえた「日本型華夷意識」を形成するなどして、自他意識は強化された。このような意識変革を経て、秀吉政権は東アジア世界の中枢を目指す大陸侵略を実行するにいたったと考える。

第二に、秀吉政権の対南蛮認識は晩年まで曖昧であり、慶長二年までスペインを宗主国とする世界帝国であることについては理解していなかった。よって従来のイベリア・インパクト論が強調するように、朝鮮侵略戦争はイベリア勢力の軍事的脅威への反応であったといえない。天正十五年に発令したキリシタン禁令（伴天連追放令）についても同様であり、以降のキリシタン禁制もまた、国内で最後の宗教権力として成長したキリシタンを排除するために創始した法制度と理解するべきである。大桑が指摘したように当該時期は被統治者の日常が宗教によっているからこそ、統治もまた宗教の力に依拠せねばならなかった。かかる状況での統一政権すなわち武家権力の懸念は、超領域的に門徒を動員しうる国内の宗教権力の成長にあり、なかでもキリシタン宗門は統制することが本来不可能な外国の宗教であるだけに、最も脅威的な存在であった。このため島原・天草一揆が勃発すると国内のキリシタンを根絶やしにする宗門改め制度を整え、[104]追放してもなお日本への密入国を試みる宣教師に対抗して外部からの流入を遮断する「鎖国」体制を作り上げ[105]、近世国家が成立するのだと考える。統一政権と宗教勢力・権力との対立軸は、近年は等閑視される傾向にあるが、近世の国家形成に関わる重要問題であろう。

最後に、一六〜一七世紀の「イベリア・インパクト」は近代のウエスタン・インパクトとは大きく異なっていたことを述べたい。現実として東シナ海の周縁で点を線でつなぐに終わったイベリア勢力の進出は、東アジア各国で政策に反映されるほどの緊迫性はなかった。それよりも、イベリア勢力が大航海事業の過程で地球の円環ルートを成立させた結果、地球上の各地域に「異文化」がもたらされたインパクトのほうが重要であろう。「イベリア・インパクト」とは、それまで相対的に孤立していた各地域の異文化（他者）との出会いの衝撃波を指し、日本の場合は、神国思想に基づき異教キリシタンを排除する近世国家、「鎖国」を形成したことにあるのだ。

注

（1）荒野泰典『近世日本と東アジア』（東京大学出版会、一九八八年）。

（2）平川新「前近代の外交と国家—国家の役割を考える—」（荒武賢一朗・太田光俊・木下光生『日本史学のフロンティア Ⅰ—歴史の時空を問い直す—』法政大学出版局、二〇一五年、初出二〇一〇年）。深谷克己「イベリア・インパクトと壬辰戦争」（『「韓国併合」一〇〇年を問う—二〇一〇年国際シンポジウム—』岩波書店、二〇一一年）。

（3）浅見雅一・野々瀬浩司編『キリスト教と寛容—中近世の日本とヨーロッパ—』（慶應義塾大学出版会、二〇一九年）。斎藤晃編『宣教と適応』（名古屋大学出版会、二〇二〇年）ほか。

（4）大桑斉「近世国家の宗教性」（『日本史研究』六〇〇、二〇一二年）。

（5）安藤弥『戦国期宗教勢力史論』（法蔵館、二〇一九年）。河内将芳『中世京都の都市と宗教』（思文閣出版、二〇〇六年）。

（6）『イエズス会日本書翰集　原訳編之四』（東京大学史料編纂所、東京大学出版会、二〇一八年）一八〜一九・二三〜二四頁。

（7）フロイス『日本史　3　五畿内篇Ⅰ』（松田毅一・川崎桃太訳、中央公論社、一九七八年）三三一頁。Luís Fróis, S. J., *Historia de Japam II*, ed. José Wicki, S. J., Biblioteca Nacional de Lisboa, Lisboa: 1981, p. 103.

（8）最新の研究に米谷均「キリシタン宗門に対する非キリシタンの認識—キリシタン宗門は「仏法」の一部か否か—」（WASEDA RILAS JOURNAL No. 10, 二〇二二年）。

（9）例えばフロイス『日本史　4　五畿内篇Ⅱ』（松田毅一・川崎桃太訳、中央公論社、一九七八年）九六頁。

（10）『中世法制史料集 第二巻 室町幕府法』（佐藤進一・池内義資編、岩波書店、一九九三年）二六三頁。
（11）前掲『日本史 3』八一頁。*Historia de Japam I*, p. 163.
（12）一五六四年一〇月九日付、平戸発、ジョアン・フェルナンデスのフランシスコ・ペレス宛て書簡。ARSI, Jap. Sin. 5, f. 132v.『一六・七世紀イエズス会日本報告集 第Ⅲ期第2巻』〈以下本シリーズは『日本報告集Ⅲ 2』のように省略する〉（松田毅一監訳、同朋舎出版、一九九八年）一九七頁。
（13）前掲『日本史 3』二〇八頁。*Historia de Japam I*, pp. 386-387.
（14）村井早苗『天皇とキリシタン禁制―「キリシタンの世紀」における権力闘争の構図―』（雄山閣出版、二〇〇〇年）。
（15）法華宗僧侶らは追放数日前から宣教師との討論を禁じていた（前掲『日本史 3』三三一頁。*Historia de Japam II*, p. 103.）。寺領に依存しない洛中法華宗の場合檀那の確保は切実な問題であり、強力な論敵である宣教師の排除が当該期の課題だった。
（16）前掲『日本史 3』三三三〜三三四頁。*Historia de Japam II*, pp. 105〜106.
（17）頂妙寺所蔵「下行帳」。河内将芳『日蓮宗と戦国京都』（淡交社、二〇一三年）一九三頁掲載写真。
（18）前掲『日本史 3』三三五〜三三六頁。*Historia de Japam II*, p. 107.
（19）前掲『日本史 4』一五九頁。*Historia de Japam II*, p. 275.
（20）天野忠之「三好長慶・松永久秀と高山氏」（中西裕樹編『高山右近―キリシタン大名への新視点―』宮帯出版社、二〇一四年）四〇頁。
（21）五野井隆史『日本キリスト教史』（吉川弘文館、一九九〇年）八五頁以降。
（22）清水紘一『織豊政権とキリシタン―日欧交渉の起源と展開―』（岩田書院、二〇〇一年）一六七頁以降。
（23）川村信三「戦国および近世初期日本におけるキリスト教と民衆」（『歴史評論』六九〇、二〇〇七年）。
（24）仁木宏「宗教一揆」（『岩波講座日本歴史9 中世4』二〇一五年）。
（25）ARSI, Jap. Sin. 8 II, ff. 124-127v.『日本報告集Ⅲ 4』三七五〜三七六頁。
（26）荒木は天正二年（一五七四）五月三日、火災に遭った山城国誓願寺（浄土宗）の本堂再建のため寄進している（『荒木村重史料 伊丹資料叢書 四』伊丹市立博物館編、伊丹市役所、一九七八年、第一八号文書）。再建は同九年にも継続していた（『新訂増補 兼見卿記 第一』八木書店、二〇一四年、天正九年四月十三日条）。
（27）中西裕樹「高山右近への視点―研究整理と基礎的考察―」（同編『高山右近―キリシタン大名への新視点―』宮帯出版社、

二〇一四年)。
(28) フロイス『日本史 5 五畿内篇Ⅲ』(松田毅一・川崎桃太訳、中央公論社、一九七八年)一〇頁。
(29) 仁木宏「高山右近と戦国時代の畿内社会」(『キリシタン文化研究会会報』一四一、二〇一三年)。
(30) 川村信三前掲注(23)論文。
(31) ヴァリニャーノ『日本巡察記』(松田毅一他訳、平凡社、一九七三年)七二頁。
(32) 松田毅一『秀吉の南蛮外交—サン・フェリーペ号事件—』(新人物往来社、一九七二年)一七頁。
(33) 本書第二部第二章表1。
(34) 一五五〇年頃のセバスティアン・ミュンスターによる世界地図にはすでにこれらの地理情報が反映されている。
(35) 前掲注(33)。
(36) 一五八〇年一〇月二〇日付、豊後発、ロレンソ・メシアのイエズス会総会長宛て書簡。ARSI, Jap. Sin. 45, ff. 26–26v.『日本報告集Ⅲ 5』二六〇頁の訳文参照。
(37) 河内将芳『中世京都の都市と宗教』(思文閣出版、二〇〇六年)。金龍静「宗教一揆論」(『岩波講座日本通史10 中世4』岩波書店、一九九四年)。
(38) 信長最晩年の「自己神格化」については、信長が摠見寺に自らが認めた仏像を集め、人びとに崇拝させている点が注目される(『日本報告集Ⅲ 6』一二一頁)。すなわち秀吉による「新儀の八宗」の指定とその意図するところは同じであり、宗教統制策の一環と考えられる。なお三鬼は信長が各地の仏像を奪取したという衝撃的事実が日本側史料に残っておらず、フロイスの記述は疑わしいとするが、安土城の一部と摠見寺自体が信長に滅ぼされた六角氏や甲賀武士ゆかりの寺院から移築したものだという(秋田裕毅『織田信長と安土城』創元社、一九九〇年)。しかるに仏像もかかる戦勝地から奪取したと考えれば、記録が残らないことは、それほど不自然といえないのではないだろうか。
(39) 遠山信春『総見記 巻一八』(国立公文書館所蔵)。二次史料だが教会史料と大きな矛盾がなく、「伴天連」に与えた褒美の詳細等から、何らかの根拠に基づいていると考えられる。
(40) 前掲『日本史 5』一三頁。
(41) 一五八六年一〇月一七日付、下関発、ルイス・フロイスのアレッサンドロ・ヴァリニャーノ宛て書簡。『日本報告集Ⅲ 7』一三四頁。当該書簡の原本は、状態が悪く解読できなかった。

(42) 本書第一部第一章。
(43) 天正十四年四月一〇日付、毛利輝元宛て分国置目覚。『豊臣秀吉文書集 三』(名古屋市博物館編、吉川弘文館、二〇一七年)一七〜一八頁。
(44) 清水紘一前掲注(22)書。
(45) 一五八八年二月二〇日付、有馬発、ルイス・フロイスの総長宛て書簡(一五八七年度日本年報)。ARSI, Jap. Sin. 45II, f. 109v.『日本報告集Ⅲ7』一九二頁。
(46) フロイス『日本史 8 豊後篇Ⅲ』(松田毅一・川崎桃太訳、中央公論社、一九七八年)一五九頁。
(47) 神宮文庫所蔵「三方会合記録」。
(48) 朝尾直弘『将軍権力の創出』(岩波書店、一九九四年)。遠藤一『戦国期真宗の歴史像』(永田文昌堂、一九九一年)。
(49) 峰岸純夫『中世社会の一揆と宗教』(東京大学出版会、二〇〇八年)。
(50) 文禄四年(一五九五)、秀吉により京都東山大仏千僧会が催され、顕密の旧仏教に法華宗、真宗など新仏教を加えた「新儀の八宗」に出仕が命じられた。河内注(5)前掲書。
(51) 峯岸賢太郎「近世国家の人身売買禁令—安良城盛昭氏の奴隷制否定説への批判—」(『歴史学研究』六一七、一九九一年)。
(52) 松浦史料博物館所蔵「松浦文書」。
(53) 本書第三部第二章。
(54) 前掲注(53)。
(55) 大陸侵略時、豊臣政権の対外認識と「日輪の子」「日本は神国」の自己認識について、北島万次『豊臣政権の対外認識と朝鮮侵略』(校倉書房、一九九〇年)。
(56) 「鎖国」令の定義は朝尾直弘『鎖国』(朝尾直弘日本の歴史17、小学館、一九七五年)を参照。本書第四部補論。
(57) 池内宏『文禄慶長の役 正編 第一』(南満州鉄道、一九一四年)で南蛮は服属・征伐対象とされ、その後明と同じ交易国(藤木久志『豊臣平和令と戦国社会』東京大学出版会、一九八五年、二四〇頁)、南蛮は明より格下(同『豊臣政権の権力構造と天皇』戎光祥出版、二〇一六年、一九五頁)との指摘がある。
(58) 有馬左衛門大夫(晴信か)、大友義統、立花宗茂、筑紫広門、鍋島直茂、波多信時、龍造寺政家、小早川隆景、宗義調・義智宛(前掲『豊臣秀吉文書集 三』一七四頁以下)。

（59）前掲『豊臣秀吉文書集　三』一七八頁。
（60）天正十六年八月一二日付、琉球国王宛て、島津義久書状案（『豊臣秀吉朝鮮侵略関係史料集成　1』（北島万次編、平凡社、二〇一七年）二七頁。
（61）『看聞日記　一』（宮内庁書陵部編、宮内庁書陵部、二〇〇二年）二七五頁。この南蛮は無論イベリア勢力ではなく、漠然と「南方（の諸国）」（『日葡辞書』岩波書店、一九六〇年、三五一頁）を指したと解せられる。
（62）『信長公記』（奥野高広・岩沢愿彦校注、角川書店、一九九一年）三二八・三三二頁。
（63）前掲『豊臣秀吉文書集　三』一八二頁。
（64）福井市浄得寺所蔵「紙本著色世界及日本図六曲屏風」。同寺ホームページに掲載。https://jyoutokuji.jp/wp-content/themes/jyoutokuji/images/byoubu_right.jpg（最終閲覧日：二〇二四年七月一四日）
（65）高瀬弘一郎「インド副王ドゥアルテ・デ・メネゼスが豊臣秀吉に送った親書―日本側からの考察―」（同『キリシタン時代の貿易と外交』八木書店、二〇〇二年。初出一九九八年）、四二〇頁以下。
（66）『時慶記　一』（西洞院時慶著、時慶記研究会編、臨川書店、二〇〇一年）九〇頁。
（67）「組屋文書」（前掲『豊臣秀吉朝鮮侵略関係史料集成　1』三二八頁）。
（68）「毛利家文書」（前掲書三八七頁）。
（69）平川新『戦国日本と大航海時代』（中央公論新社、二〇一八年）。
（70）仏教・釈迦の生誕地である「天竺」をルイス・フロイスはシャムとみなした（石﨑貴比古『日本における天竺認識の歴史的考察』三元社、二〇二一年、一五三頁）。なお武田万理子「豊臣秀吉のアジア地理認識―「大唐都」はどこか―」（『海事史研究』六七、二〇一〇年）六九頁（佐島顕子氏のご教示による）。後継注（84）の地図も参照のこと。
（71）拙著『近世日本とルソン―「鎖国」形成史再考―』（東京堂出版、二〇一二年）。
（72）一五九四年一月七日付、ミヤコ発、使節ペドロ・バウティスタ神父のフィリピン総督宛て書簡（部分）。拙訳。Lorenzo Pérez, *Cartas y Relaciones del Japon I*, p. 30. 岡本良知『一六世紀における日本地図の発達』（八木書店、一九七三年）九七頁で部分訳を紹介している。
（73）高野友理香「豊臣政権の対外交渉と取次慣行」（『史境』七三、二〇一七年）五七頁。
（74）J. L. Alvarez-Taladriz,「秀吉宛ドミニコ会士パードレ・フライ・ファン・コーボの外交使命に関する補足」（『キリシタン

研究一五』、吉川弘文館、一九七四年）二八八頁。
（75）従来の使節の進呈品を秀吉が「マニラ総督の服従の意を表わす」ものではないと受け取ったことについて、J・L・アルバレス・タラドゥリース「一五九五年長崎において、イエズス会士パードレ・フランシスコ・パシオによって作成された在日本フランシスコ会士に関する報告」（佐久間正訳、『キリスト教史学』二五、一九七一年）一〇頁。
（76）慶長二年の使節の使命は本書第三部第三章。
（77）『鹿苑日録　二』（辻善之助編、続群書類従完成会、一九六一年）三五八・三五九頁。
（78）ARSI, Jap. Sin. 45I, ff. 207v–208. イエズス会が入手した写本である。
（79）北島万次前掲注（55）書。
（80）「天正事録」（塙保己一編、太田藤四郎補『續群書類従・第三十輯　上雑部』続群書類従完成会、一九七四年）。
（81）河内将芳『落日の豊臣政権—秀吉の憂鬱、不穏な京都—』（吉川弘文館、二〇一六年）。
（82）清水紘一前掲注（22）書。五野井隆史『日本キリシタン史の研究』（吉川弘文館、二〇〇二年）。
（83）拙訳。ARSI, Jap. Sin. 35, f. 70.
（84）高知県立図書館所蔵「浦戸漂着西班牙船航海地圖」（最終閲覧日二〇二四年七月一四日）。https://kochilib.iri-project.org/en/detail/kochi-20170926-0011-0001?p=2)。
（85）以下、本書第四部第一章。
（86）『影印本異国日記　金地院崇伝外交文書集成』（以心崇伝著、異国日記刊行会編、東京美術、一九八九年）三頁の崇伝の覚書を参照のこと。
（87）前掲拙著『近世日本とルソン』。
（88）イエズス会はグレゴリウス十三世の小勅書（一五八五年）を獲得して日本宣教を独占していた。この勅書が全面的に廃止されるのは、一六〇八年六月一一日付、パウルス五世の教皇令によってである。五野井隆史『日本キリスト教史』（吉川弘文館、一九九三年）一九〇—一九一頁。
（89）当該時期に日本に在留したイエズス会司祭数は年間一〇七～一三九人。
（90）前掲『影印本異国日記』三三頁、『大日本史料　第十二編之十三』一八九頁。
（91）高木昭作『将軍権力と天皇』（青木書店、二〇〇三年）。

(92) 五野井隆史『徳川初期キリシタン史研究 補訂版』(吉川弘文館、一九九二年)。

(93) 清水紘一「伴天連追放文の発令過程」(『長崎歴史文化博物館研究紀要』三、二〇〇八年)。

(94) ディエゴ・デ・チンチョンの「報告書」一八葉中に日本語の写しが見られる。ロレンソ・ペレス『ベアト・ルイス・ソテーロ伝』(野間正一訳、東海大学出版会、一九六八年)掲載写真を参照のこと。

(95) 『日本王国記』(アビラ・ヒロン著、佐久間正訳・注、会田由訳、岩生成一注、岩波書店、一九六五年)。

(96) 浅見雅一『キリシタン時代の偶像崇拝』(東京大学出版会、二〇〇九年)。

(97) 川村信三『戦国宗教社会=思想史』(知泉書館、二〇一一年)。

(98) 例えば一六一六年一〇月一四日付、マカオ発、日本巡察師ヴィエイラの総会長宛て書簡(浅見雅一前掲書、二七四頁)。

(99) 例えばデルガド・ガルシア、ホセ編著・注解『十七世紀の日本における歩くドミニコ会宣教師 ファン・デ・ロス・アンヘレス・ルエダ神父 伝記、書簡、調査書、報告書』(岡本哲男訳、聖ドミニコ修道会ロザリオの聖母管区日本地区、一九九四年)。ルエダ神父の書簡原本の翻刻は、Honorio Muñoz, Semblanzas Misioneras. Vida y Escritos del P. Fr. Juan de Rueda, O.P., *De Missionalia Hispanica*, n. 58, Madrid, 1963, pp. 29–87.

(100) 五野井隆史『キリシタン信仰史の研究』(吉川弘文館、二〇一七年)。

(101) 高瀬弘一郎『イエズス会と日本 1』(岩波書店、一九八一年)。

(102) 五野井隆史前掲注(100)書。

(103) 前掲『日本王国記』、三三一・二四六頁。

(104) 大橋幸泰『キリシタン民衆史の研究』(東京堂出版、二〇〇一年)。

(105) 徳川秀忠政権の「鎖国」政策について、前掲拙著『近世日本とルソン』。家光政権の政策については本書第四部第二章。

初出一覧

序章　「キリシタン禁制史の研究状況と課題」（川村信三編『キリシタン歴史探求の現在と未来』教文館、二〇二一年）

第一部

第一章　「イベリア・インパクト論再考―イエズス会の軍事的性格をめぐって―」（『歴史評論』七七三、二〇一四年）

第二章　「フェリペ2世の東アジア政策―スペイン帝国の海外情報収集と分析の特性―」（『洋学』二五、二〇一八年）

第二部

第一章　「最初の禁教令―永禄八年正親町天皇の京都追放令をめぐって―」（大橋幸泰編『近世日本のキリシタンと異文化交流』勉誠社、二〇二三年）

第二章　「織田信長の対南蛮交渉と世界観の転換」（清水光明編『「近世化」論と日本―「東アジア」の捉え方をめぐって―』勉誠出版、二〇一五年）

第三部

第一章　「秀吉とキリスト教―宣教統制令から禁教令へ―」（五野井隆史編『キリシタン大名　布教・政策・信仰の実相』宮帯出版社、二〇一七年）

第二章　「豊臣政権の神国宣言―伴天連追放令の基本的性格と秀吉の宗教政策を踏まえて―」（『歴史学研究』九五八、

二〇一七年）

第三章 「豊臣期南蛮宛て国書の料紙・封式試論」（松方冬子編『国書がむすぶ外交』東京大学出版会、二〇一九年）

第四部

第一章 「徳川家康のメキシコ貿易交渉と「鎖国」」（安村直己編『岩波講座世界歴史14 南北アメリカ大陸：〜17世紀』岩波書店、二〇二二年）

第二章 （新稿）

補論 「朝尾直弘『鎖国』の現在」（『日本史研究』六八八、二〇一九年）

終章 「近世日本の形成と南蛮・キリシタン」（『日本史研究』七二六、二〇二三年）

あとがき

博士論文を出版したのが二〇一二年三月のことであるから、もう一二年以上も前のことになるのかと思う。当時専門書を出すのはこれで最後だという神田神保町の東京堂出版に原稿を持ち込み、前作『近世日本とルソン―「鎖国」形成史再考―』を発表した。四十路直前で職がなかった当時、これで就職戦線に乗る、というよりも、それまでの研究成果をできるだけ早く形にして残しておきたい、という思いのほうが強かった。前年に東日本大震災があり、自分はなぜ生きているのか、いつこの世を去るのかと考える機会が多かったせいかもしれない。通常よりかなり少ない発行部数であったそうだが、それでも、マイナーな研究分野の無名の研究者の博士論文などほとんど売れないのでは、と心配した。

しかし前作は意外にも完売し、読んで下さった方々との新しい出会いをもたらしてくれた。少ない部数でも活字には威力があるのだと感じた。いくつかのシンポジウム、学会で研究発表し、海外で史料調査する機会にも恵まれ、その成果として論文を発表していくうちに現職に就くことができた。職場の近くとなった東京堂出版の前を通るたび、感謝の念は絶えない。昨今はどの出版社も専門書の刊行は厳しいと耳にするが、どうか活字の威力を信じて続けてほしいと願うばかりである。

前作を出した直後は、万が一自分の身に何か起きてもこれで思い残すことは何もない、という脱力感があった。しかし間もなくイベリア・インパクト論に接し、どうしてもまた、この学説に対して自分の抱いた疑問や考えを世に残したくなった。本書は、その考えに一区切りをつけたい、との思いでまとめたものである。

依頼された様々なテーマに応える形で発表した複数の論文を一書にまとめるにあたっては若干の時間を要した。発表以降考えが変わった部分は大きく修正したので、特に二〇二〇年以前の論考は初出の旧稿ではなく、本書によっていただければ幸いである。自分にとって重要論点と考えた部分は、読みにくいとの批判を承知であえて重複部分をそのまま残した。自分の主張をより明らかにできると考えたからである。

二〇二〇年三月以降の新型コロナウイルス流行下では研究仲間と各自が持つ史料を融通しあい、オンライン会議で議論して考えを深め、論文を書くことができた。それまでは自分一人の力で研究できているような錯覚に陥っていたが、そうではないことを改めて学んだ。これまで関わって下さったすべての研究者の方々に、この場をかりて心からの感謝を申し上げたい。日本史だけではなくヨーロッパ史、アジア史、アメリカ史等々の複数分野にわたる優れた研究者と関われたことは、私の研究人生における宝であり、幸せである。

最後に本書をまとめるにあたって助言をくれた木﨑孝嘉氏、阿久根晋氏、吉川弘文館の岡庭由佳氏、志摩こずえ氏に御礼申し上げる。研究の世界を教えてくれた両親、毎日をともに過ごし支えてくれている夫の唯一と、大学生の生態（?）について適切なアドバイスをくれる息子の琳太郎にこの拙い書を報告し、いつもありがとうと言いたい。

二〇二四年七月

梅雨の寓居にて

清水有子

［付記］本書は、科学研究費基盤研究（B）研究課題／領域番号15H03236、同17H02392、同23K21970、明治大学人文科学研究所特別研究費による研究成果である。

著者略歴

一九七二年　京都府生まれ

二〇〇六年　東京都立大学大学院人文科学研究科史学専攻博士課程退学（単位取得）

現在、明治大学文学部准教授、博士（史学）

〔主要著書〕

『近世日本とルソン―「鎖国」形成史再考―』（東京堂出版、二〇一二年）

川村信三共編著『キリシタン1622：殉教・列聖・布教聖省 400年目の省察』（教文館、二〇二四年）

近世日本の形成とキリシタン

二〇二四年（令和六）十月一日　第一刷発行
二〇二五年（令和七）六月十日　第二刷発行

著　者　清《し》水《みず》有《ゆう》子《こ》

発行者　吉川道郎

発行所　株式会社　吉川弘文館
郵便番号一一三―〇〇三三
東京都文京区本郷七丁目二番八号
電話〇三―三八一三―九一五一〈代〉
振替口座〇〇一〇〇―五―二四四番
https://www.yoshikawa-k.co.jp/

組版＝株式会社 理想社
印刷・製本＝株式会社 デジタルパブリッシングサービス
装幀＝山崎　登

ISBN978-4-642-04365-6

索　　引

I　事項・地名

か　行

さ 行

な 行

は 行

ま　行

や　行

ら　行

わ　行

Ⅱ 人　　名

あ 行

か 行

さ　行

た　行

な　行

は　行

ま 行

や 行

ら　行

わ　行